L. Ochrasy
FAT

Wenn L. Ochrasy nicht gerade ihre Heimatstadt Berlin oder die Natur in der Umgebung erkundet, unternimmt sie Reisen an die unterschiedlichsten Orte der Welt und lässt sich dort von den Kulturen, Ländern und Menschen zu ihren Geschichten inspirieren.

L. Ochrasy

FAT

Du und ich und so viel mehr

PIPER

Mehr über unsere Autorinnen, Autoren und Bücher:
www.piper.de

Bei »FAT« handelt es sich um eine bearbeitete Version des auf Wattpad.com von Ochrasy ab 2015 unter demselben Titel veröffentlichten Textes.
Wenn Ihnen dieser Roman gefallen hat, schreiben Sie uns unter Nennung des Titels »FAT« an *empfehlungen@piper.de* , und wir empfehlen Ihnen gerne vergleichbare Bücher.

ISBN 978-3-492-50529-1
© Piper Verlag GmbH, München 2021
1. Auflage November 2021
2. Auflage Dezember 2021
Redaktion: Christiane Geldmacher
Satz auf Grundlage eines CSS-Layouts
von digital publishing competence (München)
mit abavo vlow (Buchloe)
Covergestaltung: FAVORITBUERO, München nach einem Entwurf von Anastasia Wright
Covermotiv: Anastasia Wright
Printed in Germany

Kapitel 1

Meine Mutter hat immer gesagt, dass ich ein schönes Gesicht habe, es aber leider unter einer Fettschicht und hinter einem Doppelkinn versteckt sei. Diese Aussage war hart, aber leider auch wahr.

Wahr gewesen.

Denn ich hatte die Sommerferien ausnahmsweise mal sinnvoll genutzt.

Zwar hatte ich schon seit Monaten an meiner Figur gearbeitet, aber in den letzten Wochen hatte ich noch einmal einen Turbo eingelegt. Und so freute ich mich heute Morgen, in eine Skinny Jeans in Größe 36 zu passen. Wäre sie nicht so verdammt eng gewesen, hätte ich glatt Freudensprünge gemacht. Leider schränkte sie meine Bewegungsfreiheit jedoch so sehr ein, dass ein triumphierendes Lächeln reichen musste. Immerhin war dieses Lächeln das erste Mal seit Jahren wieder komplett drahtfrei. Selbst mein Lispeln war dadurch verschwunden. Meiner Zahnspange würde ich nicht eine Sekunde nachtrauern, doch auf der anderen Seite war ich ihr auch zu Dank verpflichtet. Denn von meinen kindlichen Hasenzähnen war nichts mehr übrig geblieben.

Es war ungewohnt, so eng anliegende Kleidung zu tragen, denn bis vor Kurzem glichen meine Klamotten eher dem Sortiment eines Zeltverkäufers. Immer wieder zupfte ich mein Shirt zurecht und fragte mich, ob ich nicht doch lieber etwas Lockeres wählen sollte. Ich hatte so unglaublich schnell abgenommen, dass mein Kopf noch gar nicht begriffen hatte, dass ich nun zu der glücklichen Gruppe der Normalgewichtigen gehörte. Innerlich war ich immer noch dick.

Doch nun stand ich auf dem Schulhof mit meinen langen kastanienbraunen Haaren, die bei meinem letzten Schulbesuch noch straßenköterblond und kraus wie Stahlwolle gewesen waren. Mum hatte mir als Belohnung für meine Körperreduzierung einen Friseurbesuch geschenkt und war dabei nicht geizig gewesen. Meine Haare fielen seidig über meine Schultern und glänzten wie bei den Models aus einer Shampoo-Werbung. Dafür hatte Mum zweihundert Euro hingeblättert. Doch erstaunlicherweise hatte sie dabei sogar ein Lächeln auf den Lippen gehabt. Schließlich war es immer der größte Traum meiner Mutter gewesen, eine schlanke und schöne Tochter zu haben.

Sie hatte mich sogar in eine Boutique gezerrt, in der mein Kleidungsstil komplett überarbeitet wurde. Lediglich meine geliebten Chucks durfte ich behalten. Das Damentrio aus dem Bekleidungsladen hatte aus mir ein kleines Hipster-Girl gemacht – aber eines mit Stil, wie ich mir einzureden versuchte. Meine Mama war sogar der festen Überzeugung, dass ich jetzt *sexy* sei. Ich hatte da meine Zweifel. Ich hatte mich noch nie im Leben sexy gefühlt, und ich fürchtete, dass es erst einmal auch so bleiben würde. Ich konnte mit meiner eigenen Weiblichkeit nicht viel anfangen.

Die gesamten Sommerferien über hatte ich vor dem Tag Angst gehabt, an dem ich wieder in die Schule müsste, um mein neues Ich zu präsentieren. Nun war dieser Tag da. Ich sah zwar besser aus als zuvor, hatte aber auch neue Angriffsflächen für Mobbing-Attacken zu bieten. Nur weil ich dünn war und nicht mehr lispelte, war ich noch lange nicht vor Hänseleien geschützt. Mit einem mulmigen Gefühl in meinem flachen Bauch betrat ich die Schule. Sie war ein altes Gutshaus, das oft die Postkarten unserer Stadt zierte. Doch der schöne Schein trog, denn für mich war dieses Gebäude mit schrecklichen Erinnerungen verbunden.

Ich ging in den vierten Stock, in dem ich auf meinen Leistungskurs Bio treffen würde. Ich hatte es immer gehasst, dass unser Klassenraum ganz oben war. Jedes Mal war ich mit Schweißrändern unter den Armen und dem Hecheln eines Mopses dort angekommen und hatte mich zum Gespött des Kurses gemacht. Doch nun freute ich mich sogar über die Treppenstufen, denn sie hielten mich fit und verbrannten die hinterhältigen Kalorien, die sich in allem versteckten, was gut schmeckte. Ich war im stetigen Kampf gegen meinen Todfeind, den Jojo-Effekt. Nichts wäre schlimmer, als wieder die fette Paulina zu sein, die alle nur *Klopskind* nannten.

Die Tür stand offen. Vorsichtig lugte ich in die Löwenhöhle hinein. Jedoch nicht, ohne vorher noch einmal mein Shirt glatt zu streichen und sicherzugehen, dass da wirklich keine Speckröllchen mehr waren. Ich fuhr mir noch einmal durch die Haare und betrat mit falschem Selbstbewusstsein den Klassenraum. Eigentlich sollte ich stolz auf meine Leistung sein, doch irgendwie war es mir unangenehm. Ich wurde mit jedem Schritt unsicherer. Vielleicht war das auch total lächerlich, mich so umzustylen und zu glauben, dass ich jetzt ein anderer Mensch sein könnte. Vielleicht hätte ich mit dem Make-up doch nicht so übertreiben sollen. Wahr-

scheinlich sah ich aus wie ein Clown auf einem Kinder-
geburtstag, der weiße Kaninchen aus dem Hut zog.
Warum hatte ich überhaupt auf Mum gehört und diesen
knallroten Lippenstift genommen? Das war doch nicht
ich! Das war lächerlich.

Ich schluckte, als sich nach und nach die Köpfe in
meine Richtung wandten. Man musterte mich von oben
bis unten. Ich wünschte mir fast, meinen Fettpanzer
wieder um mich zu haben. Ich fühlte mich ungeschützt
und wartete auf die ersten dummen Sprüche.

Doch sie kamen nicht.

Zumindest für den ersten Moment schien es ihnen
die Sprache verschlagen zu haben.

Noch immer verunsichert ging ich zu meinem Platz,
der direkt neben Jona Fitz war. Am Ende des zweiten
Semesters war er neben mich gesetzt worden, weil ich
nie ein Wort sagte und seine Klappe umso größer war.
Für jeden Lehrer war das stets die ideale Kombination
an Sitznachbarn, für mich war es ein Albtraum, der seinesgleichen suchte. Jona war ein Fiesling, wie es ihn in
jedem Teenie-Film gab. Er war von Grund auf böse und
schien es sich zu seiner persönlichen Aufgabe gemacht
zu haben, mir das Leben so schwer wie möglich zu machen. Einmal hatte er mir einen in Kirschsaft getränk-
ten Tampon in den Rucksack geschmuggelt, und ein anderes Mal hatte er mir einen Spicker untergejubelt und
meine Lehrerin darauf hingewiesen, dass ich betrüge.
Das Resultat war ein knallrotes Gesicht meinerseits und
eine Sechs hinter meinem Namen im Klassenbuch.

Doch wie es mit Fieslingen so war, hatten sie auch
immer irgendwie etwas Anziehendes. Ich gab es nicht
gern zu, aber wenn ich manchmal abends im Bett lag
und meinen Fantasien freien Lauf ließ, stellte ich mir

vor, wie er zu mir käme und mir gestände, dass all seine Gemeinheiten nur Tarnung seien und er sich eigentlich in mich verliebt habe. Dann würde er mich küssen und sich als supernetter Typ herausstellen. Irgendwie glaubte wahrscheinlich jedes Mädchen daran, dass hinter jedem Fiesling auch eine sensible Seite steckte.

Ich liebte meine Fantasien, auch wenn mir bewusst war, wie lächerlich sie waren.

Ohne Jona anzusehen, setzte ich mich neben ihn.

»Wie wäre es mit einer Begrüßung?«, sagte er.

Irritiert wanderte mein Blick zu ihm. Er sprach mich nie an, und schon gar nicht begrüßten wir uns.

War das gerade ein Lächeln auf seinem Gesicht? Was für ein falsches Spiel war das denn? Mir entging nicht, dass der Rest der Klasse uns beobachtete. Ich erwartete einen miesen Streich, der mir den Start ins dritte Semester verderben sollte. Kaum hatte der erste Schultag begonnen, da hatte ich auch schon wieder keinen Bock auf Schule.

»Habe ich irgendwie einen fetten Pickel im Gesicht, oder warum starrst du mich so an?«, hakte er nach, ohne jedoch Feindseligkeit mitklingen zu lassen.

Ich sah ihn erstaunt an und konnte nicht widerstehen, mich kurz an seiner Schönheit zu ergötzen. Seine Haut war so rein, dass er jede Beauty-Kampagne hätte übernehmen können. Ich war mir nicht mal sicher, ob er überhaupt Poren hatte. Jede Strähne seiner braunen Haare saß perfekt, und man wurde das Gefühl nicht los, dass er Gottes Meisterstück unter allen von ihm erschaffenen Menschen sei. Abgerundet wurde seine makellose Erscheinung durch seine hellen Augen, die im Kontrast zu seinem sonnengeküssten Teint standen.

»Verrätst du mir deinen Namen?«

Ich verstand die Welt nicht mehr und glotzte ihn an.

Er wollte meinen Namen wissen?

»Lina«, antwortete ich und ärgerte mich, dass ich überhaupt auf ihn reagierte.

»Schöner Name. Ich bin Jona.« Das Lächeln war nicht mehr aus seinem Gesicht zu bekommen. Hatte er heute Morgen einen Joint zu viel geraucht? »Wir werden eine gute Zeit haben. Eigentlich sitzt hier so ein Klopskind, aber offensichtlich taucht sie heute nicht mehr auf. Und wenn doch, soll sie ihren fetten Arsch woanders hinschwingen.«

Erst jetzt fiel bei mir der Groschen. Er erkannte mich nicht. Keiner hier tat das. Ich hatte mich so sehr verändert, dass ich für sie das neue Mädchen war. Ich konnte es nicht fassen.

Frau Beyer betrat den Klassenraum, und alle verstummten. Ich kannte sie bisher nur aus Vertretungsstunden, aber jeder wusste, dass sie eine Hexe war. Ihre Finger waren knochig und ihre Beinchen so dünn wie Streichhölzer, dass sogar die schwarze Strumpfhose schlabberte. Der Charakter von Frau Beyer war böse, und ich bezweifelte, dass sie überhaupt so etwas wie eine Seele hatte. Ihr Blick blieb an mir haften.

»Warum hat mir keiner gesagt, dass ich eine neue Schülerin im Kurs habe?«, brabbelte sie genervt vor sich hin. »Wie heißt du?«

Selbst sie erkannte mich nicht? Das war doch unglaublich! Hatte ich mich wirklich so sehr verändert? Ich saß schließlich noch auf dem gleichen Platz wie letztes Jahr. Da war es doch nicht so abwegig, dass ich das Pummelchen war, das sie alle gemobbt hatten. Nur eben mit ein paar Kilos weniger auf den Rippen und einem kleinen Makeover.

Ich hätte sie alle in diesem Augenblick aufklären können. Ich hätte ihnen erzählen können, wie ich in den letzten Monaten jede einzelne Kalorie gezählt hatte, mich ins Fitnessstudio gequält und gegen meinen Schweinehund mit allen ABC-Waffen gekämpft hatte.

Aber warum sollte ich das tun?

»Lina Peterson«, sagte ich entschieden. Wegen der Scheidung meiner Eltern hatte ich *Kaufmann* als Nachnamen in den Ferien abgelegt.

Auf Frau Beyers Liste stand aber mit Sicherheit Pauline Petersen eingetragen, doch sie fragte nicht weiter nach und machte einfach nur einen Haken. Offensichtlich akzeptierte sie es, dass ich bei meinem Spitznamen genannt werden wollte.

Von nun an war ich für alle die neue Schülerin. Ich hatte einen neuen Namen und ein neues Aussehen. Pauline Kaufmann gab es nicht mehr. Falls man sich überhaupt fragte, was aus ihr geworden sei, würde man vermuten, dass sie einfach weggezogen sei.

»Willkommen im Kurs«, sagte sie knapp und fing dann mit einer Rede über organisatorisches Zeug an.

Ich spürte einen leichten Stoß in meine Rippen. Ich konnte mich nicht erinnern, jemals von einem Mitschüler berührt worden zu sein. Für gewöhnlich wollte mich keiner in seinem Sport-Team haben und, wie sie mir unverblümt sagten, auch nicht in der gleichen Umkleidekabine, da mein Anblick bei ihnen Übelkeit auslöse.

»Hey«, sagte Jona grinsend.

Was sollte das werden? Seine blauen Augen sahen mich an. Er war hübsch, und das Schlimmste war, dass er das wusste. Typen, die sich ihrer Attraktivität bewusst waren, waren mit Abstand die schlimmsten. Und Jona wusste genau, was für tolle Lippen er hatte und wie perfekt sich seine Wangenknochen abzeichneten. Auch seine große und athletische Figur kam bei den Mädchen gut an.

»Soll ich dir in der Pause die Schule zeigen?«, bot er mir an und schien das sogar ernst zu meinen.

Ich hatte noch nie geflirtet, und mit Sicherheit hatte das auch noch nie jemand mit mir getan, weshalb ich in diesem Moment das Gefühl hatte, dass ich gerade eine Premiere erlebte.

Jona flirtete mit mir.

Er stand auf mich.

Kapitel 2

»Nein! Ernsthaft? Das glaub ich nicht!«

»Doch! Er hat mir die gesamte Schule gezeigt, und er wollte sogar, dass wir danach zusammen in der Mensa essen.«

Gloria und ich hatten es uns auf ihrem Bett gemütlich gemacht. Ich war gern bei ihr zu Hause, denn ihre Eltern hatten ein riesiges Haus, und so war Glorias Zimmer im Gegensatz zu meinem eigenen sehr geräumig geschnitten. Durch die großen Fenster war der Raum immer lichtdurchflutet, und in der Nacht konnte man durch die Dachluke sogar die Sterne sehen. Da ich nicht mit so einem schönen Zimmer gesegnet war, trafen wir uns meistens bei ihr.

»WAS?« Gloria fiel die Kinnlade nach unten.

»Ja, ich konnte ihm zum Glück davon überzeugen, dass ich noch ins Sekretariat muss, und habe mich dann aufs Mädchenklo verzogen.«

»Und es hatte wirklich niemand einen Schimmer, dass du es bist? Nicht mal die Lehrerin?«

Ich schüttelte den Kopf. Eigentlich war das ein ziemliches Armutszeugnis für mich, denn es bedeutete auch, dass ich keinerlei Freunde in der Schule hatte. Eine Tatsache, die unglücklicherweise auf mich zutraf. Mein Fettpanzer war auch ein Abwehrschild gegen potenzielle Freunde gewesen.

Gloria war meine einzige Seelenverwandte. Unsere Mütter hatten gemeinsam studiert, und so kannten wir uns schon von klein auf. Auf gleiche Schulen waren wir leider nie gegangen.

»Nein, die dachten wirklich, ich wäre neu. Du hättest ihre Blicke sehen sollen.«

»Aber hat denn niemand gefragt, wo die alte Pauline ist?«

Ich schüttelte den Kopf.

»Nein, da ich einen neuen Nachnamen habe und mein alter Name somit auch nicht mehr auf den Listen steht, sind wohl einfach alle davon ausgegangen, dass ich weggezogen bin.«

»Das gibt es doch gar nicht. Ich meine, du siehst großartig aus und hast dich verändert, aber es ist echt krass, dass die dich nicht erkennen.«

Ich zuckte mit den Schultern. Sie hatten doch schon immer nur mein Fett gesehen und nie die Person dahinter. Doch nun war es verschwunden. Warum sollten sie mich noch erkennen?

»Ja, aber mich schockt viel mehr, was Jona abzieht«, kam ich auf das ursprüngliche Thema wieder zurück. »Es hat nur noch gefehlt, dass ihm der Sabber aus den Mundwinkeln läuft. Er hat gar nicht aufgehört, mich vollzulabern und anzustarren. Ich könnte schwören, dass er mir sogar auf den Arsch geschaut hat, als mir ein Stift runtergefallen ist. Normalerweise hätte er gerufen: *Häng dir nächstes Mal ein Schild mit ›Vorsicht, schwenkt aus!‹ an den Hintern! Das ist ja gefährlich, was du hier abziehst!*, und hätte dafür die Lacher aus der ganzen Klasse für sich kassiert.«

Gloria grinste.

»Ist doch geil, dass er auf dich steht.«

Ich hob meine Hand, um sie zu unterbrechen.

»Ich weiß nicht genau, ob er wirklich auf mich steht. Vielleicht bilde ich es mir auch nur ein. Ich bin, wie du weißt, keine Expertin beim Thema Jungs und interpretiere deren Verhalten gerne mal falsch«, gab ich kleinlaut zu.

Ich hatte die Sprache der Männer noch nie verstanden und konnte alles, was heute geschehen war, fehlinterpretiert haben. Vielleicht bildete ich mir das mit meinem neu gewonnenen Selbstbewusstsein nur ein.

»Natürlich steht er auf dich«, meinte sie, als hätte sie uns den gesamten Tag über beobachtet. »Er wollte dir die Schule zeigen und mit dir Mittag essen. Was willst du noch? Dass er dir ein rosa Herz auf den Platz legt und Rosenblätter verstreut?«

Das wäre doch mal eine sinnvolle Sache. Dann wüsste ich wenigstens, woran ich wäre.

»Ich habe ein bisschen Angst, dass er vielleicht doch weiß, wer ich bin, und mich nur verarscht«, gab ich kleinlaut zu.

»Ach Quatsch«, kam es sofort zurück. »Du siehst gut aus, und er steht auf dich. Glaub an dich selbst und deine neue Schönheit.«

Ich verzog das Gesicht. Auch wenn ich früher dick gewesen war, mochte ich es nicht, dass alle so taten, als wäre ich potthässlich gewesen. Auch wenn ich nicht mehr so übergewichtig war, tat es mir schon noch weh, wenn jemand mein altes Ich beleidigte. Schließlich war das ein Teil von mir.

»Ich traue ihm nicht.«

Gloria verdrehte die Augen. Eigentlich war sie auch eher von der schüchternen Sorte, doch sobald wir zu zweit hinter geschlossenen Türen saßen, strotzte sie vor Selbstbewusstsein.

»Sollst du ja auch nicht! Aber wenn er wirklich auf dich steht, würdest du ihn dann ranlassen?«

Ich legte meinen *Ist das dein Ernst?*-Blick auf und neigte meinen Kopf. »Ranlassen?«, wiederholte ich ihre Wortwahl.

»Na ja, du weißt schon. Ein paar Dates, ein paar Küsse, ein bisschen Kuscheln und Fummeln.«

»Gloria!«, unterbrach ich sie. »Es reicht. Er ist ein Mistkerl, und ich werde mit ihm weder kuscheln noch fummeln.«

»Aber küssen?«

Ich griff nach einem Kissen und warf es in ihre Richtung. Sie wich aus und lachte.

»Was denn? Er sieht doch gut aus.«

Ich seufzte. Ja, das tat er.

Wir hatten schon oft seine Social-Media-Profile gestalkt. Er gehörte zu der Sorte Mensch, die Privatsphäre nicht kannte und fast täglich neue Fotos uploadete. Wir hatten es uns zum Spaß angewöhnt, regelmäßig durch seine Posts zu klicken. Er hatte durchaus einen Hang zur Selbstdarstellung und schien mit seiner Frontkamera ein sehr intimes Verhältnis zu pflegen.

»Er sieht gut aus. Mehr aber auch nicht. Er ist ein Ekel, und damit will ich nichts zu tun haben!«

Gloria grinste. »Warum hast du dich dann von ihm durch die Schule führen lassen?«

Ich hatte gehofft, dass sie diese Frage nicht stellen würde. Ich hatte nicht wirklich eine Antwort darauf. Es war einfach ein schönes Gefühl gewesen, dass er mit jemandem wie mir Zeit verbringen wollte. Das hätte ich nie für möglich gehalten.

»Ha!«, rief Gloria triumphierend. »Siehst du, du stehst auf ihn!«

»Red keinen Mist«, bremste ich sie genervt aus. »Ich hasse ihn. Und das meine ich so.«

Sie biss sich auf die Unterlippe. Dann begann sie schief zu grinsen. »Nutze es aus.«

»Was meinst du?«

Sie machte eine Grimasse. Gloria führte sich gerne auf, als wären wir in einer Daily Soap und die Welt voller Verschwörungen.

»Nutze ihn aus! Brich ihm sein Herz!«

Ich lachte. »Ja, ist klar. Als ob Jona so etwas wie ein Herz besäße! Da ist maximal ein schwarzes Loch, dass alles Böse anzieht und es an seine Mitmenschen verteilt.«

»Okay, okay«, lenkte Gloria ein. »Vielleicht hat er kein Herz, aber er hat ein überdimensionales Ego. Das kannst du zerstören. Stell ihn bloß! Zeig ihm, wie es sich anfühlt, wenn man zum Gespött der Leute gemacht wird!«

Gloria schien überzeugt von dem, was sie da redete. In meinen Augen hatte sie zu viele Serien gesehen, in denen Intrigen wirklich funktionierten.

»Wie soll ich das bitte anstellen?«

Sie verengte ihre Augen, wodurch ihre eh schon buschigen Augenbrauen noch gigantischer wirkten. »Lerne ihn besser kennen. Finde seine Schwächen heraus. Jeder Mensch hat welche. Selbst er!«

»Gloria!«, sagte ich nun ernst. »Du weißt, dass ich nicht so bin. Ich wüsste nicht mal, wie ich mit ihm normal reden soll.«

Theatralisch rollten ihre Pupillen im Kreis.

»Auch wenn er ein Y-Chromosom und ein Arschloch-Gen besitzt, wirst du doch wohl in der Lage sein, mit ihm zu reden. Du siehst hammermäßig aus, und er steht auf dich. Alles, was du machen musst, ist seine niederen Triebe anzusprechen. Spiel mit deinen Reizen, und er wird dir aufs Wort gehorchen. Nutze das aus!«

Das war so lächerlich, dass ich kichern musste.

»Ich soll mit meinen Reizen spielen? Sehe ich aus, als hätte ich eine Ahnung, wie ich das mache? Bis vor Kurzem hätte man mich noch als Hüpfburg benutzen können, und meine Brüste waren von meinen Fettringen kaum zu unterscheiden. Wie soll ich bitte mit meinen Reizen spielen?«

Gloria spuckte immer gerne große Töne, doch die Wahrheit war, dass sie mit Jungs so viel am Hut hatte wie der Nordpol mit dem Südpol. Ein Junge musste sie nur angucken, und schon verwandelte sich ihr Gesicht in eine rote Tomate. Gloria war dünn. Rundungen oder eine Taille suchte man bei ihr vergeblich. Die Pubertät ließ bei ihr immer noch auf sich warten. Nur die fiesen Pickel verrieten, dass Hormone sie langsam zu einer erwachsenen Frau machten.

»Mach, was eine Frau tut. Trage ausgeschnittene Sachen und beuge dich vor, sodass er einen vorteilhaften Blick auf deine Brüste hat. Fahre dir durch die Haare und iss eine Banane, um ein bisschen Erotik in die Sache zu bringen und seine sexuellen Bedürfnisse anzusprechen.«

Ich schlug mir gegen die Stirn. »Aus welcher Teenie-Illustrierten hast du dir diese primitiven Sachen rausgeschrieben?«, zog ich sie auf.

Sie warf ihre Hände in die Luft.

»Nichts gegen die *Girly Time.* Die haben wirklich gute Tipps. Dank ihnen weiß ich jetzt, wie ich *Smokey Eyes* schminken kann. Das war eine echt gute Anleitung.«

»Nur weil eine Zeitschrift gute Schminktipps gibt, heißt das nicht, dass sie auch gut in Liebessachen sind. Einen guten Schneider frage ich schließlich auch nicht, ob er mir meine schlaffe Brust straffen kann.«

Sie sah mich mahnend an. »Deine Brüste sind hübsch«, widersprach Gloria und ignorierte meinen Einwand wegen der Flirt-Tipps.

»Sind sie nicht. Die hängen wie leere Hautlappen runter.«

Das war der Nachteil vom schnellen Abnehmen. Die Haut an der Brust bildete sich nicht so schnell zurück, weshalb meine Brüste aussahen wie Luftballons, aus denen man die Luft herausgelassen hatte. Sie hingen schlaff von meinem Oberkörper herunter. Der Anblick war ein Jammer. Sie waren das einzige Körperteil, das durch die Diät in Mitleidenschaft gezogen worden war. Bauch und Beine waren glücklicherweise wieder straff geworden.

»Ach, Quatsch«, tat sie es ab. »Du siehst gut aus, und genau deshalb wirst du Jona auch um den Finger wickeln.«

Kapitel 3

»Lina!«, hörte ich eine vertraute Stimme rufen.

Ich erblickte Jona, der wild mit seinen Armen in der Luft herumfuchtelte. Es sah fast schon ein bisschen lächerlich aus, doch sein Aussehen machte es wieder wett. Er konnte sich alles erlauben, und es hinterließ keinen Kratzer auf seiner coolen Fassade.

Seine Lederjacke saß wie angegossen, und jedes einzelne Haar schien genau zu wissen, wie es sich am besten in Szene zu setzen hatte, um eine perfekte Frisur zu ergeben. Ich vermutete, dass er die Jacke ausschließlich aus modischen Gründen trug, denn heute sollten es immerhin dreißig Grad werden, und selbst zu dieser frühen Stunde war es schon angenehm warm.

Ich hingegen hatte mich heute mal in ein Kleid gezwungen. Meine Beine, die früher eher Baumstämmen geglichen hatten, hatten es nie zugelassen, Kleider zu tragen. Doch nun war es mir endlich möglich, etwas Luftiges anzuziehen, wobei ich prompt feststellen musste, dass es einer logistischen Meisterleistung glich, stets so zu sitzen, dass man die Farbe meiner Unterwäsche nicht erkennen konnte. Aber immerhin kam ich bei diesem Wetter auch einmal in den Genuss einer Sommerbrise, da ich nicht wie früher jeden Quadratzentimeter meiner Haut unter einer Stoffschicht verstecken musste.

Zögerlich näherte ich mich Jona, der sich in einer Gruppe von Mitschülern befand. Am Hintereingang der Schule standen drei Kiefern, unter denen sich immer die vermeintlich Coolen der Schule in den Pausen trafen. So auch heute. Sie alle hatten mich immer aufgezogen und behandelt, als wäre ich ein wertloses Stück Dreck. Und nun grinsten sie mich an, als wäre ich eine Bereicherung für ihre Clique. Ich hätte kotzen können, doch ich zwang mir ein Lächeln auf die Lippen. Wenn ich sie bloßstellen wollte, dann musste ich sie besser kennenlernen.

»Hey, Lina!«, sagte Jona, als ich bei ihm ankam. Er zog mich in eine lockere Umarmung. Ich stellte fest, dass Jona duftete, als wäre er gerade aus der Dusche gekommen. So viel Körperkontakt ließ die Hitze in meinen Kopf steigen. Ich war hin- und hergerissen, ob ich ihm eine klatschen oder doch lieber heimlich ein Foto von dem Moment schießen sollte, um zu beweisen, dass mich ein so verdammt attraktiver Junge tatsächlich freiwillig umarmt hatte. Auf Klassenfahrt war es mal eine Mutprobe gewesen, mich zu umarmen. Niemand hatte sich getraut. Aus Angst erdrückt zu werden, wie sie mich wissen ließen.

Ich spürte die Blicke der anderen auf mir, doch keiner sah die dicke Pauline, die ich gewesen war. Ich konnte fast so etwas wie Bewunderung erkennen, aber vielleicht täuschte ich mich auch.

»Geiler Nagellack«, hörte ich Jenny sagen.

Sie war die schlimmste Zicke des Jahrgangs und hatte den Ruf, dass sie gerne die Beine breitmachte, und das definitiv nicht, um einen Spagat zu üben.

»Danke«, sagte ich höflich.

Sie lächelte mich an und schaffte es gleichzeitig, mit ihrem Lippenpiercing herumzuspielen.

»Ich bin Jenny«, kam es erstaunlich freundlich zwischen der Masse von Lipgloss hervor. Dann reichte sie mir ihre zarte Hand, die die Krallen eines Tigers hatte.

»Lina«, nuschelte ich vor mich hin.

»Ich weiß. Jona hat schon von dir erzählt.«

Jona sprach mit denen über mich? Was verschaffte mir denn diese Ehre?

»Ich bin Mirko«, wollte nun auch ein Muskelprotz mit mir Bekanntschaft schließen.

»Henry.«

»Lexy.«

Und schon hatten sie mir alle ihre Patschehändchen gereicht. Ich hätte nicht vermutet, dass sie mit solchen Umgangsformen vertraut waren.

»Kippe?«, erkundigte sich Mirko und reichte eine Schachtel herüber.

»Ich rauche nicht«, sagte ich entschieden.

Er zuckte mit den Schultern und zog die Schachtel zurück.

»Woher kommst du?«, erkundigte sich Jenny und blies Rauch aus ihrer Nase, wodurch sie auf mich wie ein wilder Stier wirkte.

»Kleines Dorf im Norden«, log ich, so gut ich es konnte. Jetzt aufzufliegen, wäre wohl der absolute Super-GAU. »Meine Eltern haben sich scheiden lassen, und meine Mutter ist mit mir hierher gezogen.« Immerhin war das mit der Scheidung nicht gelogen.

»Hat dein Vater eine andere gehabt?«, kam es aus dem Mund von Henry.

Entgeistert starrte ich ihn an. So etwas fragte man doch nicht, und wenn man es fragte, dann doch nicht auf diese Art und Weise. Ich schien jedoch die Einzige zu sein, die das als unangebracht empfand. Alle sahen mich neugierig an.

Das hier war wirklich eine andere Welt, und bis vor zwei Tagen hätte ich es noch nicht für möglich gehalten, bei ihnen zu stehen, ohne mir dumme Sprüche anhören zu müssen.

»Keine Ahnung«, meinte ich ehrlich. »Sie haben mir gesagt, dass es zwischen ihnen nicht mehr funkt, aber kann schon sein, dass da 'ne Neue im Spiel ist.«

Ich wollte daran ehrlich gesagt nicht denken. Für mich hatten meine Eltern immer zusammengehört. Ich hatte nicht einmal bemerkt, dass es zwischen ihnen gekriselt hatte. Ihre Scheidung war für mich wie aus heiterem Himmel gekommen.

»Falls deine Mutter nur halb so heiß ist wie du, ist dein Vater ein ziemlicher Idiot«, hörte ich Jona sagen.

Stopp! Zurückspulen und Replay drücken, bitte!

Hatte Jona Fitz mich gerade tatsächlich als heiß bezeichnet? Könnte da jemand bitte einen Wikipedia-Artikel dazu schreiben?! Das gehörte in die Geschichtsbücher und in das Gedächtnis des World Wide Webs!

Im nächsten Augenblick ärgerte ich mich über mich selbst. Wieso schmeichelte es mir, wenn das größte Arschloch der Welt mir ein Kompliment machte? Es sollte mir egal sein.

Ich wusste nicht, was ich darauf sagen sollte, weshalb ich einfach schwieg. Stattdessen genoss ich die Bestätigung, dass ich mich nicht geirrt hatte. Jona stand auf mich, und das war mein Trumpf im Ärmel.

»Mirko gibt am Wochenende eine Party. Seine Eltern sind nicht da. Willst du auch kommen?«, wechselte

Jona das Thema, als er spürte, dass ich auf seine Worte nicht so reagiert hatte, wie er es sich gewünscht hatte.

»Ähm«, zögerte ich.

»Komm schon! Es wird witzig. Wir sind alle da«, motivierte mich Jenny, die in mir schon ihre neue Busenfreundin zu sehen schien. »Für Alkohol ist auch gesorgt.«

Davon sollte ich lieber die Finger lassen. Seitdem mir diverse Kilos fehlten, vertrug ich nicht einmal mehr halb so viel Alkohol wie früher. Ein Glas genügte, um mich zu einem Plappermaul zu machen, das seinesgleichen suchte. Angesichts meiner Situation könnte das für mich fatal enden.

»Okay«, stimmte ich zu und hatte keine Ahnung, worauf ich mich damit eigentlich einließ.

Partys. Ich hatte keine Ahnung von richtigen Partys. Ich kannte Familienfeiern und die Geburtstagspartys von Gloria, doch die bestanden hauptsächlich aus Kuchenessen, Geschenkeauspacken und Abendbrotessen. Manchmal wurde auch noch *Activity* gespielt. Coole Partys waren das nicht gerade gewesen, eher gemütlich. So wie mein komplettes bisheriges Leben.

Ich war noch nie auf einer richtigen Party, wo die Bässe laut dröhnten und am Abend die Leute ineinander verschlungen auf den Sofas saßen und gegenseitig ihren Speichel schmeckten. Wo man aus Plastikbechern billigen Alkohol trank und am nächsten Tag peinliche Fotos auftauchten.

»Alter!«, zischte Henry plötzlich Jona zu und stieß ihm in die Rippen, um seine Aufmerksamkeit zu bekommen. Dann wies er mit seinem Blick auf ein Mädchen, das gerade an uns vorbeiging. Wenn ich mich nicht irrte, hieß sie Swetlana und war ein oder zwei

Jahre unter uns. Auch Jona sah sie nun und setzte einen Blick auf, den ich nur zu gut kannte.

Den Blick, der jegliches Mitgefühl fehlen ließ. Seinen Angriffsblick. Dann konnte man sich innerlich schon mal auf eine verbale Attacke vorbereiten.

»Ey, Streuselschnecke!«, brüllte er laut.

Ich sah, dass das Mädchen wusste, dass sie angesprochen war, doch es versuchte, sich nichts anmerken zu lassen. Ich kannte diese Reaktion bestens. Man wollte nicht, dass die anderen den Schmerz sahen, doch innerlich zuckte man bei diesen Kommentaren zusammen. Das Mädchen war von einer fiesen Akne befallen. Man brauchte ihr das jedoch nicht auch noch auf gemeine Art hinterherzubrüllen, denn ich war mir sicher, dass sie sich ihres Leidens so schon bewusst war.

»Streuselschnecke, ich rede mit dir!«, rief er erneut und freute sich darüber. Noch zeigte Swetlana keine Regung. »Wenn ich so aussehen würde wie du, würde ich mich freiwillig köpfen lassen, um mein Gesicht loszuwerden.«

Meine Kinnlade klappte nach unten.

Es gab schwarzen Humor, es gab richtig schwarzen Humor, es gab fiesen Humor, und es gab Dinge, die man nicht sagen sollte. Dies hatte definitiv zum Letzteren gehört. Das war unterhalb jeder Gürtellinie und an Geschmacklosigkeit nicht zu übertrumpfen. Während die anderen lachten, steckte mir ein riesiger Kloß im Hals. Mir wurde richtig schlecht.

Swetlana lief zügig weiter, doch ich war zu einer Statue erstarrt.

»War das wirklich nötig?«, kratzte ich meinen Mut zusammen. Ich konnte das nicht schweigend ertragen.

Er legte seinen Kopf schief. »Ach komm schon. Ist doch nur Spaß. Sie wird daran schon nicht sterben. Ihr Gesicht sieht doch wirklich unappetitlich aus. Würde sie mir in der Kantine gegenübersitzen, würde ich mich wegsetzen. Da müsste ich ja Angst haben, dass Eiter auf mein Essen spritzt.«

Wieder erntete er Lacher. Er schien aber zu merken, dass ich es nicht lustig fand.

»Ihr Gesicht sieht aus, als wäre darauf *Harry Potter* in Blindenschrift gedruckt worden«, steckte Jenny auch noch den Finger in die Wunde.

Wie konnte man so gemein sein? Was ging in solchen Menschen vor?

Am liebsten wäre ich zu Swetlana gegangen und hätte ihr gesagt, dass sie hübsch sei. Auf alle Fälle hübscher als die, von denen ich gerade umgeben war. Denn das waren die wirklich hässlichen Menschen, und genau aus diesem Grund blieb ich stehen. Ich wollte mich rächen. Nicht nur für das, was sie mir angetan hatten, sondern im Namen aller, die in den letzten Jahren genauso gelitten hatten wie ich.

Ich fühlte mich als Robin Hood für all diejenigen, die nicht den Schönheitsidealen entsprachen. Ganz egal, wie jemand aussah: Niemand sollte sich solche Sprüche anhören müssen. Es war Zeit, dass jemand durchgriff und ihnen klarmachte, dass jeder abfällige Kommentar sich ins Selbstbewusstsein bohrte wie ein Schwert.

»Entspann dich!« Jona legte einen Arm um meine Schulter. »Zu dir würde ich so etwas nie sagen.«

Ich unterdrückte ein höhnisches Lachen. Wenn er nur wüsste, dass er solche Sachen schon längst zu mir gesagt hatte. Er würde wahrscheinlich angewidert von mir wegspringen, wenn er die Wahrheit wüsste.

Kapitel 4

»Schatz, es tut mir so leid, dass ich gestern Abend nicht da war. Erzähl, wie war dein erster Tag als Schönheit in der Schule?«

Seitdem ich abgenommen hatte, blühte meine Mutter auf und zeigte Interesse für mein Leben. Es war, als hätte sie endlich die Tochter, die sie sich immer gewünscht hatte.

Wir hatten es uns in unserem Wohnzimmer mit einer Tasse Tee gemütlich gemacht. Natürlich ungesüßt.

»War okay«, murrte ich und schnappte aus Gewohnheit nach einem Kissen und hielt es mir vor den Bauch.

Mum legte ihren Kopf schief. »Okay? Das kann doch nicht alles gewesen sein? Du bist doch ein komplett neuer Mensch. Was haben deine Mitschüler und die Lehrer gesagt?«

Ein neuer Mensch? Ich konnte mir bei diesen Worten nur verwundert die Augen reiben. Auch wenn ich anders aussah, war ich noch immer die Gleiche.

»Sie haben mich nicht wiedererkannt.«

Meine Mutter begann fröhlich zu lachen und steckte sich eine Karotte in den Mund. »Kein Wunder. Mit dem dicken Kind von früher hast du ja auch nichts mehr zu tun.«

Sie schien nicht zu begreifen, wie sehr mir das wehtat. Sie gab mir das Gefühl, dass ich früher die reinste Enttäuschung gewesen war. Machten ein paar Kilo mehr oder weniger wirklich so einen Unterschied für sie?

»Ich kann es kaum erwarten, bis du endlich deinen ersten Freund mitbringst. Jetzt hast du ja auch richtig tolle Chancen und kannst einen guten Fang machen, der vorzeigbar ist.«

So oberflächlich, wie meine Mutter redete, war sie auch. Sie selbst zählte jede Kalorie, die sie zu sich nahm, und führte akribisch Buch über ihr Gewicht. Das Ergebnis war, dass sie noch immer den Körper eines Teenies hatte, auch wenn man dem Gesicht die vierzig Jahre schon deutlich ansehen konnte. Während jedoch die Ärsche von anderen Müttern verschrumpelten Apfelsinen glichen, konnte meine Mutter einen ziemlich knackigen Apfelhintern vorweisen. Das musste man ihr lassen. Sie war stolz auf ihr wohlgeformtes Gesäß und präsentierte es am liebsten in kurzen, eng anliegenden Röcken.

»Vielleicht will ich ja auch einfach nur einen netten Freund, der mich gut behandelt«, gab ich schnippisch von mir. »Und keinen, der sein Spiegelbild mehr liebt als mich.«

Mum verdrehte die Augen. »Jetzt stell mich nicht so dar, als würde für mich nur das Äußere zählen. So war das nicht gemeint.«

Wem genau wollte sie gerade etwas vormachen? Wir beide wussten, dass sie mein Aussehen nie gemocht hatte. Es war ihr peinlich gewesen, mich ihren Arbeitskollegen vorzustellen, denn niemand hätte erwartet, dass so ein zartes Persönchen wie meine Mutter einen solchen Klops als Tochter haben könnte.

Auch wenn Mum es nie ausgesprochen hatte, so wusste sie ganz genau, wie sie mir zeigen konnte, dass sie mit meiner Figur nicht zufrieden gewesen war.

»Hat sich aber so angehört«, maulte ich und nahm mir ebenfalls einen Karottenstick.

Ich hatte schon seit Wochen keine Süßigkeiten mehr gegessen, was jeden Tag ein Höchstmaß an Disziplin erforderte. Ich war nie der Fast-Food-Mensch gewesen, dafür hatte ich aber eine riesige Schwäche für Süßigkeiten. Alles, was bunt war, klebte und einen hohen Zuckergehalt hatte, stopfte ich gerne in mich hinein. Doch damit war Schluss. Mittlerweile war nur noch der Gemüseteller bunt. Zucker suchte ich vergebens, was auch daran lag, dass Mum alles aus dem Haus verbannt hatte, was sich irgendwie auf meinen Hüften absetzen könnte.

»Wollen wir heute noch joggen gehen und danach noch ein kleines Work-out machen?«, erkundigte sich Mum bei mir und schien voller Energie.

Ich hatte das Gefühl, dass sie ständig meine Figur beurteilte und darauf achtete, dass ich ja nicht wieder zunähme und der Jojo-Effekt einsetzte.

»Ich war heute Morgen schon joggen«, informierte ich sie. »Ich wollte noch zu Dad.«

Er wohnte in der gleichen Straße, was für mich äußerst praktisch war. Nachdem meine Eltern sich hatten scheiden lassen, hatte er unbedingt in meiner Nähe bleiben wollen. Wie es der Zufall wollte, war kurz darauf eine Wohnung vier Häuser weiter frei geworden. Sie war klein und dunkel, doch Dad hatte sich damit abgefunden, um näher bei mir sein zu können.

Mum nickte mit abfälligem Gesichtsausdruck. Meine Eltern sprachen nur noch das Nötigste. Es war mir ein

Rätsel, wie sie innerhalb von so kurzer Zeit zu Todfeinden geworden waren.

»Okay, aber lass dich von ihm nicht vollstopfen. Du weißt, wie er ist. Die Verführungen sind überall, aber du bist stark, verstanden?« Sie küsste mich auf die Stirn und lächelte. »Du siehst so unfassbar hübsch aus.«

»Und früher war ich eine fette Qualle, oder was?«, sprach ich meinen Gedanken offen aus. Ich hatte die Schnauze voll davon, dass sie ständig so tat, als wäre ich früher wie Quasimodo rumgelaufen. Ich war zwar dick gewesen, aber deshalb doch nicht potthässlich.

»Nein«, sagte sie zögernd. »Du hast deine Schönheit nur versteckt.«

»Na, vielen Dank auch«, zickte ich. »Ich geh dann besser mal zu Dad.«

»Ach, Schatz, jetzt spiel doch nicht die beleidigte Leberwurst«, rief Mum mir noch hinterher, doch da war ich schon längst in meine Schuhe geschlüpft und hatte mir meine Tasche gegriffen. Mit einem lauten Knall warf ich die Tür zu. Sie sollte ruhig wissen, dass ich sauer war.

Bis zu Dad lief ich keine zwei Minuten. Als er mir die Tür aufmachte, musterte er mich. Das war in letzter Zeit die übliche Begrüßung gewesen, wenn ich auf Menschen traf. Je nachdem, wie lange ich sie nicht mehr gesehen hatte, stellten sie fest, dass ich abgenommen hatte, oder kontrollierten, ob ich mein Gewicht gehalten hatte.

»Du wirst ja immer dünner!«, begrüßte er mich und gab mir einen Wangenkuss. »Findest du nicht, dass du es langsam übertreibst? An dir ist ja kaum noch etwas dran.« Er seufzte. »Wollen wir zum Italiener gehen?«

Dad war das absolute Gegenteil von Mum, was mein Gewicht betraf. Und auch sein eigenes. Er aß gern und ließ sich den Genuss weder von Kohlenhydraten noch von gesättigten Fettsäuren verderben. Dadurch hatte sich über die Jahre ein kleiner Wohlstandsbauch bei ihm gebildet. Doch seine guten Gene und sein aktiver Lebensstil hatten ihn immer vor massivem Übergewicht geschützt. Für sein Alter war er ein sehr attraktiver Mann. Er hatte noch volles Haar, breite Schultern und ein sympathisches Lachen.

»Dad«, sagte ich streng, »weil wir zu oft beim Italiener waren, habe ich erst die Hundert-Kilo-Marke knacken können.«

Als ich den dreistelligen Wert auf der Waage gesehen hatte, war ich erst in eine Schockstarre gefallen und hatte dann begonnen, all mein Naschzeug in den Müll zu werfen. Es war mein Weckruf gewesen, dass es nicht so weitergehen konnte. Seitdem waren die Kilos gepurzelt.

»Na ja, nun gib mal nicht nur mir die Schuld«, wehrte er sich. »Wer hat denn sein gesamtes Taschengeld immer heimlich für Süßigkeiten ausgegeben und dann die Beute unter dem Bett versteckt? Das warst du schon ganz alleine.«

Musste er mich jetzt daran erinnern?

»Lässt du mich rein oder nicht?«, forderte ich genervt.

Ich hasste es, dass ständig mein Gewicht zum Thema gemacht wurde. Ganz egal, ob es um meine dicke oder meine dünne Zeit ging.

Er grinste. »Na klar. Komm rein, Schatz.«

Seine Wohnung war noch das reinste Chaos. Nur die wenigsten Umzugskartons waren ausgepackt. Die Fenster waren nicht geputzt, und in den Ecken hingen Spinnweben. Es tat mir wirklich leid, dass er unser kleines, aber feines Haus hatte verlassen müssen, um in so einer Bude unterzukommen. Da er als Informatiker viel im Home Office arbeitete, war die Tatsache, dass es hier alles andere als wohnlich war, umso schlimmer.

»Hattest du einen guten Start in der Schule?«

Das war das Nervige daran, dass meine Eltern jetzt getrennt waren. Ich musste alles zweimal erzählen.

»War okay.«

»Okay?«, wiederholte er, wie es auch schon meine Mutter getan hatte. »Das hört sich nicht sonderlich positiv an. Hat jemand etwas zu deinem Aussehen gesagt?«

Ich schüttelte den Kopf und versuchte, geduldig zu sein. Dad konnte nichts dafür, dass ich das alles eben schon Mum erzählt hatte.

»Sie haben mich nicht erkannt.«

Er zog beide Augenbrauen hoch und grinste schief. »Was haben sie gesagt, als sie herausgefunden haben, wer du bist?«

Ich begann auf meiner Unterlippe herumzukauen. Sollte ich ihm die Wahrheit sagen?

»Also um ehrlich zu sein, habe ich sie nicht aufgeklärt.«

Dad seufzte erneut. Ich hatte diese Reaktion erwartet. Mum hätte meine Entscheidung mit Sicherheit verstanden, doch Dad war anders.

»Lina, du solltest deine Vergangenheit nicht verstecken. Das warst schließlich auch du, und es ist Teil deines Lebens. Es hört sich vielleicht komisch an, aber auch auf diese Zeit solltest du stolz sein, denn ich weiß, dass du wegen deines Gewichts viel durchgemacht hast.

Aber du warst stark und hast dich davon nicht unterkriegen lassen.«

Nicht unterkriegen lassen? Na ja, ich hatte mir meinen Schmerz in Form von Schokoriegeln in den Mund geschoben und nächtelang durchgeweint, weil ich das Klopskind an der Schule war und sich alle vor mir geekelt hatten.

»Ich weiß, aber sie fanden mich cool, und ich habe das irgendwie genossen.«

Nun runzelte er die Stirn. »Du gehörst jetzt also zu den coolen Leuten? Zu den Leuten, die dich vorher gedemütigt haben? Ist das nicht irgendwie Verrat an dir selbst?«

Ich verzog das Gesicht, während ich auf seine Couch plumpste. Früher hatten die Federn immer unter meinem Gewicht geknarrt und gequietscht.

»Ich will mit denen gar nicht befreundet sein«, verteidigte ich mich sofort. »Es war nur ein bisschen Neugierde.«

Ich würde einen Teufel tun und Dad von meiner Mission als Racheengel erzählen.

»Okay, ganz wie du meinst, aber bitte versprich mir, dass du so bleibst, wie du bist. Ich weiß, dass deine Mutter dir gerne einredet, dass du erst jetzt richtig perfekt seist. Doch das ist nicht wahr. Du bist immer meine perfekte Tochter gewesen, die ein Herz so groß wie die Eitelkeit deiner Mutter hat.« Wir beide mussten darüber lachen. »Daran hat sich nichts geändert, und ich will, dass es so bleibt. Definiere dich nicht über dein Aussehen, okay?«

Er sah mich nun eindringlich mit seinen gutmütigen Augen an, und ich spürte, wie ernst er es meinte.

»Keine Angst, Dad. Ich habe nur Fett abgenommen, aber nicht Gehirnmasse. Ich bleibe so, wie ich bin.«

Er lächelte.

»Das wollte ich hören.« Er räumte ein paar Sachen zur Seite, um sich neben mich auf die Couch setzen zu können. »Ob du eine heiße Schokolade haben willst, brauche ich dich nicht zu fragen, oder?«

»Nein.«

»Zu viele Kalorien?«

»Ja!«

Kapitel 5

Es war Freitag. Der Tag, an dem die Party stattfand.

Gloria hatte sich größte Mühe gegeben, mich party-tauglich zu stylen. Mein Haar war glatt wie Seide und roch nach Rosenblättern. Mit einem Push-up-BH, den meine Mutter mir von einer Geschäftsreise aus New York mitgebracht hatte, konnte ich meine Brüste so hochschnallen und zusammendrücken, dass die Illusion entstand, ich hätte einen straffen Busen. Ich trug einen Rock, der mir eigentlich zu kurz war, und ein Top, das zu tiefe Einblicke gewährte. Ich hätte mich auch neben Prostituierte an den Straßenrand stellen können, ohne aufzufallen.

Doch Gloria war der Meinung, dass ich genau dieses Outfit für diese Party brauchte. Also vertraute ich ihr.

Ich konnte zu Mirkos Haus laufen. Zwar war das nicht weit, aber trotzdem in einer anderen Welt. Er wohnte in einer Gegend, von der ich immer geträumt hatte, dort einmal selbst zu wohnen. Denn in diesem Viertel standen teure Designervillen, die fast alle einen großen Garten und einen Blick auf den See hatten. Es war ebenjenes Viertel, in dem sich ausschließlich Millionäre ein »Guten Morgen« über den Gartenzaun zuriefen, da es sich kein anderer leisten konnte, dort eine Immobilie zu kaufen.

Auf dem Weg dahin traf ich prompt auf Jenny und Lexy.

»Geiles Outfit«, begrüßten sie mich.

Ob sie das zu den Prostituierten an der Bordsteinkante auch sagten?

»Die Jungs werden drauf stehen«, grinste Lexy, die sich bei Jenny untergehakt hatte.

Dann gab sie mir einen Klaps aufs Hinterteil, und ich hatte Mühe, mein Entsetzen zu verbergen. Sah ich aus wie eine Kuh, der man mal eben mal auf den Arsch klatschte, damit sie sich in Bewegung setzte?

Ich bereute es jetzt schon, mich auf diese Party eingelassen zu haben. Das konnte nicht gut enden.

Als wir ankamen, war ich beeindruckt von dem Objekt aus Beton und Glas. Dieses Haus war einzigartig und wirkte eher wie ein Kunstprojekt als wie ein Ort, in dem man wohnte. In den Glasfassaden spiegelte sich die Abendsonne und gab dem Anwesen einen geradezu magischen Schein.

Sobald wir das Haus betreten hatten, stellten wir fest, dass die Jungs schon da waren. Ich wurde geherzt und umarmt. Man fragte mich, wie es mir gehe, und drückte mir einen Becher Bowle in die Hand. Offensichtlich war ich in die Gruppe schon voll integriert.

Jona klebte, wie bereits in den letzten Schultagen, wie ein Supermagnet an mir. Es war so absurd, dass er auf mich stand.

Auch er schien sich herausgeputzt zu haben. Zumindest hatte ich ihn zuvor noch nie mit einem Hemd gesehen.

»Gut siehst du aus«, flüsterte er mir ins Ohr.

Offensichtlich stand er auch auf den Nuttenlook. Ich könnte ihm das Kompliment auch zurückgeben, denn

Jona sah mal wieder umwerfend aus, das konnte man nicht abstreiten. Sein Hemd lag eng an, wodurch sich seine Muskeln klar abzeichneten. Dieser Körper war der eines Athleten. Voller Kraft und Energie. Seine Arme sahen aus, als hätte er selbst mit meinem früheren Körper die *Dirty Dancing*-Hebefigur machen können.

»Danke«, sagte ich knapp. Ich würde ihm nicht den Gefallen tun und ihm unter die Nase reiben, was er für ein Schnuckelchen war. Das wusste er eh schon viel zu gut.

Wir setzten uns alle im Wohnzimmer auf die Couch und wippten ein wenig zur Musik, während wir an unseren Bechern nippten. Na ja, ich nippte, Jenny benutzte ihren Mund eher als Trichter, um sich möglichst schnell volllaufen zu lassen. Ich war dagegen darauf bedacht, so wenig wie möglich zu mir zu nehmen, denn unter keinen Umständen wollte ich betrunken werden.

Das Wohnzimmer war ähnlich beeindruckend wie der Rest des Hauses. Alles wirkte steril und futuristisch. Da ich in diesem riesigen Gebäude nicht eine Staubflocke fand, war ich mir sicher, dass seine Eltern eine Putzfrau engagiert hatten. Auch die beste Hausfrau könnte so ein riesiges Haus nicht derart sauber halten.

Wir unterhielten uns und schossen ein paar Fotos. Sonderlich spannend war die ganze Angelegenheit jedoch nicht. Man konnte spüren, wie die Party eher zu einem lahmen Beieinandersitzen mutierte.

»FLASCHENDREHEN!«, hörte ich Jenny plötzlich fröhlich kreischen. Das war wohl ihre Art, eine Party wieder in Schwung zu bringen.

Nein, bitte! Nein! Kein Flaschendrehen! Waren wir nicht schon längst aus dem Alter raus, in dem man solche Dinge machte? Flaschendrehen war praktisch das

Katapult in Peinlichkeiten. Ich schaffte das mit den Peinlichkeiten für gewöhnlich auch so ganz gut und brauchte dafür nicht noch einen Beschleuniger.

Jona nahm meine Hand und zog mich in den Kreis, dessen Mittelpunkt eine leere Wodkaflasche darstellte.

»Ich liebe Flaschendrehen«, kicherte Jenny.

Und ich hasste Flaschendrehen. Ich hätte nie auf diese Party gehen dürfen.

Wir drehten erst einmal, um zu ermitteln, wer sich die erste Aufgabe aussuchen durfte.

Mein Herz begann panisch im Kreis zu laufen. Ich wollte das nicht. Ich wollte mir lieber gar nicht erst ausmalen, was für Aufgaben kommen könnten.

Die Flasche blieb ziemlich schnell bei Henry stehen. Henry war ein Dummerchen, das wohl kaum mehr Gehirnzellen als ein Regenwurm besaß. Er war schon zweimal sitzen geblieben und daher mit Abstand der Älteste von uns.

»Derjenige, auf den die Flasche zeigt, muss oben rum blankziehen«, offenbarte er uns seinen Einfall. Er schien nur darauf gewartet zu haben, diese Aufgabe zu stellen.

Mein Herz machte einen Sturzflug.

»Unfair«, wandte Lexy ein. »Das ist ja nur für die Frauen gemein.«

Am liebsten hätte ich rebellisch meine Faust in die Luft gestreckt und »GENAU!« gerufen, doch stattdessen saß ich erstarrt im Schneidersitz da und hoffte, dass ich mich spontan in Luft auflösen könnte.

»Ist doch egal«, sagte Jenny locker. Offensichtlich hatte sie kein Problem damit, wenn ihre zwei kleinen Freunde frische Luft schnupperten.

»Nicht egal«, erwiderte Lexy. »Wenn die Flasche auf einen Jungen zeigt, muss er untenrum frei machen. Das ist nur Gleichberechtigung.«

Oje! War ich hier in einer Runde von Exhibitionisten gelandet? Oder sollte das hier eine Swingerparty werden? Ich wollte weder Brüste noch Genitalien sehen, wobei mir Brüste, solange es nicht meine eigenen waren, noch deutlich lieber wären.

»Abgemacht«, stimmten die Jungs widerwillig zu.

Dann wurde die Flasche gedreht, und ich wurde spontan zu einem religiösen Menschen. *Lieber Gott, ich flehe dich an! Ich möchte nicht meine Schlaffibrüste zeigen müssen! Bitte, hab Erbarmen! Ich weiß, es gibt schlimmere Probleme als meins auf dieser Welt, aber glaube mir, für mich gibt es in diesem Moment nichts Schlimmeres, als meine Brüste vor diesen halbstarken Affen zu entblößen!*

Die Flasche drehte sich und drehte sich. Sie wurde langsamer und blieb bei Lexy stehen.

Danke, Gott! Vielleicht fang ich jetzt mit Tischgebeten an, oder zumindest lade ich mir die Bibel-App runter! Versprochen!

Die Jungs begannen zu grölen. »Ausziehen! Ausziehen! Ausziehen!«

Lexy zögerte nur kurz. Dann stand sie auf, lächelte süffisant in die Runde und zog ihr Shirt hoch. Wie sich herausstellte, hatte sie nicht einmal einen BH an. Brauchte sie auch gar nicht, denn ihre Brüste sahen perfekt aus. Hätte ich so eine Oberweite, würde ich sie vermutlich auch überall zeigen wollen. Sie waren prall und groß genug, um eine Männerhand auszufüllen. Es waren perfekte Brüste, die mit Pfiffen wertgeschätzt wurden. Sie ließ alle erstaunlich lange ihre Brüste anstarren und schien es zu genießen. Es waren aber auch ein paar Prachtstücke. Ich würde alles tun, um solche Brüste zu haben.

»So, und jetzt ist Schluss«, beendete sie ihre Stripeinlage und nahm die Flasche in die Hand. So etwas wie Schamröte suchte man vergeblich in ihrem Gesicht. »Ich werde die Flasche zweimal drehen und die beiden müssen sich küssen. Auf den Mund.«

Ich wollte meinen ersten Kuss nicht beim Flaschendrehen bekommen.

Sie legte die Flasche wieder in die Mitte und drehte. Nachdem mir Gott eben schon geholfen hatte, wollte ich nicht unhöflich sein und noch mal nachfragen. Ich könnte natürlich mal bei Allah oder Buddha anklopfen, doch merkte ich, dass es zu spät war. Die Flasche hatte mich als Opfer bereits ausgewählt.

»Yeah!«, rief Henry.

»Zum Glück kein Homokuss«, stimmte Mirko zu. »Ich melde mich auch freiwillig als Kusspartner.«

Bitte nicht Mirko. Der Typ sah aus wie Popeye und hatte mehr Gel in seinen Haaren, als ihm guttat. Seine Lippen waren spröde, und sein Möchtegernbart wirkte ungepflegt.

»Nein!«, entschied Lexy. »Ich mache die Regeln, und ihr Kusspartner wird ausgelost.«

Mit ein bisschen Glück zeigte die Flasche ja auf das Sofa. Es schien mir der angenehmste Kusspartner zu sein. Ich wollte keinen Jungen küssen. Nicht einen von den hier anwesenden. Und schon gar nicht auf diese Art und Weise.

Die Flasche drehte sich wieder.

Als sie bei Jenny zum Stehen kam, war ich zugegebenermaßen erleichtert. Es würde mir leichterfallen, ein Mädchen zu küssen.

»YEAH, LESBENALARM!«, schrie Henry und holte sein Handy heraus, um es festzuhalten, doch Lexy hatte es ihm mit einem gezielten Griff abgenommen, wodurch sie ein paar Sympathiepunkte sammelte.

»Keine Fotos oder Videos!«, mahnte sie.

Henry verzog das Gesicht.

»Spaßbremse«, murmelte er Lexy zu.

Dann begannen jedoch wieder die Rufe. »KÜSSEN! KÜSSEN!«

Ich sah zu Jenny, die mich freudig angrinste.

»Komm her, Süße!«, sagte sie gespielt erotisch.

Sofort fühlte ich mich noch unwohler.

Sie strich mir meine Haare aus dem Gesicht und versuchte so etwas wie Leidenschaft aufzubauen. Konnten wir es nicht einfach bei einem kleinen Schmatzer belassen? Was sollte diese ganze Show drum herum?

Als ich hörte, wie die Jungs uns anfeuerten, wusste ich, wofür die Show gedacht war. Jenny presste ihre Lippen auf meine. Ihre Alkoholfahne war widerlich, und mit ihrem Lipgloss verzierte sie nun auch meine Lippen. Ich merkte schnell, dass das hier kein einfacher Schmatzer war. Sie drückte ihre Lippen immer fester auf meine. Versuchte sie gerade, ihre Zunge in meinen Mund zu bekommen?

Ich presste meine Lippen so fest wie möglich zusammen. Ich durfte jetzt nicht zu angewidert reagieren. Schließlich wollte ich nicht auffallen, aber das ging mir zu weit. Ich würde mit Sicherheit nicht mit einem Mädchen, das ich abgrundtief hasste, herumzüngeln.

Ich wich ein Stück zurück.

»Das reicht«, sagte ich selbstbewusst.

»Puh!«, riefen Henry und Mirko im Chor.

Jona blieb still.

»Ruhe jetzt! Jenny entscheidet, was als Nächstes kommt«, bestimmte Lexy.

Na toll, warum durfte ich das nicht? Schließlich hatte diese dämliche Flasche zuerst auf mich gezeigt.

»Okay, es werden wieder zwei ausgewählt!«, informierte uns Jenny, die schon einen Plan zu haben schien. Mir stand schon wieder der Angstschweiß auf der Stirn, während ich mir den Lipgloss abwischte. »Diese zwei gehen für eine Minute in den Garderobenschrank und dürfen dort machen, was sie wollen.«

Ich musste mich zusammenreißen, um mein Gesicht nicht in meinen Händen zu vergraben. Es wurde nicht besser.

»Auf geht's!«

Noch nie im Leben hatte ich eine Flasche so sehr gehasst. Ich hatte mir bis heute auch nicht vorstellen können, dass ich überhaupt so viel Hass für ein Objekt empfinden könnte.

Der Flaschenhals zeigte auf Jona. Er hatte ein Pokerface aufgesetzt.

Mit einer dramatischen Bewegung wurde die Flasche wieder in Bewegung gesetzt. Henry lieferte dafür noch einen Trommelwirbel.

Dam! Dam!

Sie zeigte auf mich.

Heilige Scheiße!

Wäre die fette Puderschicht nicht auf meinem Gesicht, könnte jeder sehen, wie mir all mein Blut in den Kopf stieg.

»Jackpot, Jona!«, rief Henry, der alles kommentieren musste. »Zeig ihr, wer der Mann ist.«

Jetzt bekam ich Angst, und mein Gedanke an die Swingerparty kehrte zurück.

»Lina, zeig du ihm lieber, was eine Frau alles mit ihren Händen anstellen kann!« Ich wollte lieber gar nicht darüber nachdenken, wie Jenny das gerade gemeint hatte.

Mirko öffnete den Schrank und warf die Mäntel, die dort an Bügeln hingen, heraus. Dann grinste er uns an.

»Das Liebesnest für euch ist fertig.«

Wenn ich Glück hatte, war das so ein Schrank wie aus den *Chroniken von Narnia*. Dann konnte ich einfach in eine andere Welt flüchten und mich hinter verschneiten Tannen vor ihm verstecken.

»Na los! Nicht so schüchtern«, rief Mirko und schob Jona und mich in Richtung des dunklen Schranks. »Macht was draus!«

Ich hätte weglaufen sollen, als ich noch die Gelegenheit dazu gehabt hatte, doch aus irgendeinem Grund war ich gerade dabei, mich in diesen viel zu kleinen Schrank zu zwängen.

Als wir beide darin verstaut waren, schloss Mirko die Tür. Er drückte nicht einfach nur die Tür zu, sondern verriegelte sie auch noch, denn dieser Schrank gehörte zu den antiken Stücken, die ein eingebautes Schloss hatten.

»Und seid ihr schon nackt?«, rief jemand von draußen.

Alle lachten.

Ich konnte nicht glauben, dass ich hier auf so engem Raum mit Jona saß. Jeden Moment erwartete ich seine

Hand auf meinem Busen oder meinem Hintern. Es war zu dunkel, um irgendetwas zu erkennen.

»Was wollen wir machen?«, fragte er in die Dunkelheit hinein.

»Nichts«, antwortete ich erstaunlich ehrlich. Ich machte mich auf Widerworte gefasst. Er würde wohl kaum hier mit mir einfach sitzen wollen.

»Okay«, hallte seine Stimme leise durch den Schrank.

Okay? Mehr hatte er dazu nicht zu sagen? Er hätte mit mir hier rumfummeln können, doch stattdessen nahm er meine Abfuhr einfach so zur Kenntnis?

Ich konnte seinen Atem hören und spüren.

»Du riechst nach Rosenblättern«, hauchte er. »Ich mag das.«

Wow, er schien eine gute Nase zu haben, aber auch eine seltsame Art, Mädchen anzumachen.

»Aha«, entgegnete ich knapp.

Schweigen. Man hörte nur unsere Atmung. Die Situation wurde immer unangenehmer.

»Was hältst du von ein bisschen Show?«, durchbrach er die Stille.

»Was meinst du?«

Er antwortete nicht mehr. Stattdessen brachte er den Schrank zum Wackeln.

Was sollte das?

»Oh Gott, ja!«, stöhnte er laut.

»Sag mal, masturbierst du gerade, oder was?«, fuhr ich ihn halb ernst an.

Natürlich wusste ich, dass es nicht so war, denn er hätte niemals unbemerkt auch nur seine Hose hier öffnen können. Dazu saßen wir viel zu eng aneinander.

Er lachte leise. »Haha, sehr witzig«, meinte er ironisch. »Mach dich lieber mal nützlich und stöhn ein bisschen rum.«

»Einen Scheiß werde ich tun!« Wie selbstbewusst mich doch die Dunkelheit machte. Vielleicht hatte der Schrank ja doch etwas Magisches.

Plötzlich bohrte sich ein Finger in meine Rippen.

»Au!«, rief ich laut. Er tat es noch einmal. »Aua!«

»Geht doch«, flüsterte er amüsiert.

Na super, ich konnte mir schon bildlich vorstellen, wie sich das für die Leute außerhalb des Schranks anhörte. Ihr Lachen konnte man auch hier drin hören.

»Los, gib's ihr. Eure Zeit ist gleich vorbei!«, brüllte Henry laut und angetrunken. »Komm zum Abschluss, Jona!«

Jona ließ den Schrank noch einmal wackeln, dann ging die Tür wieder auf.

»Na, hast du ihr die Zunge in den Rachen gesteckt?«, fragte Lexy neugierig.

»Ich habe ihr ganz andere Gliedmaßen in den Körper gesteckt.«

Wenn man bedachte, dass wir nur sechzig Sekunden in diesem Schrank gewesen waren, erschien mir dies wenig glaubwürdig. Quickie hin oder her, aber in sechzig Sekunden hätte ich es gerade mal geschafft mich aus meiner Strumpfhose zu pellen. Ich konnte nur hoffen, dass die anderen auch genug Intelligenz besaßen, um nicht wirklich zu glauben, dass da irgendetwas in dem Schrank geschehen war.

Mein Handy vibrierte. Dankbar für eine Ablenkung, sah ich, dass Gloria mir geschrieben hatte.

Ich habe erste Pläne für deinen Rachefeldzug. Kommst du morgen vorbei?

Kapitel 6

»Das ist jetzt nicht dein Ernst! Du bist mit Jona sechzig Sekunden im Kleiderschrank, und es passiert nichts? Nicht mal ein Kuss?«, sprudelte es entsetzt aus Gloria, nachdem ich ihr von meinen gestrigen Abenteuern berichtet hatte.

Wieder saßen wir auf ihrem Bett. Das war der Ort, an dem wir beide immer unsere wichtigen Gespräche führten. Anstatt der Schokolade, die uns ihre Mutter sonst immer zum Snacken gebracht hatte, gab es nun Selleriesticks.

»Natürlich lief da nicht mehr. Was denkst du? Er ist ein Arschloch, und ich will mit ihm nichts zu tun haben, geschweige denn seine Pranken an meinem Hintern spüren.«

»Mensch, Lina, man muss niemanden mögen, um ihn zu küssen. Ein Kuss hätte euch näher zusammengebracht, und du hättest noch bessere Möglichkeiten gehabt, ihm eins reinzuwürgen.«

Gloria schien völlig vernarrt in die Idee zu sein, dass ich mit Jona etwas anfangen sollte. Warum, war mir ein Rätsel. Vielleicht fand sie es einfach spannend, dass einer von uns beiden mal einen richtigen Fiesling handzahm bekäme. Allein schon die Tatsache, dass eine von uns einen Freund haben würde, wäre eine Sensation. Wir hatten beide unsere Unsicherheiten im Umgang mit dem anderen Geschlecht. Im Gegensatz zu mir war Gloria jedoch immerhin in den Genuss gekommen, schon einmal von einem Jungen geküsst worden zu sein. Noch heute erzählte sie diese Geschichte wie eine Legende, über die man noch in hundert Jahren reden würde. Dabei war es nur der flüchtige Kuss eines Jungen im Ferienlager gewesen, der am Tag danach abgereist und nie wieder gesehen worden war.

»Können wir das mit dem Kuss lassen, und du erzählst mir lieber, was du dir für Rachepläne überlegt hast?«

Ihr Grinsen wurde verschwörerisch. »Liebend gern. Warte kurz!«

Sie kroch unter ihr Bett und holte einen Schuhkarton hervor. Falls sie da jetzt Furzkissen und wasserspritzende Blumen rausholen würde, würde ich ihr die Ohren lang ziehen.

»Ich habe schon alles vorbereitet«, ließ sie mich wissen und hob den Deckel, ließ mich jedoch nicht reingucken.

Sie zog eine Packung Kondome heraus, und schlagartig wurde meine Laune schlechter. Was plante sie denn damit? Das war nicht die Art von Rache, an die ich gedacht hatte.

»Ich werde mit niemandem schlafen«, stellte ich sofort klar.

Sie lachte und warf mir die Kondome zu. Instinktiv fing ich sie auf.

»Ich weiß. Sollst du auch gar nicht. Außerdem wäre ich wohl die schlechteste beste Freundin aller Zeiten, wenn ich dir diese Kondome andrehen würde.« Ihr Gesichtsausdruck machte mir etwas Angst. »Die sind für Jenny und nicht für dich.«

»Du hast da jetzt aber kein Loch reingestochen, oder?«, fragte ich und begann langsam am Geisteszustand von Gloria zu zweifeln.

Sosehr ich sie auch als meine beste Freundin liebte, manchmal hatte sie den Hang dazu, über das Ziel hinauszuschießen.

»Um Gottes willen!« Sofort hob sie unschuldig die Hände in die Luft. »Was denkst du denn? Wir wollen doch nicht, dass sich diese Idioten fortpflanzen. Mein Plan ist viel besser. Ich habe die Verpackungen am Rand ein wenig aufgeschnitten, Hot Sauce reingetan und dann wieder sorgfältig zugeklebt. Das wird ein sehr schmerzhaftes Liebesspiel werden. Und da sie sich laut deiner Aussage gerne mal mit Männern intim vergnügt, wird es wohl auch nicht lange dauern, bis der Streich vollzogen wird.«

Ihre Mundwinkel hoben sich.

»Gloria!«, sagte ich ernst. »Wie soll ich das denn bitte anstellen, dass Jenny diese Kondome nimmt? Ich kann ja schlecht zu ihr gehen, ihr die in die Hand drücken und sagen: ›Hey, hier hast du ein paar Kondome. Nur für den Fall der Fälle.‹ Außerdem wüsste sie dann sofort, dass ich es war.«

»Du Dummerchen!«, neckte mich Gloria. »Natürlich soll sie nicht wissen, dass die von dir sind. Deshalb tauschst du das Kondom in ihrem Portemonnaie einfach heimlich aus.«

Ich runzelte skeptisch die Stirn. »Woher weißt du, dass sie dort ein Kondom hat?«

»Viele sexuell aktive Frauen, die für One Night Stands offen sind, haben dort Kondome.«

»Und wie soll ich an ihr Portemonnaie kommen?«

Gloria verdrehte die Augen. »Stell dich nicht so an! Das wirst du ja wohl hinkriegen. Zum Beispiel beim Sport. Du kannst sagen, dass du kurz auf Klo musst und gehst dann schnell an ihre Sachen.«

Glorias Vorschlag schien mir ein wenig zu groß gedacht. Ich hatte Angst, dass etwas schiefgehen könnte und ich am Ende aufflöge. Ich würde vor Peinlichkeit vermutlich an plötzlichem Herztod sterben.

Außerdem war das verrückt und krank ... Auf der anderen Seite war das, was sie mit mir gemacht hatten, auch verrückt und krank gewesen.

»Und wird sie die Chilisoße nicht bemerken, wenn sie das Kondom auspackt?«

»Quatsch«, kam es sofort über Glorias Lippen. »Sie wird viel zu sehr damit beschäftigt sein, mit dem Typen rumzumachen. Außerdem ist die Soße durchsichtig. Glaub mir! Das klappt.«

Ich lachte provokant. »Weil du ja schon so viele sexuelle Erfahrungen gesammelt hast, oder wie?«, zog ich sie auf.

Sie würdigte mich keines Blickes und fuhr fort.

»Kommen wir nun zu Jona.«

Jetzt wurde es interessanter.

Glorias Gesicht sah mittlerweile richtig dämonisch aus. Ich ahnte schon, dass sie die ganze Nacht über an diesen Plänen gesessen hatte. Ihr Rachebedürfnis schien noch größer als mein eigenes zu sein, und dabei kannte sie von den betroffenen Personen nur meine Geschichten und deren Profile in den sozialen Netzwerken.

»Für Jona hab ich mir etwas Besonderes ausgedacht.« Wieder griff sie in die Kiste und holte eine weitere Schachtel heraus.

»Was ist das?«, fragte ich und hatte ein wenig Angst vor der Antwort.

»Ein Wundermittel, das von älteren Herren mehr als geschätzt wird.«

»Gloria! NEIN!«, sagte ich entschieden, als bei mir der Groschen fiel. »Sag nicht, dass das Viagra ist.«

Sie nickte lachend. »Doch, ist es.«

Das konnte doch nicht wahr sein. War sie jetzt völlig durchgedreht?

»Woher hast du das überhaupt? Ist das nicht verschreibungspflichtig?«

»Ja, schon«, gab sie zu. »Aber es muss sich ja auch mal auszahlen, dass mein Vater bereits über sechzig ist und sich mit einem Rollator durchs Leben schlägt. Ich glaube, ohne die Pillen würde zwischen meinen Eltern nicht mehr viel im Bett laufen. Er hat sie in der Schublade versteckt. Es war nicht schwer, ein paar zu klauen.«

Ich schüttelte entschieden den Kopf.

»Das sind Pillen. Das ist Medizin. So was kann ich doch nicht einfach Jona geben. So was muss normalerweise mit einem Arzt abgesprochen werden!«

»Ach was! Wenn mein Vater davon mit seinem Bluthochdruck und Diabetes nicht stirbt und sogar seine Freude damit hat, dann wird es einen gesunden Jungen wie Jona schon nicht schaden. Vergiss nicht, was er dir alles angetan hat. Es ist jetzt nicht der richtige Zeitpunkt, um Mitgefühl zu entwickeln. Du willst Rache, schon vergessen? Vergiss nicht, wie viel Schmerzen er dir seelisch und körperlich zugefügt hat!«

Ich dachte an all die Sprüche, die Jona mir an den Kopf geworfen hatte. Gloria hatte recht. Nichts konnte fies genug sein. Er hatte schließlich auch keine Rücksicht genommen.

»Okay, was hast du mit dem Viagra vor?«, fragte ich entschlossen.

»Das ist die Lina, die ich sehen will«, ließ sie mich wissen. »Also, du meintest doch, dass er im letzten Block am Mittwoch jetzt immer Fußball hat, oder?«

»Ja.«

»Und er duscht sich danach auch, oder? Hast du nicht gesagt, dass er immer mit nassen Haaren aus der Umkleide kommt, was bei ihm so verdammt gut aussieht?«

Ich errötete leicht.

»Ähm, ja.«

»Das ist perfekt!«, rief Gloria hippelig. »Wir müssen die Viagra-Tabletten zerbröseln, sodass es ein Pulver wird. Dann ist es deine Aufgabe, es ihm in die Flasche zu füllen. Das kriegst du schon hin. Er steht auf dich. Da ergibt sich bestimmt eine Gelegenheit. Viagra braucht ungefähr zwanzig Minuten, bis es wirkt. Er wird also nicht einen Schluck Wasser nehmen und sofort einen Ständer haben. Sondern erst später in der Umkleide beim Duschen mit den Jungs.« Sie unterdrückte ein Lachen. »Du glaubst gar nicht, wie gern ich es sehen würde, wenn er plötzlich mit all den anderen Jungs unter der Dusche einen Ständer hat.«

Ich kicherte leise. Die Vorstellung war tatsächlich mehr als amüsant.

Das hatte Jona mehr als verdient.

»Du könntest dich mit dem Toilettentrick übrigens auch in die Jungen-Umkleide schleichen und seine Sachen wegnehmen, aber das wäre eventuell zu auffällig«, fuhr sie fort.

»Ich glaube, das Viagra reicht erst mal als Rache. Aber wir sollten Jenny von ihm fernhalten, sonst fallen die noch übereinander her wie die Karnickel.«

Gloria hielt sich den Bauch vor Lachen.

»Aber vielleicht gar keine so schlechte Idee. Ich meine, wenn du vorher die Kondome ausgetauscht hast, würgst du gleich noch Jona eins mit rein. Das wird dann eine sehr scharfe Angelegenheit, wenn du verstehst, was ich meine.«

»Oh Gott! Sein armer Penis. Das ist ja Misshandlung, was wir mit ihm anstellen.«

Nun brachen wir beide in Lachen aus, und ich fand immer mehr Gefallen an den geschmiedeten Racheplänen. Was war nur los mit mir?

»Ich hatte noch ein paar andere Rache-Ideen. Wir könnten für Jona eine Schwulen-Anzeige aufgeben und seine Nummer reinschreiben.«

»Sehr gut, aber nicht fair dem gegenüber, der vielleicht wirklich auf Partnersuche ist!«

»Ja, stimmt. Es wäre auch recht teuer«, offenbarte sie mir sogleich die Nachteile. »Du könntest auch heimlich seinen Klingelton ändern. Vielleicht so was wie ›Hier ist deine Mutter, und ich finde es nicht toll, dass du dir immer heimlich meine Sachen anziehst.‹«

Ich kicherte los.

»Keine schlechte Idee, aber vielleicht doch ein bisschen zu unglaubwürdig.«

Kapitel 7

Gloria hatte recht behalten. In Jennys Portemonnaie hatte sich tatsächlich ein Kondom befunden, und es war lächerlich einfach gewesen, es auszutauschen. Zufälligerweise war es sogar die gleiche Marke gewesen. Die erste Mission war damit schon mal erfüllt.

Da ich heute erst im zweiten Block Stunden hatte, nutzte ich die freie Zeit, um joggen zu gehen. Das Wetter lud mit herrlichem Sonnenschein und angenehmer T-Shirt-Wärme dazu ein. Mittlerweile war das Laufen für mich zur Routine geworden, doch am Anfang hatte es mich alle Kraft gekostet, meine Fettpolster überhaupt erst einmal in Bewegung zu bringen. Und leider war es nicht so, dass sie von allein rollten, wenn sie erst einmal in Bewegung waren. Jeder Schritt hatte sich zu Beginn meines Trainings angefühlt, als müsste ich über den Mount Everest steigen. Doch mittlerweile war mein Körper die Strapazen gewohnt.

Ich war gerade dabei, mich über Kopfhörer von *Avicii* motivieren zu lassen, als ich ein lautes »Hey!« hörte. Ich entstöpselte sofort erschrocken meine Ohren und drehte mich um.

Das durfte doch jetzt nicht wahr sein!

Sein V-Ausschnitt ließ mich erahnen, wie muskulös seine Brust war. Schweiß lief seine Schläfen herunter. Es hätte auch ein Werbespot für AXE sein können.

Vor Schreck blieb ich stehen.

»Was tust du denn hier?«, brachte ich ein wenig keuchend hervor.

»Joggen«, entgegnete er ganz selbstverständlich.

Seit Monaten lief ich jeden Tag die gleiche Strecke durch diesen Kiefernwald, und ich hatte seinen durchtrainierten Hintern hier noch nie zuvor gesehen. Das war kein Zufall! Langsam, aber sicher mutierte er zum Stalker.

»Witzig, dass wir uns hier treffen«, versuchte er einen Small Talk aufzubauen. »Ich wusste gar nicht, dass du auch joggst.«

Ja, total witzig. Ich könnte Freudensprünge machen, dass er mich gerade mit meinem puterroten Gesicht sah, während ich wie ein Opa mit einem Asthmaanfall röchelte. Ich reizte grundsätzlich meine Grenzen beim Sport aus, um bestmögliche Ergebnisse zu erzielen.

»Wollen wir ein Stück zusammen laufen?«, fragte er, als er merkte, dass ich seine Euphorie nicht teilte und mich mit Gesprächigkeit zurückhielt.

»Hab ich denn eine Wahl?«, murrte ich.

Er grinste. Was gab ihm das Recht zu grinsen, und dann auch noch auf so charmante und unwiderstehliche Art und Weise? Das sollte verboten werden.

»Na, wer ist denn da so schlecht gelaunt am Morgen?«, fragte er nett.

Ich hasste es, dass er auf einmal so nett war. Jahrelang hatte er mich gequält, und nun war er so scheißfreundlich. Das trieb mich auf die Palme oder, besser gesagt, auf die Kiefer, die neben mir stand.

»Ich bin nicht schlecht gelaunt«, bockte ich, doch er sah mich eher so an, als fände er das süß.

Was ging nur in diesem Jungen vor? Ich könnte ihn wahrscheinlich ein Plakat mit der Aufschrift »Verpiss dich!« vor die Nase klatschen, und er würde es trotzdem nicht verstehen. Ich fragte mich, wie er überhaupt herausbekommen hatte, wo ich immer langlief.

»Du bist süß, wenn du bockig bist.«

Es war offensichtlich, dass er mich damit aus der Reserve locken wollte.

Am liebsten hätte ich ihm an den Kopf geknallt, ob er mich damals auch süß fand, als ich weinend in der Ecke gesessen hatte, weil er mir den Stuhl weggezogen hatte, als ich mich setzen wollte. Hatte er es süß gefunden, wie sie alle über mich gelacht hatten und sich unter den Tischen versteckt hatten, weil sie so taten, als gäbe es ein Erdbeben? Ich hatte mich an dem Tag so gedemütigt gefühlt.

Doch ich sagte nichts. Ich wollte meinen Racheplan durchziehen. Wenigstens das mit dem Viagra musste klappen, und dafür durfte ich es mir mit ihm nicht verscherzen. Schließlich musste ich das Potenzmittel irgendwie in sein Getränk bekommen.

»Also laufen wir jetzt oder nicht?«, hakte er nach, und ich spürte, wie er langsam ein wenig nervös wurde.

»Falls du mit mir mithalten kannst«, ließ ich die arrogante Kuh heraushängen.

Offensichtlich schien er ja auf so etwas zu stehen.

Dann lief ich los.

Seitdem ich wieder so etwas wie eine Taille und nur ein Kinn hatte, fühlte ich mich wie eine Sportskanone, doch nun belehrte mich Jona eines Besseren. Er lief neben mir her, als würden wir einen Spaziergang machen. Sein Körper wippte elegant auf und ab. Da war nicht ein Hauch von Anstrengung in seinem Gesicht zu sehen. Mir war es unangenehm, mich in seiner Anwesenheit abzumühen und zu quälen, obwohl er offensichtlich etwas von mir wollte. Im Moment strahlte ich alles andere als Attraktivität aus.

Ich begann das Tempo anzuziehen. Eigentlich brauchte ich weder ihm noch mir etwas beweisen, doch aus irgendeinem Grund wollte ich nicht die lahme Schnecke sein. Ich war viel zu lange immer die Langsamste gewesen. Natürlich konnte Jona mit seinem athletischen Körper mithalten. Es war lächerlich, was ich hier abzog, aber aus irgendeinem Grund steigerte ich noch einmal das Tempo an und lief schneller.

»Du kannst ruhig in deinem Tempo weiterlaufen«, sprach er locker und lächelte. »Ich pass mich dir an.«

»Du kannst auch schneller laufen. Ich will dich nicht aufhalten«, hechelte ich.

Von mir aus konnte er wieder seinen Turbo anwerfen und abdüsen. Doch er machte keine Anstalten dazu.

»Pass auf!«, hörte ich ihn noch rufen, doch da hatte mir die Wurzel schon ein Bein gestellt.

Meine Körperteile hörten auf, mir zu gehorchen. Jeder Arm und jedes Bein schien einen anderen Plan zu haben, um den Sturz möglichst elegant abzufangen. Und wie es immer so war, wenn jeder einen anderen Plan hatte, endete es in einer Katastrophe. Ich spürte noch, wie Jonas Arm zu meinem Handgelenk schnellte, doch die Gravitation hatte mich zu schnell niedergestreckt. Er konnte nicht mehr den Helden spielen. Dazu war ich einfach zu schnell gefallen und hatte eine Landung im Dreck gemacht.

Ich lag wie ein ausgespuckter Kaugummi vor ihm. Als er zu mir hinabsah, kamen Erinnerungen hoch. Ich hasste das, auch wenn er dieses Mal sogar besorgt aussah.

»Oh Gott, alles okay bei dir?«

Am liebsten hätte ich laut losgeplärrt. Da war Blut an meinen Knien, und das nur, weil Jona mich unbedingt beim Joggen begleiten wollte. Er war schuld. Wie immer!

»Sehe ich aus, als wäre ich okay?«, giftete ich.

Auf einmal kam der ganze Hass wieder, den ich gegen ihn hatte.

Ich betrachtete mich. Meine Körper war voller Dreck. Die Knie und meine Handflächen waren aufgeschürft. Es war jedoch nur oberflächlich, sodass nur am Bein eine kleine blutende Wunde war.

Jona sah mich unbeholfen an. Dann reichte er mir seine Hand. Auf einmal? Sonst hätte er noch einmal zugetreten, wenn ich schon am Boden lag. Und nun half er mir auf?

»Na los, ich will dir doch nur aufhelfen«, redete er mir zu.

Als ich nicht reagierte, griff er nach meinem Unterarm und zog mich hoch. Er tat das mit so viel Schwung, dass ich praktisch in seiner Umarmung landete.

Selbst diese Situation nutzte er aus, um sich an mich ranzumachen? Der Typ hatte eindeutig eine Überdosis Testosteron im Blut.

»Du bist verschwitzt«, gab ich angewidert von mir, als er mich einen Tick zu lange an sich drückte.

Sofort ließ er mich los.

»Sorry«, murmelte er, und das erste Mal nahm ich so etwas wie Unsicherheit bei ihm wahr. »Ich bring dich nach Hause.«

Äh! Nein!

»Ich habe mir ja nicht meine Füße abgehackt. Ich schaffe das gerade noch so allein«, lehnte ich entschieden ab.

»Aber ein Gentleman macht so etwas«, sprach der Großkotz aus ihm.

Es war mir neu, dass Gentlemen auch alle mobbten, die nicht so perfekt wie sie aussahen. Er war alles, aber mit Sicherheit kein Gentleman.

»Und ich bin eine emanzipierte Frau«, sagte ich altklug. »Danke, aber nein danke.«

Er verzog seine Lippen zu einem schiefen Grinsen.

»Komm schon, ich habe schon gemerkt, dass du mir gegenüber gern die coole Neue heraushängen lässt, der keiner das Wasser reichen kann, aber ich weiß, dass jedes Mädchen gern nach Hause gebracht wird, wenn es ein blutiges Knie hat. Das war schon im Kindergarten so.«

Wie konnte jemand mit so einem miesen Charakter solche netten Dinge sagen?

Selbstbewusst legte er seinen Arm um meine Hüfte.

»Wohnst du weit weg von hier?«

Mein Mitspracherecht schien ich verwirkt zu haben.

Ich schüttelte den Kopf.

»Nur eine Straße weiter.«

Im Schritttempo gingen wir weiter. Es war komisch, hier mit ihm durch den Wald zu laufen, als wären wir befreundet.

»Hast du morgen Abend Lust, etwas zu unternehmen?«

Die Frage schnitt wie ein Messer durch die frische Morgenluft. In meinem Gehirn begann der Bereich *Achtung, Junge hat Hintergedanken* aktiv zu werden.

»Äh«, stotterte ich.

»Am Donnerstag kommt ein Horrorfilm ins Kino. Der soll richtig gut sein. Ich wollte fragen, ob du Lust hast, ihn mit mir anzuschauen.«

Mein Puls wurde etwas ruhiger. Horrorfilm hörte sich jetzt nicht nach einem romantischen Date an.

»Okay, ich frage auch die anderen«, erklärte ich kaltschnäuzig. »Wenn der wirklich so gut ist, sollten die den Film nicht verpassen.«

Plötzlich setzte er eine Miene auf, als hätte er gerade erfahren, dass er impotent ist. Ich hatte ihn soeben gefriendzoned, und das hatte er ausnahmsweise mal gemerkt.

»Okay«, murrte er.

Kapitel 8

»Wer war denn der junge Mann, der dich gerade nach Hause gebracht hat?«

Mum erwartete mich bereits hinter der Tür. Ich hasste es, dass sie in regelmäßigen Abständen von zu Hause aus arbeiten durfte. Sie war studierte Architektin, doch mit Kreativität hatte ihr Job nicht mehr viel zu tun, denn ihre einzige Aufgabe war es mittlerweile, Treppenhäuser zu entwerfen. Das große Geld konnte sie damit nicht machen, aber es war ein solider Job, der keine Überstunden erforderte.

Mum trug wie fast immer einen kurzen Rock, um jeden wissen zu lassen, dass sie trotz ihrer vierzig Jahre noch immer keine Cellulite hatte. Sie liebte es, unseren Nachbarn unter die Nase zu reiben, was für ein heißer Feger sie war.

»Niemand«, antwortete ich knapp.

Sie lachte.

»Schatz, du brauchst mich nicht anzulügen. Ich habe beobachtet, wie er dich angesehen hat. Glaube mir, ich kenne diese Blicke bei Männern. Er steht auf dich. Ist ja auch kein Wunder, so wie du mittlerweile aussiehst.«

Ich ließ die Tür hinter mir zufallen und griff nach der Wasserflasche, die auf der Kommode stand. Mein Mund fühlte sich trockener als die Sahara an.

»Komm schon, Lina. Läuft da etwas zwischen euch?«

Ihre Neugierde würde mich irgendwann noch mal um meinen Verstand bringen.

»Nein. Da läuft nichts.«

Sie legte ihren Kopf schief.

»Warum nicht? Er sah wirklich süß aus. Wäre ich in deinem Alter, hätte ihn mir schon längst geangelt.«

»Zu blöd, dass er nicht auf ältere Frauen steht«, entgegnete ich provokant. »Du hättest ihn dir sonst gerne krallen können!«

»Fräulein, nicht in diesem Ton!«, kam es prompt zurück.

Ihr Alter war ein wunder Punkt.

»Ja, ja.«

Seit der Scheidung meiner Eltern war das Verhältnis zu meiner Mutter schlechter geworden. Ich wäre lieber bei meinem Dad geblieben, doch sie hatten sich gegen meinen Willen anders geeinigt. Die Gründe dafür kannte ich nicht.

»Vielleicht sollte ich dich am Freitag mal mit zum Frauenarzt nehmen. Eigentlich ist das eh schon überfällig«, brabbelte sie vor sich hin. »Ich meine, lange wird es wohl nicht mehr dauern, bis du deinen ersten Freund hast. Dann solltest du vorbereitet sein.«

Für einen Moment hatte es mir die Sprache verschlagen.

»Nun guck nicht so!«, sagte Mum und nutzte meine Stummheit aus. »Du bist siebzehn. Da macht man für gewöhnlich seine ersten sexuellen Erfahrungen. Oder hast du schon?«

»Nein! Mum, ich will mit dir darüber nicht reden!«

»Ach, Kind, du bist manchmal genauso verklemmt wie dein Vater. Was ist so schlimm daran, darüber zu sprechen?« Sie machte ein abwartendes Gesicht, das ich erwiderte. »Aber du musst mit mir auch nicht darüber reden. Und von mir aus streite auch ab, dass da zwischen dir und diesem Joggerjungen etwas läuft. Ich bin aber auch nicht dumm und habe ganz genau gesehen, wie du ihn angeschmachtet hast. Ich will einfach nur, dass du vorbereitet bist, wenn du den nächsten Schritt machst. Für so etwas sind Mütter nun mal da, also tu nicht so, als wollte ich dir etwas Böses. Ich meine es nur gut, auch wenn du mir das mal wieder nicht glauben wirst.«

Was für eine tolle Mutter ich doch hatte, die mich zu einem Arzt schickte, der mir irgendetwas in die Vagina schob und mir vermutlich auch noch eine Pille verschreiben wollte, die meinen eh schon chaotischen Hormonhaushalt noch mehr ins Chaos stürzen würde.

»Ich will nicht zum Frauenarzt!«, protestierte ich.

Mum verschränkte die Arme.

»Interessant, dass du nicht abgestritten hast, dass du diesen Jungen anschmachtest!«

Ich wurde rot. *Verdammt!*

Das war eine Falle gewesen.

Ich fand Jona attraktiv. Natürlich tat ich das. Keiner konnte ihm widerstehen, aber ich kannte seinen Charakter und ich würde nie im Leben mit ihm etwas anfangen.

»Weil es zu lächerlich ist!«

»Ich finde, er passt zu dir«, meinte sie, als würde sie ihn kennen. Die Wahrheit war jedoch, dass Mum noch nie von Jona gehört hatte. Ich hatte es immer vorgezogen, all die Mobbereien mit mir selbst auszumachen. Natürlich hatte sie geahnt, dass ich es in der Schule nicht leicht hatte, doch ich war nie ins Detail gegangen. Und so wusste sie auch nicht, dass der Junge, den sie so süß fand, jahrelang mein Erzfeind gewesen war. »Aber das musst du selbst entscheiden. Du kommst auf alle Fälle mit zum Frauenarzt. Darüber diskutiere ich nicht. Auch wenn du keinen Sex haben solltest, ist ein Check-up wichtig.«

Ich hätte am liebsten einen Wutschrei losgelassen.

»Ich gehe duschen und dann zur Schule«, ließ ich sie wissen und verschwand ins Bad.

Ich pellte mich aus meinen Sportklamotten. Erst jetzt fiel mir mein blutiges Knie wieder ein. Mum hatte es nicht einmal bemerkt. Ich stellte mich nackt vor den Spiegel und hätte weinen können. Meine Brüste waren ein Desaster. Ich hob eine mit der Hand an, um sie so zu formen, wie sie eigentlich aussehen sollte. Dann ließ ich sie fallen und sah mir den schlaffen Hautlappen an. Er war hässlich. Ich fühlte mich nackt so unglaublich hässlich. Ich war dünn, doch ich hasste meinen Körper nach wie vor. Nur mit Kleidung ertrug ich den Anblick. Meine Brüste entstellten meinen gesamten Leib. Ich würde sie am liebsten abschneiden. So, wie ich jetzt aussah, würde ich mich nie nackt einem Frauenarzt zeigen und schon gar keinem Jungen, was wohl bedeutete, dass ich auch nie Sex haben würde. Ich würde als alter Jungfer sterben.

Schnell wandte ich mich vom Spiegel ab, um den Anblick nicht länger ertragen zu müssen. Ich duschte in Rekordzeit, denn ich merkte, dass ich spät dran war. Die Zeit lief mal wieder gegen mich.

Ich klebte Pflaster auf mein Knie, stopfte meine Beine in eine Jeans, pushte meine Brüste mit einem BH nach oben und zog schnell ein Shirt drüber. Ich schnappte mir meine Tasche und hastete aus dem Haus.

Jona erwartete mich schon vor dem Hauptgebäude.

»Geht es deinem Knie besser?«

»Ja, war ja nicht so schlimm.«

Heute war Mittwoch, und er würde Sportunterricht haben. Ich hatte das pulverisierte Viagra in meiner Tasche, doch noch war es zu früh, es ihm unterzujubeln. Wir waren nicht sicher gewesen, wie wir es dosieren sollten und hatten vorsichtshalber ein paar Tabletten mehr zermalmt. Wir wollten auf Nummer sicher gehen.

»Wollen wir schon hoch zu Bio gehen?«, fragte er und hatte nicht einmal den Hauch einer Ahnung, was ihm heute Nachmittag noch passieren würde.

Ich verspürte richtige Vorfreude und hoffte, dass alle es mitbekommen würden und jeder in der Schule wüsste, dass er in den Männerduschen einen Ständer gehabt hatte. Sie sollten ihn damit aufziehen und ihn sich so fühlen lassen, wie ich es in den letzten Jahren getan hatte.

»Ich muss noch zu Herrn Wenzel. Er hat noch einen Test von mir, den ich mir abholen sollte. Geh ruhig schon ohne mich«, sagte ich wahrheitsgemäß.

»Okay, dann sehen wir uns oben im Bioraum. Ich bin so froh, dass ich nicht mehr neben dem fetten Schwein von früher sitzen muss, sondern dich neben mir habe.«

Fettes Schwein? Na vielen Dank auch! Vielleicht war ich ein fettes Schwein gewesen, aber dafür war er auch nicht der Hellste. Immerhin hatte er nicht mal meine Schrift wiedererkannt, obwohl er bei jedem Test regelmäßig zu mir herübergeschielt hatte.

»Ist es nicht gemein, jemanden als fettes Schwein zu bezeichnen?«, fragte ich vorsichtig.

Ich hatte diesen Kommentar einfach nicht unterdrücken können.

»Vielleicht, aber wenn du sie gesehen hättest, wüsstest du, was ich meine. Fettes Schwein ist wirklich noch nett ausgedrückt. Mutierte Sau würde es wohl besser treffen.«

Meine Mundwinkel hoben sich nicht, und das fiel auch ihm auf.

»Du magst es nicht, wenn man Leute beleidigt, oder?«

So viel Reflexionsvermögen hätte ich ihm gar nicht zugetraut.

»Nein, tue ich nicht«, gab ich ein klares Statement ab.

»Das ist vorbildlich, aber manchen muss man die Wahrheit ins Gesicht sagen. Nur so merken sie doch, dass sie etwas ändern müssen. So viel, wie die in sich hineingestopft hat, platzt sie, bevor sie zwanzig ist. Davor wollte ich sie nur bewahren.«

Ich hätte kotzen können wegen seiner Arroganz. Sollten seine Mobbingopfer ihm jetzt auch noch dankbar sein und die Füße küssen? Als ob ich nicht selber gewusst hätte, dass ich zu dick gewesen war! Dazu reichte ein Spiegel.

»Wie du meinst«, sagte ich unterkühlt. »Ich muss jetzt los.«

Ich lief ins Nebengebäude, in dem Herr Wenzel sein Büro hatte. Er war noch Referendar und bei den Mädels mehr als beliebt. Herr Wenzel war sportlich und hatte ein charmantes Lächeln. Sein Unterricht war nicht streng, und er hatte Humor. So gewann man schnell die Herzen der Schülerinnen.

Als ich vor seinem Büro ankam, hörte ich Stimmen aus dem Raum. Ich entschied mich zu warten.

»Scheiße, Mann! Das brennt wie Hölle«, hörte ich ihn sagen.

Ich wurde hellhörig.

»Wem sagst du das!«, hörte ich eine sehr bekannte Stimme.

Kurz sah ich geschockt ins Leere. Ich musste erst einmal begreifen, was ich gerade erfahren hatte. Ich kannte diese Stimme.

Das konnte doch nicht wahr sein!

Jenny und Herr Wenzel hatten etwas miteinander.

Im nächsten Moment musste ich jedoch so unglaublich lachen, denn sie hatten offensichtlich die präparierten Kondome benutzt.

»Fuck, es wird immer schlimmer!«, hörte ich Jenny mit einem Anflug von Panik sagen. »Es fühlt sich an, als hätte ich einen Feuer speienden Drachen in meiner intimsten Stelle.«

»Jenny, nicht so laut!«, wurde sie von Herrn Wenzel ermahnt. Es war absurd, dass er sie in seinem Lehrerton ansprach.

»Sorry, aber dein bestes Stück hat sich gerade wie ein Laserschwert in mich hineingebohrt.«

Ich biss mir auf die Unterlippe, um nicht laut loszulachen.

»Ich kann es mir vorstellen! Für mich hat es sich angefühlt, als hätte ich ihn in einen Vulkan gesteckt!«

Meine Augen wurden groß. Das war doch einfach nicht zu glauben.

»Ich muss aufs Klo«, sagte Jenny sauer.

Schnell setzte ich ein Pokerface auf und nahm Abstand zur Tür.

Dann kam sie auch schon herausgeschnellt. Als sie mich erblickte, blieb sie stehen und musterte mich. Mir fiel auf, dass der oberste Knopf ihrer Jeans noch offen war und ein pinker Spitzenslip zum Vorschein kam. Es schien sie jedoch nicht weiter zu stören.

»Lina, was machst du denn hier?«, fragte sie mit schmerzverzerrtem Gesicht.

»Ich muss noch einen Test abholen«, berichtete ich, ohne zu lügen.

Sie zwang sich ein Lächeln auf.

»Okay, wir sehen uns nachher in der Pause.«

Und dann ging sie. Sie sah dabei aus, als hätte sie die größten Hoden der Welt. Sie lief breitbeinig und wirkte dabei so unglaublich lächerlich.

Eins zu null für mich.

Ich lugte zur Tür hinein, wo Herr Wenzel stand und ebenfalls sein Gesicht verzog. Ich klopfte gegen die offene Tür.

Er schreckte hoch.

»Lina?«

»Hallo, ich wollte nur kurz meinen Test abholen«, erklärte ich mein Anliegen.

Er saß am Schreibtisch. Wahrscheinlich dachte er nicht, dass ich es sehen konnte, aber mir entging nicht, dass seine Hand auf seinem Schritt lag.

»Ja, klar.«

Er gab mir mit seiner linken Hand ein Blatt.

Ich sah, wie er darum kämpfte, sich nichts anmerken zu lassen. Eigentlich hatte er mit meinen Racheplänen nichts zu tun, aber ich war trotzdem froh, dass es ihn getroffen hatte. Mit Schülerinnen zu schlafen, auch wenn man noch ein Referendar war, war einfach das Letzte. Die Chilisoße hatte er verdient.

Kapitel 9

Kurz überlegte ich, nur die Hälfte des Pulvers in die Flasche zu schütten, doch dann dachte ich: *Scheiß drauf, er hat die volle Qual verdient.*

Es war ein Leichtes gewesen, unbeobachtet seine Flasche unter Kontrolle zu bekommen. Wir waren in Bio aufgeteilt worden. Eine Gruppe war ins Labor gegangen, während die andere im Klassenraum geblieben war. Praktischerweise waren Jona und ich in unterschiedlichen Gruppen gewesen, und so war ich, abgesehen von meiner eigenen Gruppe, alleine mit seinem Rucksack. Wie es bei Gruppenarbeit immer so üblich war, herrschte Chaos, und so nahm niemand zur Kenntnis, dass ich ihm Viagra ins Wasser mischte.

Ich konnte es kaum erwarten, dass es seine Wirkung zeigte. Nach Bio hatte er Sport. Es dauerte also nicht mehr lange, und da seine Flasche bereits halb leer war, bezweifelte ich, dass er vorher noch etwas trinken würde.

Für mich war nach Bio eigentlich Schluss. Doch natürlich wollte ich nicht nach Hause gehen, denn den Spaß musste ich mir mit ansehen. Da traf es sich gut, dass Jenny und Lexy eh geplant hatten, sich auf die Tribüne beim Fußballfeld zu setzen. Es war schönes Wetter, und so bot es sich an. Ich gesellte mich zu ihnen.

Mir schien es, als würde mir das Schicksal direkt in die Karten spielen.

»Wann hat Jona eigentlich diese Muskeln bekommen?«, fragte Jenny und begutachtete Jona von oben bis unten ganz genau. »Die Pubertät hat bei ihm echt eingeschlagen wie eine Bombe.«

Mir entging nicht, dass sie breitbeinig dasaß. Entweder wollte sie Jona damit unbewusst ihre Paarungsbereitschaft signalisieren, oder die Spätfolgen der Chilisoße machten sich noch bemerkbar.

»Stehst du auf ihn?«, brannte sich plötzlich ihre Stimme in mein Gehirn.

Ich spürte die Blicke von Jenny und Lexy auf mir. Diese Frage schien von höchster Wichtigkeit zu sein.

»Nein«, antwortete ich ernst.

Lexy legte den Kopf schief.

»Ach komm schon! Jede steht doch auf ihn.«

Ich schüttelte den Kopf.

»Nein, ich nicht.«

Ich sah ihnen an, dass sie es mir nicht abnahmen.

»Bist du lesbisch?«

Kein Wunder, dass Jona solche Höhenflüge bekam, wenn er behandelt wurde wie ein Gott. Als ob man automatisch lesbisch wäre, nur weil man nicht auf Jona Fitz stand.

»Nein, bin ich nicht, aber ich stehe trotzdem nicht auf ihn.«

»Ist auch besser so«, erklang wieder Jennys Stimme. »Versteh mich nicht falsch, aber ich bin im Moment an Jona dran. Er ist eine harte Nuss und nicht leicht zu knacken, also lass lieber die Finger von ihm, denn wenn es um Männer geht, konkurriert man besser nicht mit mir.«

Das war eindeutig eine Drohung. Das sagte sowohl ihre Körperhaltung als auch ihr Gesicht. Jona war verbotenes Terrain für mich.

»Nun, mach dir mal keine Sorgen, dass ich ihn dir klaue. Wie schon gesagt, will ich nichts von ihm«, versuchte ich sie zu beschwichtigen.

Jenny lachte höhnisch, und ich merkte, wie die Stimmung kippte.

»Ich habe keine Angst, dass du ihn mir klaust. Du hättest gegen mich eh keine Chance. Es geht mir vielmehr darum, dass dein kleines Herz nicht gebrochen wird, weil dein Schwarm mit mir im Bett landet.«

Das hatte gesessen. Ich sah sie schockiert an, denn ich war es nicht gewohnt, dass man mit mir so offen sprach.

Dann setzte sie ein falsches Lächeln auf. »Aber wir sind ja Freundinnen. Wir werden uns schon nicht wegen eines Kerls in die Haare kriegen.«

Ich konnte mich nicht erinnern, mit ihr die Freundschaftspfeife geraucht zu haben, doch offensichtlich zählte sie mich nun zu den ausgewählten Personen, die sie Freundin nannte. Es war absurd. Allein schon, dass ich hier saß. Ich konnte einfach nicht vergessen, wie ich mich immer als fettes Mädchen gefühlt hatte.

Ich sah zu Jona, der flink übers Feld schnellte. Stets hatte ich seine Flasche im Blick. Noch hatte er nichts getrunken, was auch daran lag, dass der Sportlehrer ihnen bislang keine Trinkpause gegönnt hatte.

Doch dann hallte der Pfiff übers gesamte Feld, und mein Herz schlug vor Aufregung augenblicklich schneller. Das gesamte Team lief zu den Flaschen. Jona griff nach seiner und nahm einen großen Schluck.

Innerlich begann ich zu feiern, als hätte ich soeben den Jackpot geknackt. Doch ich durfte es mir nicht anmerken lassen. Jonas Schluck war groß genug, um eine Wirkung zu erzielen. Wir hatten extra mehr reingetan, damit auch schon ein kleiner Schluck ein Ergebnis zeigte.

Henry nahm ihm die Flasche aus der Hand und trank ebenfalls. Ich hätte lauthals in Gelächter ausbrechen können. Ich hatte soeben zwei Fliegen mit einer Klappe geschlagen. Was dann geschah, gab mir den Rest. Auch Mirko trank aus der Flasche.

»Sag mal, alles okay bei dir?«, erkundigte sich Lexy, der offensichtlich nicht entgangen war, wie ich verzweifelt versuchte, nicht laut loszulachen.

»Ja, alles gut.«

Ihr Blick blieb skeptisch, doch sie hakte nicht weiter nach. Stattdessen folgte sinnloses Gerede über Nagellack und Lästereien über Schüler. Mein Blick war jedoch fast ausschließlich auf den Schritt von Jona gerichtet.

Doch es passierte nichts.

Bei keinem der dreien.

Eine Stunde standen sie auf dem Feld, und ich konnte keine Beulen erkennen.

In der Packungsbeilage hatte gestanden, dass es unterschiedlich lange dauerte, bis die Wirkung einträfe. Es war abhängig von dem Gewicht, wie viel man gegessen hatte und auch von der Tätigkeit. Aber eine Stunde erschien mir doch eine ziemlich lange Zeit.

Sie verschwanden in der Umkleide, und ich blieb frustriert auf der Tribüne zurück. So hatte ich mir das nicht vorgestellt.

»Sie gehen duschen!«, rief Lexy plötzlich aufgeregt und schnappte sich ihre Tasche. Ihre Worte hatten sich wie ein Kommando angehört. Auch Jenny hatte sich erhoben.

»Wo wollt ihr hin?«, erkundigte ich mich irritiert.

Beide grinsten verschwörerisch.

»Man kann mit einem Trick den Lüftungsschacht zwischen Jungs- und Mädchen-Umkleiden öffnen«, erklärte Lexy. »Und wenn der offen ist, hört man jedes Wort. Wenn die Jungs duschen gehen, setzen wir uns oft in den Duschraum der Mädchen und lauschen. Es ist zu witzig, was die sich erzählen, und man erfährt nebenbei auch noch, auf wen sie stehen. Willst du mitkommen?«

Mir wurde bewusst, dass das Schicksal voll und ganz hinter mir stand und meine Rachepläne unterstützte.

»Ja, klar.«

Wir marschierten zu den Umkleiden. Ich musste kurz draußen bleiben, weil sie mir nicht den Trick zeigen wollten, wie man die Lüftungsschächte verband. Solange ich die Jungs belauschen konnte, brauchte ich nicht zu wissen, wie es dazu gekommen war.

Wir setzten uns leise auf den abgenutzten Fliesenboden. Diese Umkleide hatte ihr beste Zeit vermutlich in den Sechzigern gehabt und war seitdem weder renoviert noch geputzt worden.

Zunächst hörten wir nur das Plätschern der Duschen und belanglose Sätze wie »Scheiße, mein Shampoo ist alle. Gib mal deins!«. Das waren nicht gerade die Sätze, die ich mir erhofft hatte.

»Diese Neue ist echt heiß, oder?«, nahm ich eine Stimme wahr, die ich Mirko zuordnete.

Jenny und Lexy starrten mich neidisch an.

Ich war die Neue.

Ich fühlte eine Mischung aus Peinlichkeit und einem bisschen Stolz.

»Meinst du Lina?«, fragte Jona.

»Ja, genau! Mit ihr würde ich auch gern mal duschen!«

»Alter, sag mir jetzt nicht, dass du bei der Vorstellung von der Neuen 'nen Ständer kriegst! Hab dich mal ein bisschen unter Kontrolle, wenn du mit uns duschst.«

Ein Grinsen breitete sich auf meinem Gesicht aus.

Die Falle war zugeschlagen. Das Viagra begann zu wirken. Vermutlich hatte er einen Anreiz gebraucht. Und die Vorstellung, wie ich ihm einen Blowjob gäbe, ließ seinen kleinen Freund wach werden.

Lexy kicherte, während Jenny mich böse anfunkelte.

»Sag mal, wollt ihr mich verarschen? Warum stehen eure denn auch wie eine Eins?«

Wie es aussah, zeigte nun auch bei Mirko und Jona das Viagra Wirkung.

»Ich hab keine Ahnung«, verteidigte sich Henry. »Das ist echt seltsam. Mein Wasser ist auf eiskalt gestellt, und trotzdem wird er immer härter.«

Oh Gott! Selbst Jenny musste nun schmunzeln.

»Wie ihr meint. Ihr könnt hier gerne einen Gang-Bang abziehen, aber lasst mich da raus«, sagte eine Stimme, die ich nicht zuordnen konnte. Offenbar war es aber jemand, der keinen Schluck aus der Viagra-Flasche genommen hatte.

Wir hörten Schritte, und einige schienen die Duschkabine zu verlassen.

»Alter, ich hab das Gefühl, dass er gleich explodiert«, jammerte Jona und schien überfordert zu sein.

Jenny, Lexy und ich hielten die Luft an, um besser verstehen zu können, was gesagt wurde.

»Ist bei mir auch so«, bekam er die Zustimmung von Henry.

Es folgte eine kurze Pause, in der nichts gesagt wurde. Dafür plätscherte laut das Wasser. Ich vermutete, dass sie weiterhin auf die Methode *kaltes Wasser* setzten.

»Ich geh kurz aufs Klo«, ertönte Mirkos tiefe Stimme. »Ich halte diesen Druck nicht mehr aus. Das hatte ich echt noch nie.«

Vielleicht hätten wir doch ein paar Pillen weniger in das Wasser tun sollen.

»Was ist denn da los?«, flüsterte Lexy, woraufhin Jenny und ich ahnungslos mit den Schultern zuckten.

»Ich brauch gerade echt was zum Druckablassen«, klagte Jona. »Ich versteh das nicht. Das hatte ich noch nie.«

»Glaubst du etwa ich?«, blökte Henry ihn gereizt an.

»Das gibt es doch nicht«, erklang wieder Mirkos Stimme, der auf der Toilette offenbar keine Erleichterung gefunden hatte. »Der bleibt steif und schwillt sogar noch mehr an. Das ist mir noch nie passiert. Es beginnt langsam echt wehzutun.«

Ich stellte es mir bildlich vor, wie sie da mit ihren harten Penissen hin und her liefen, die fröhlich von ihnen abstanden, und nicht wussten, was sie tun sollten.

»Guck gar nicht erst auf meinen Hintern!«, sagte Jona halb im Scherz und versuchte die Situation aufzulockern. »Ich lass dich nicht ran.«

»Sehe ich schwul aus, oder was?«, kam es aggressiv zurück.

Da verstand offensichtlich jemand keinen Spaß mehr.

»Also mit 'ner Latte in der Männerdusche siehst du schon irgendwie schwul aus«, ertönte eine fremde Stimme, die aus der Ferne zu kommen schien. Offensichtlich hatte sich einer der Jungs aus der Umkleide eingemischt.

»Halt die Fresse, Joshua!«, brüllte Mirko.

Ich wusste nicht genau, wie lange die Wirkung anhalten würde. Wir hatten das Viagra definitiv überdosiert.

»Ich geh jetzt nach Hause!«, sagte Jona entschieden.

»Du willst so nach Hause? Falls du auf kleine Kinder triffst, können dich die Eltern anzeigen. Schau dich doch mal an! Du siehst aus wie ein mutiertes Einhorn!«

Lexy hielt sich bei dieser Vorstellung die Hand vor den Mund, um nicht laut loszulachen.

»Starr nicht auf meinen Schwanz!«, mahnte Jona. »Außerdem sind es nur fünf Minuten von hier. Was soll ich jetzt mit euch hier zusammen rumhocken? Wenn ich mich ablenke, wird es schon weggehen. Was ihr hier noch veranstaltet, ist mir egal.«

Schritte entfernten sich. Sofort rappelte sich Jenny auf.

»Meine Chance«, formte sie mit ihren Lippen.

Wir alle liefen nach draußen. Dort konnten wir offen sprechen.

»Ihr müsst abhauen«, sagte Jenny, sobald die Tür zur Umkleide hinter uns geschlossen war. »Das ist meine Chance, mit Jona eine Nummer zu schieben.« Ihre Gedankengänge schienen auch nur auf Sex ausgerichtet zu sein. »Er ist geil wie ein Rammler, und die Frauenumkleide ist leer. Gibt es eine bessere Gelegenheit?«

So hatte ich mir meine Rache nicht vorgestellt. Aus irgendeinem Grund störte es mich, dass Jenny und Jona

Sex haben könnten, und schon gar nicht wollte ich dafür verantwortlich sein.

»Was macht ihr hier noch?«

Wir zuckten bei der Stimme zusammen. Jona schob gekonnt sein Fahrrad vor seinen Schritt. Er ließ sich nichts anmerken und wirkte cool wie immer.

Ich starrte ihn an und versuchte, nicht auf seinen intimsten Körperpart zu glotzen.

»Jona!«, rief Jenny fröhlich und hatte ihre Fassung schnell wiedergefunden. »Hast du Bock, was zu machen? Lexy und Lina sind solche Streber und wollen dieses blöde Referat für Deutsch vorbereiten. Ich hab kein' Bock dazu. Was hältst du davon, wenn ich mit zu dir komme und wir ein bisschen abhängen?«

Dieses kleine Biest.

»Sorry, aber ich hab zu tun. Ein anderes Mal«, ließ er sie abblitzen.

Mein verdutztes Gesicht wollte ich lieber nicht sehen. Hatte er ihr wirklich soeben einen Korb gegeben, und das, obwohl er gerade mehr als erregt sein müsste?

Bitter für sie, amüsant für mich.

Dann schwang er sich geschickt auf sein Rad, sodass man seine derzeitige Problemzone nicht erkennen konnte, und radelte davon.

»Wir sehen uns morgen!«, rief er noch, ehe er um die Ecke bog.

Kapitel 10

»Wollte Henry nicht eigentlich auch kommen?«, fragte ich, als wir uns abends vor dem Kino trafen.

Mir war zwar aufgefallen, dass er nicht in der Schule gewesen war, doch das hatte noch lange nicht zu bedeuten, dass er sich einen Kinofilm entgehen ließ.

»Nein, er musste gestern Abend noch ins Krankenhaus. Er hatte Probleme mit seinem Blutdruck.«

Mir wich alle Farbe aus dem Gesicht, und ich musste wohl wie ein Geist aussehen, was wiederum ein sehr passender Look zu unserem heutigen Kinofilm war.

»Einfach so Probleme mit dem Blutdruck?«, hakte ich nach und hoffte, dass meine Frage nicht zu offensichtlich wäre.

Jona sah erstaunlich ernst aus. Auch wenn ich eigentlich lieber lachende Gesichter mochte, stand ihm diese Ernsthaftigkeit ziemlich gut. Er wirkte dadurch so erwachsen.

»Es war wirklich komisch. Mirko und ich hatten auch Probleme. Wir wissen nicht genau, woran es lag, aber wir müssen irgendetwas ausgesetzt gewesen sein, das unseren Blutkreislauf beeinflusst hat, und Henry hat es besonders schwer getroffen.«

Er hatte eine sehr elegante Umschreibung für eine Dauerlatte gefunden. Cleveres Kerlchen. Ich begann mich jedoch immer schlechter zu fühlen, denn es war nicht mein Plan gewesen, dass irgendjemand im Krankenhaus landete. Ich hatte echt Mist gebaut. Zwar wollte ich, dass sie bloßgestellt wurden, aber doch nicht, dass jemand gesundheitliche Probleme bekam. Ich hätte wohl doch auf mein erstes Bauchgefühl hören sollen: Mit Medikamenten trieb man keine Scherze.

»Vielleicht habt ihr etwas Schlechtes gegessen?«, schlug Lexy vor. Sie schien die Blutdruckprobleme nicht mit der Dauererektion in Verbindung zu bringen.

Jona zuckte mit den Schultern.

»Vielleicht. Hauptsache, es ist wieder weg.«

»Also geht es Henry wieder gut?«

Ich musste diese Frage stellen, um mein Gewissen erleichtern zu können.

»Ja, er musste auch nicht im Krankenhaus bleiben. Er soll sich die nächsten Tage einfach schonen.«

Ich fühlte mich schuldig und begriff erst jetzt, dass ich mit der Gesundheit eines anderen gespielt hatte.

»Können wir jetzt endlich reingehen?«, nörgelte Jenny, der es nicht gefiel, dass Jona gleich am Anfang klargestellt hatte, dass er mit mir auf der Kuschelbank sitzen wollte.

Natürlich hatte ich den gestrigen Tag mit Gloria ausgewertet, und sie war zu dem Schluss gekommen, dass ich Jenny am besten eins reinwürgen konnte, wenn ich mich an Jona heranmachte. Und genau das tat ich. Spätestens seit der Duschszene hatte ich den Beweis dafür, dass er wirklich auf mich stand.

Ich hatte mich bei ihm untergehakt. Ich konnte nicht leugnen, dass seine starken Arme ein Kribbeln in meinem Bauch verursachten. Statt mit Säure zur Verdauung wurde mein Magen mit vielen Herzchen gefüllt, die durch einen veritablen Hormoncocktail in Schwung gebracht wurden. Ich wollte Jona hassen, aber mein Herz sprang jedes Mal in meiner Brust herum, als wäre es das erste Mal auf einer Hüpfburg, wenn Jona mich berührte. Ich konnte mich nicht dagegen wehren.

Jona hatte uns eine große Portion Popcorn gekauft und dafür sein Portemonnaie geplündert. Auch die Kinokarte hatte ich nicht selbst zahlen müssen. Wenn mein Abnehmen einen Vorteil hatte, dann mit Sicherheit, dass ich jede Menge Geld sparte. Allerdings begann mein integrierter Kalorienrechner beim Anblick des herrlich karamellisierten Popcorns sofort zu arbeiten. Ich wollte es nicht komplett ablehnen, denn das wäre unhöflich gewesen, doch ich wollte auch nicht wieder fett sein, denn dann würde Jona mir zurufen: »Schon traurig, wenn man nicht mal seinen fetten Arsch in die Kuschelbank gezwängt bekommt! Kannst ja von Glück reden, dass kein Typ dich je daten wird. Den würde man nur mit einem Presslufthammer wieder aus deinem Fett befreien können.« So oder so ähnlich hätte sein Spruch wohl gelautet.

Es fiel mir immer schwerer, mir den bösartigen Jona vorzustellen, der er früher für mich gewesen war, denn mittlerweile war er nett und zuvorkommend zu mir. Doch ich versuchte, mir immer wieder bewusst zu machen, dass er das wegen meines Aussehens war. Das war eine Tatsache, die ihn abscheulich machte.

»Ich hab noch nie einen Horrorfilm gesehen«, gestand ich ihm, als wir bereits auf unseren Sitzen saßen und warteten, dass es endlich anfangen würde. Das Licht war bereits gedimmt worden.

Die Oberschenkel von Jona und mir berührten sich, weil es keine Lehne zwischen uns gab.

»Noch nie? Dann wird es Zeit. Das ist echt lustig.«

»Ich bin aber ziemlich schreckhaft«, warnte ich ihn.

Er legte seinen Arm um mich, und plötzlich übte sich mein Herz auch noch im Bungee-Jumping.

Was hatte dieses Arschloch nur an sich, dass es meinen gesamten Verstand einfach in den Off-Modus versetzte?

»Ich bin ja da.«

Es war ein so simpler Machospruch, und trotzdem zeigte er bei mir Wirkung.

Ich hasste mich dafür.

Ich wollte mich nicht von einem Typen wie Jona um den Finger wickeln lassen.

Das Licht im Saal ging aus.

Zum Gruseln war jedoch zunächst nur die grottenschlechte Werbung, die kein Ende nehmen wollte. Dann begannen die Trailer, und ich bekam für meinen Geschmack schon bei den kurzen Ausschnitten zu viel Blut, Porzellanpuppen und Mädchen in altmodischen Nachthemden zu sehen.

Doch dann fing der Film an. Zunächst war es lustig. Sechs College-Studierende beschlossen, das Wochenende in einem Haus zu verbringen, das abgelegen auf dem Land war. Sie waren gut gelaunt, und man hätte vielleicht sogar eine richtig schöne Romanze daraus zaubern können.

Aber nein. Der Regisseur hatte wohl eine traumatisierende Kindheit gehabt und verarbeitete das nun in diesem Film auf grausamste Art und Weise.

Das erste Mädchen fand man aufgeschlitzt in der Küche. Das war der Moment, in dem sich mein Körper instinktiv immer mehr an Jonas drückte. Meine Hand wanderte vor mein Gesicht, und ich sah von da an den Film nur noch durch einen kleinen Schlitz, den ich immer rechtzeitig zu schließen versuchte, bevor das Blut spritzte und die Knochen brachen.

Ständig schielte ich vorsichtig durch die Hand. Alle sahen gebannt auf die Leinwand. Sie schienen von dem Grauen völlig fasziniert zu sein. Ich aber zuckte zusammen, als stände ich unter Strom. Bei jeder Kleinigkeit erschrak ich.

Beim Finale wurde dann immer öfter die Gehirnmasse gezeigt, die sich auf den Dielen verteilte.

Ich hatte keine Ahnung, wie es passiert war, aber plötzlich fand ich meinen Körper in Jonas Umarmung. Ich presste mich gegen ihn, während er schützend seinen Arm um mich gelegt hatte.

»Alles gut?«, flüsterte er mir ins Ohr.

Er war mir so nah, dass ich seinen Atem spüren konnte. Hätte ich vor Grusel nicht eh schon eine Gänsehaut gehabt, dann wäre spätestens jetzt meine Haut zu einer Hügellandschaft geworden.

»Ja, alles gut. Ich hab nur ein bisschen Angst.«

Er grinste belustigt.

»Keine Angst. Der Mörder kann nicht durch die Leinwand kommen.«

Als ob ich das nicht wüsste, du Klugscheißer!

Und plötzlich küsste er meine Schläfe.

Was passierte denn jetzt? Und warum ausgerechnet meine Schläfe? Es gab durchaus erotischere Stellen in meinem Gesicht.

»Und wenn doch, beschütze ich dich.«

Es war eine billige Masche, und doch fiel ich darauf rein. Die Vorstellung, wie Jona sich mit einem Mörder prügelte, um mich zu beschützen, war einfach zu unwiderstehlich.

Ein Schrei ertönte aus den Boxen.

Ich erschrak so sehr, dass ich mein Gesicht an seiner starken Brust verbarg. Ich hörte, wie er leise lachte, und dann streichelte er meinen Rücken. Noch nie zuvor hatte ich einen so intimen Moment mit einem anderen Menschen erlebt.

Wieso war er früher so gemein zu mir gewesen, wenn er so nett sein konnte? Was lief falsch in seinem Machogehirn?

Und was lief in meinem Gehirn falsch, dass ich mich auf einmal so sehr zu ihm hingezogen fühlte?

Ich verbrachte das restliche Finale des Films an seiner Brust. Er sah zwar noch auf die Leinwand, kraulte mir aber nebenbei die Haare.

Als die Lichter angingen, traf mich ein bitterböser Blick von Jenny. So, wie sie aussah, würde sie gleich auf mich zustürmen und all die Foltermethoden anwenden, die der Film ihr soeben beigebracht hatte.

Jona nahm meine Hand und weckte damit erst recht die Mordlüste in Jenny.

Ich zog meine Hand zurück und steckte sie in meine Hosentasche. Er sah mich überrascht an, und kurz freute ich mich, dass ich damit offensichtlich sein Ego angekratzt hatte. Gloria hatte recht gehabt. Je näher ich Jona kam, umso besser konnte ich ihm wehtun.

Vor dem Kino wurde der Film kurz ausgewertet. Es war mittlerweile stockdunkel und recht frisch geworden. Über uns funkelten die Sterne, und irgendwo in einem Baum saß eine Nachtigall und gab ein kleines Konzert für uns.

»Ich kann dich noch nach Hause bringen«, bot Jona mir an, als er mich wie alle anderen zum Abschied umarmte.

»Schon okay. Ich hab es nicht weit.«

Ich nahm wahr, wie er enttäuscht seine Schultern fallen ließ.

»Na gut, wie du willst«, akzeptierte er meine Entscheidung jedoch. »Wir schreiben.«

Bei den letzten Worten runzelte ich die Stirn, was er aber gar nicht mehr sah. Was genau hieß denn »wir schreiben«?

Kapitel 11

Jona schrieb mir tatsächlich noch am selben Abend. Es war nur ein kurzes *Gute Nacht* mit einem roten Herz dahinter. Ich hatte lange darauf gestarrt, ehe ich zurückgeschrieben hatte: Ebenfalls ein *Gute Nacht* und ein neutraler Lachsmiley.

Noch vor der Schule lauerte mir Jenny auf. Ihre Haare hatte sie zu einem strengen Zopf zusammengebunden, wodurch ihre eh schon aggressive Körperhaltung noch einmal unterstrichen wurde. Sie wirkte wie eine Löwin, die bereit war, ihre Beute mit ihrem Leben zu verteidigen.

»Was genau hast du nicht verstanden, als ich gesagt habe, dass du die Finger von ihm lassen sollst?«, keifte sie völlig außer sich.

»Ich habe die Finger von ihm gelassen, aber er nicht von mir«, antwortete ich gelassen.

Es war wirklich nicht so, als hätte ich mich an ihn rangemacht. Das war alles von ihm ausgegangen, und dafür konnte ich nun wirklich nichts. Offenbar war Jenny einfach zu doof gewesen, ihn für sich zu gewinnen. Und an ihrer Doofheit trug ich keine Schuld.

»Hör mir mal zu!«, sprach sie mit bedrohlicher Tonlage und kam dichter, als mir lieb war. Ich wollte weder ihr Billigparfum riechen noch ihre Mitesser zählen. »Du magst hier vielleicht die Neue sein, die für alle interessant ist. Aber glaub mir, das wird nicht so bleiben. Du weißt wahrscheinlich selber, wie das mit neuen Sachen ist. Am Anfang findet man sie spannend, doch irgendwann wird es langweilig, und man besinnt sich auf Altbewährtes.«

Ich ließ mich nicht aus der Ruhe bringen und erhielt meine coole Fassade aufrecht.

»Ganz wie du meinst.«

Da schlangen sich von hinten zwei Arme um mich, und Jona gab mir einen Kuss auf die Wange. Unter normalen Umständen hätte ich ihn wohl von mir gestoßen oder zumindest gefremdelt, doch da Jenny gerade zusah und ihr Unterkiefer sich immer mehr dem Boden näherte, lächelte ich glücklich.

Ihr Blick wurde finster. Sie presste ihre Lippen zusammen.

Mit ihr hatte ich es mir eindeutig verspielt, aber das konnte mir nur recht sein. Dafür hielt ich jetzt Jona an der kurzen Leine. Ich drehte mich zu ihm um und küsste ihn auf den Mund. Ich achtete darauf, dass Jenny die beste Sicht auf diesen Kuss hatte. Jona wirkte nur für einen kurzen Moment überrascht, dann erwiderte er den Kuss.

Kaum zu glauben, dass ich das gerade wirklich getan hatte. In mir steckte offensichtlich doch ein intrigantes Miststück. Ich war erstaunt über mich selbst und darüber, wie gut ich mich anstellte. Schließlich war das mein erster Kuss. Es war zugegebenermaßen schade, dass es auf diese Art und Weise geschah, doch das war es mir wert.

Instinktiv wusste ich, was ich zu tun hatte. Es fühlte sich natürlich an. Jonas Lippen waren weich, und er wusste, wie man ein Mädchen zu küssen hatte. Auch wenn ich die Show nur für Jenny abzog, konnte ich nicht leugnen, dass ich den Kuss ein kleines bisschen genoss. Aber die wahre Befriedigung verschaffte mir Jennys Blick. Sie war gekränkt. Ihr Stolz war angekratzt, und das genoss ich, denn über Jahre hinweg hatte sie mir meinen Stolz genommen.

»Du gehst ja ganz schön ran«, flüsterte Jona, als er sich von mir löste. »Gefällt mir.«

Er fraß mir tatsächlich aus der Hand.

»Ich muss zu Deutsch«, ließ Jenny uns herablassend wissen. »Hält man ja nicht aus mit euch. Sucht euch gefälligst ein Zimmer!«

Ich winkte ihr zum Abschied mit einem falschen Lächeln. Wäre Jona nicht hier, hätte sie mir sicherlich eine geklatscht. Jona platzierte seine Hand auf meinem Hintern.

Mir war bewusst, dass nun jeder Schüler an unserer Schule wusste, dass zwischen uns etwas lief. Jona war hier so etwas wie der Superstar, und wenn er die Hand öffentlich auf einen Hintern legte, hatte das etwas zu sagen.

»Gut siehst du heute aus«, schwärmte er von mir.

Wenn er nur wüsste, wie ich noch vor ein paar Monaten ausgesehen hatte. Ich fragte mich, ob ich jemals meine Deckung aufgeben sollte. An sich fand ich den Gedanken schon witzig, wie ich mit Jona ein paar Dates hatte, bei denen wir rummachten, und ich ihm dann sagte, dass ich das Klopskind war. Zu gerne würde ich wissen, wie er reagieren würde.

Aber irgendwie gefiel mir auch das Leben mit meiner neuen Identität. Vielleicht würde ich auch nie aufdecken, wer ich war.

»Nur heute?«, fragte ich. »Sehe ich sonst hässlich aus?«

»Nein, natürlich siehst du immer gut aus.«

Seine Worte waren so bitter für mich. Er hatte mich letztes Jahr auf Klassenfahrt in den Schlamm geworfen und gerufen, dass er so wenigstens mein Gesicht nicht mehr ertragen müsse.

Er war ein böser Mensch.

Wir entschieden uns, zum Matheunterricht zu gehen. Er versteckte seine Zuneigung mir gegenüber nicht. Ich schien für ihn eine Art Kunstwerk zu sein, auf das er stolz war und das er jedem präsentieren wollte. Der Gang über den Schulhof wurde zu einer Inszenierung, die jedem sagen sollte, dass er sich die Neue gekrallt hatte. Ich spielte das Spiel vorerst mit.

Als wir an Konrad vorbeikamen, warf dieser uns einen irritierten Blick zu. Konrad war der Stinker der Schule. Sein Schweißgeruch war so intensiv, dass man hätte meinen können, er wäre noch nie mit der Verbindung aus Wasserstoff und Sauerstoff in Berührung gekommen. Nett war er aber trotzdem.

»Paulina?«, sprach er mich an, und prompt sackten meine Kinnlade und mein Herz gleichzeitig nach unten.

O mein Gott!

Stinker-Konrad hatte mich erkannt. Er hatte zwar keinen Geruchssinn, aber offensichtlich eine ausgeprägte visuelle Wahrnehmung.

»Alter, was laberst du meine Freundin an?«, wurde Jona sofort aggressiv.

Mein Herz machte einen Sprung, als es das Wort *Freundin* in den Mund nahm.

Ich hätte Jona nicht für so einen Typen gehalten, der ein Mädchen an sich binden wollte. *Freundin* war ein

Wort, das eine ziemlich große Bedeutung haben konnte. Es überraschte mich, dass Jona es benutzte.

»Wieso hängst du mit denen ab?«, richtete Konrad das Wort an mich und ignorierte Jona.

Meine neue Identität begann sich gerade in Luft aufzulösen. Ich war mit Konrad nie befreundet gewesen. Doch da wir beide Außenseiter gewesen waren, hatten wir öfter miteinander zu tun gehabt. Wenn ein Vortrag angestanden hatte, waren wir beide oft übrig geblieben, sodass wir uns gezwungenermaßen zusammengetan hatten.

»Mach den Mund zu, sonst fallen hier noch alle in Ohnmacht. Ist deine Lunge eine Güllegrube, oder warum stinkt dein Atem wie ein Furz?«

Angewidert verzog ich bei Jonas Vergleich das Gesicht.

»Zisch ab, Stinker!«

Konrad musterte mich. Er war in der ersten Schulwoche nicht da gewesen und sah mich nun zum ersten Mal. Er hatte mich als Einziger erkannt und konnte alles auffliegen lassen.

»Ich weiß nicht, wovon du sprichst«, sagte ich, und es tat mir so unglaublich leid, dass ich ihn gerade vor Jona auflaufen ließ.

In Konrads Gesicht breitete sich Bitterkeit und Enttäuschung aus. Doch er schien keine Kraft zu haben, um sich mit mir oder gar Jona auseinanderzusetzen.

»Man sieht sich, Paulina!«, war alles, was er sagte, und zog ab.

Warum zur Hölle musste er meinen Namen noch einmal aussprechen?

»Spinner!«, wetterte Jona und strich mir über den Rücken. »Warum nennt der dich Paulina?«

Ich stand eh als Paulina im Klassenbuch. Früher oder später würde er es eh wissen.

»Ist mein voller Name, aber ich werde lieber Lina genannt. Unsere Eltern sind befreundet, und er kennt mich noch von früher«, bastelte ich mir eine Erklärung zusammen.

Ich konnte nur hoffen, dass es bei Jona jetzt nicht klick machte.

»Du heißt eigentlich Paulina?«, hakte er nach.

Zögerlich nickte ich.

»Das wusste ich ja gar nicht. Ich finde Lina auch besser. Mit Paulina verbinde ich irgendwie immer dieses Klopskind, das vorher auf deinem Platz saß.«

Glück gehabt, dass er nicht so scharfsinnig war, wie er immer gerne vorgab.

»So schlimm kann sie doch nicht gewesen sein«, sagte ich mutig.

Ich hatte das dringende Bedürfnis, mein altes Ich zu verteidigen.

»O doch! Die war so dick. Wenn sie in den Spiegel geguckt und gefragt hätte: *Spieglein, Spieglein an der Wand, wer ist die Schönste im Land?*, hätte der geantwortet *Geh mal beiseite, ich seh ja gar nichts.*«

Ernsthaft? Verbrachte er seine Nächte im World Wide Web und lernte diese Sprüche auswendig, um sich dann feiern zu lassen? Ich glaubte nicht, dass ihm so etwas ganz spontan einfiel. Das war wirklich erbärmlich, wie er versuchte, sich mit diesen Sprüchen zu profilieren.

»Hast du dich je mit ihr unterhalten? Ich meine, nur weil sie dick war, ist sie doch kein schlechter Mensch.«

Ich begab mich auf dünnes Eis, doch mein dickes Ich zwang mich zu diesen Worten. Ich wollte wissen, warum ich nie eine Chance bekommen hatte, ein normales Leben zu haben. Warum man mich nie akzeptiert hatte und ich eine versaute Jugend gehabt hatte.

»Als ob ich mit ihr hätte reden können. Durch ihren Bauchumfang war ich so weit weg von ihr, dass sie mich nicht einmal gehört hätte, wenn ich ein Megafon benutzt hätte.«

Er war wirklich ein hoffnungsloser Fall.

Wie hatte ich nur jahrelang diese Sprüche ertragen?

»Nun guck nicht so ernst«, versuchte mich Jona aufzumuntern, dem offensichtlich nicht entgangen war, dass seine Sprüche bei mir nicht zogen. »Zerbrich dir mal nicht deinen hübschen Kopf über das Klopskind. Das ist jetzt bestimmt in einem Abnehmcamp mit ganz vielen anderen Klopskindern. Sie hat dort bestimmt ihren Spaß und rollt sich Berge runter oder so.«

Nein, du Idiot! Das Klopskind steht direkt vor dir!

Kapitel 12

»Wie war der Frauenarzttermin?«, fragte mich Gloria, als ich ihr meinen allwöchentlichen Besuch am Freitag abstattete.

Da ihre Eltern an diesem Tag immer Date-Night hatten, konnten wir es uns ungestört im Wohnzimmer gemütlich machen. Die große Couch mit den gut ein Dutzend Kissen lud dazu ein.

»Entspannter als gedacht. Er hat mir eine Menge Fragen gestellt und die Pille verschrieben.«

Eigentlich hatte ich sie nicht gewollt, doch meine Mutter hatte mich schließlich davon überzeugt. Sex war für mich zwar immer noch weit weg, aber nicht mehr so unmöglich, wie es noch vor ein paar Wochen der Fall gewesen war. Zwar war ich kein Fan von dem Hormoncocktail, doch es war für den Moment die einfachste Lösung, um auf Nummer sicher zu gehen.

Glorias Mundwinkel hoben sich verschwörerisch.

»Dann kannst du jetzt ja voll durchstarten«, sagte sie und zwinkerte mir zu.

»Ja, genau. Endlich kann ich auf den Strich gehen. Wird aber auch Zeit, dass ich mein Taschengeld mal aufbessere.«

Gloria lachte. »Du bist so eine Spinnerin!«

»Eine Spinnerin und jetzt sogar offiziell die Freundin von Jona Fitz«, offenbarte ich das Geheimnis, das ich bis jetzt erfolgreich für mich behalten hatte.

Ich genoss Glorias Anblick so sehr. Ihre Augen wurden so groß wie die von Mangafiguren.

Ich sah ihr an, wie es in ihrem Kopf ratterte.

»Ihr ... du ... Jona ... WAS?«

Ich kicherte.

Noch vor einem Jahr hätte sie das sofort als Scherz enttarnt, doch auf einmal war es Realität. Der heißeste Junge der Schule stand auf mich.

»Sprich, oder ich schwöre dir, ich schicke alte Fotos von dir an deinen gesamten Jahrgang!«, sprudelte es aufgeregt aus Gloria heraus.

»Machst du eh nicht«, sagte ich locker.

»Red einfach!«, drängte sie mich und zeichnete sich dabei nicht durch Geduld aus. Sie spielte nervös am Zipfel eines Kissens. Ihre Augen gierten nach Informationen.

»Wir waren doch gestern im Kino«, begann ich.

»Ja, ich weiß.«

»Und wir saßen nebeneinander. Auf so einer Kuschelbank.«

Sie quietschte kindisch, und Herzchen ploppten in ihren Augen auf.

»Na ja, wir sind uns nähergekommen.«

»Sag nicht, dass ihr im Kino rumgemacht habt!«

Ich schüttelte belustigt den Kopf.

»Nein, wir haben nicht rumgemacht. Es war mehr so ein Kuscheln.«

Irgendwie erschien es mir immer noch absurd, dass ich mit Jona wirklich gekuschelt hatte.

»Kein Kuss?«, fragte sie enttäuscht.

»Nicht gestern Abend, aber dafür heute Morgen. *Ich habe ihn geküsst.* Kannst du das glauben? Ich habe ihn geküsst und nicht er mich.« Den Stolz in meiner Stimme konnte ich nicht unterdrücken. »Ich weiß gar nicht genau, was in mich gefahren ist, aber irgendwie hatte ich auf einmal den Mut dazu und hab ihn einfach geküsst. Und ich glaube, er mochte es wirklich.«

Gloria umschlang mit beiden Armen ihr Kissen. So machte sie es auch immer, wenn in Filmen endlich der finale Kuss kam.

»Und wie war es?«

»Gut.«

Sie verzog das Gesicht.

»Nicht dein Ernst? Du küsst zum ersten Mal, und zwar den heißesten Typen der Schule, und alles, was du sagst, ist *gut?*«

»Ich habe das nur gemacht, weil ich ihn für mich gewinnen will. Zum einen treibt es Jenny zur Weißglut, was für mich ein Höchstgenuss ist. Sie hat den Kuss nämlich mitbekommen, und ich wünschte, du hättest ihren Blick gesehen. Sie wirkte, als wäre sie von einem Dämon besessen. Und zum anderen kann ich es Jona so richtig heimzahlen. Der Kuss war mehr Schauspielerei.«

»Das ist mein Mädchen«, rief Gloria wie eine Kämpferin. »Ihr seid jetzt also echt zusammen.«

Ich zuckte mit den Schultern. »Glaube schon. Er hat mich als seine Freundin bezeichnet. Hat sich für mich so angehört.«

»Das ist fantastisch. Du hast damit so viel mehr Möglichkeiten, Rache zu üben.« Über Glorias Kopf bildeten sich bereit Grübelwölkchen. »Okay, ich meine, wenn ihr jetzt zusammen seid, dann werdet ihr früher oder später Sex haben. Bei jemandem wie Jona Fitz wahrscheinlich eher früher. Das ist deine Chance.«

Nicht schon wieder diese Sexschiene! Alles, was Gloria vorschlug, hatte damit zu tun. Ob es nun Chili in Kondomen war oder Viagra in Wasserflaschen. Das Thema Sex war allgegenwärtig, und das, obwohl sie selbst noch nie in den Genuss dieses Erlebnisses gekommen war.

»Äh, ich will nicht mit ihm schlafen!«, stellte ich sofort klar. »Ich will Rache und keinen Sex.«

»Ja, ja. Reg dich ab! Du sollst doch gar nicht mit ihm schlafen, aber du könntest die Situation ausnutzen. Verbinde ihm die Augen und sage, dass du ihn überraschen willst. Und dann schieß Fotos von ihm. Vielleicht steht er ja sogar auf Fesselspiele oder so.«

Meine Stirn legte sich automatisch in skeptische Falten. »Also das mit den Fesselspielen vergiss mal wieder ganz schnell. So was mach ich nicht. Ich bin doch keine Domina.«

»Aber die Augen verbinden wirst du doch wohl hinkriegen. Nimm einfach ein Tuch und binde es ihm um den Kopf und sag, dass es eine Überraschung wird. Jungs stehen auf so was.«

»Wie viele Freunde hattest du noch mal?« Ich tat so, als würde ich nachdenken. »Ach ja, genau NULL!«

Gloria streckte mir die Zunge raus.

»Abwarten«, antwortete sie zu meiner Verwunderung.

Sofort zog ich meine Stirn erneut in Falten und sah sie fragend an.

»Abwarten?«, hakte ich nach. »Was soll das heißen? Gibt es jemanden?«

»Ach vergiss es!«

»Nein, nein! Sag schon! Gibt es bei dir einen Jungen, auf den du stehst?«

Sie schüttelte den Kopf, doch es wirkte aufgesetzt.

»Nein, wahrscheinlich ist es mehr Wunschdenken. Lass uns lieber über Jona sprechen. Wenn er erst einmal die Augen verbunden hat, ziehst du ihn aus, oder lässt es ihn selbst tun. Wie du willst.«

Für den Moment entschied ich mich dafür, Gloria in Ruhe zu lassen und mich auf Jona zu konzentrieren.

»Aber dann seh ich doch sein Teil.«

Gloria schlug mir ein wenig zu hart mit der flachen Hand gegen die Stirn.

»Du Dummerchen. Das ist Sinn und Zweck der Sache. Er soll vor dir nackt sein.« Ich war hin- und hergerissen, ob ich das gut finden sollte. »Und dann musst du ihn so lächerlich wie möglich in Szene setzen. Lege ein paar Teddys neben ihn und eine rosafarbene Decke. Du musst ihn natürlich immer bei Laune halten, damit er die Augenbinde nicht abnimmt. Streiche ein bisschen über seine Nippel oder so. Du kannst auch Sahne auf sein Sixpack sprühen. In Herzform vielleicht oder eine Blume oder so. Halt etwas richtig Mädchenhaftes, und wenn dein Werk vollendet ist, machst du ein Foto davon und schickst es im ganzen Jahrgang herum.«

Gloria schien jetzt schon voller Vorfreude. Sie konnte echt teuflisch sein, doch das konnte Jona auch. Im Prinzip schlugen wir ihn mit seinen eigenen Waffen.

»Und was mache ich hinterher? Ich meine, ich werde mit Sicherheit nicht mit ihm schlafen. Irgendwann muss ich aber seine Augenbinde auch wieder abnehmen. Soll ich dann laut VERARSCHT! rufen oder was? Und wenn ich, wie du sagst, neben ihm Teddys platzieren soll, muss das ja in meinem Zimmer stattfinden, denn er hat mit Sicherheit keine in seinem Zimmer. Ich kann also auch nicht einfach abhauen.«

Das schien auch Gloria nicht bedacht zu haben.

»Also fest steht, dass er wissen wird, dass du die Bilder in Umlauf gebracht hast, denn du bist ja die Einzige, die sie gemacht haben konnte. Damit wärst du eindeutig nicht mehr seine Freundin, und ihr würdet auf Kriegsfuß stehen. Das sollte dir bewusst sein. Du kannst ihn dann einfach rausschmeißen, sobald du das Foto hast. Inklusive Sahne auf der Brust. Und wenn er nicht geht, schrei so laut um Hilfe, dass es Nachbarn hören. Spätestens dann wird er schon abhauen. Vertreib ihn einfach, denn Freunde werdet ihr dann eh nicht mehr sein und nie mehr werden.«

Ich seufzte. Wollte ich das wirklich? Ich würde wieder ein Mobbingopfer werden, und er würde mir das Leben wieder zur Hölle machen. Gloria schien mir meine Zweifel vom Gesicht ablesen zu können.

»Du bist doch eh bald fertig mit der Schule«, redete sie mir zu.

»Hm, ja. Das stimmt schon. Das hört sich ja alles auch ganz nett an, aber ich weiß echt nicht, ob ich das kann.«

»Klar kannst du das! Du konntest ihn heute schließlich auch küssen! Denk dran, was er dir angetan hat! Dafür lohnt es sich echt, sich zu überwinden.«

»Ich weiß«, murmelte ich zögerlich.

»Hast du nicht nächstes Wochenende eh sturmfrei? Deine Mutter ist doch auf diesem Lehrgang in Valencia, oder?«

Scheiße! Stimmt.

Ich deutete mein Nicken nur an. Bei Gloria löste es Euphorie aus.

»Perfekt! Lad ihn zu dir ein. Sag ihm, dass ihr an diesem Abend Spaß haben werdet. Er wird sich freuen, wenn du ihm ganz beiläufig sagst, dass du sturmfreie Bude hast.«

Wollte ich das wirklich? Konnte ich das? Ich hatte da meine Zweifel.

»Lina, warum guckst du denn so?«, fragte Gloria erstaunlich ernst. »Du wolltest doch Rache. Sag mir jetzt bitte nicht, dass du ihn magst.«

»Nein!«, widersprach ich sofort. »Das ist es nicht. Wirklich nicht. Ich weiß einfach nur nicht, ob ich dieses Verführen kann. Ich muss ihn schließlich erst einmal dazu bekommen, dass ich ihm die Augen verbinde und er sich nackt auszieht. Ich habe keine Ahnung, wie man so etwas anstellt.«

Gloria stand auf und kam zu mir herüber.

»Natürlich kannst du das. Du bist so ein tolles Mädchen. Du musst einfach nur an dich glauben. Sei selbstbewusst, denn dazu hast du jedes Recht. Und dann wickelst du ihn einfach mit deinem Charme um den Finger. Ich könnte dir natürlich noch ein paar Viagra besorgen, aber da beim letzten Mal einer ins Krankenhaus musste, sollten wir das vielleicht lieber lassen.«

»Bloß kein Viagra!«, kam es sofort über meine Lippen. »Das hätten wir eh nie tun sollen! Wir hatten Glück, dass keiner dauerhaft Schaden genommen hat!«

»Wirst du auch gar nicht brauchen! Du bist besser als jede blaue Pille!«

Kapitel 13

»Gut siehst du aus«, flüsterte Jona mir ins Ohr, als er mich von zu Hause abholte. Es war ein Kompliment, das ich nicht mochte, denn es war oberflächlich. Je mehr ich abgenommen hatte, umso mehr hatte ich es gehasst, auf mein Aussehen reduziert zu werden. Ich war mehr als das. Ich war weder die Dicke noch die Hübsche. Ich war Lina.

»Danke«, sagte ich trotzdem, um ihn nicht vor den Kopf zu stoßen.

Er legte seinen Arm um meine Schulter. Er tat es auf so natürliche Art und Weise, als würde er mich schon ewig kennen. Dabei war ich ihm erst vor zwei Wochen das erste Mal als Lina unter die Augen getreten.

Es war Mitte September, und von Spätsommer konnte keine Rede sein. Es schüttete, und der Wind blies mir die Haare um die Ohren. Jona versuchte mich so gut es ging abzuschirmen.

Wir liefen zu Mirko, dessen Eltern wieder nicht zu Hause waren. Wie Jona mir erklärt hatte, waren diese am Wochenende immer in ihrem Ferienhaus an der Küste, und somit fand nahezu jedes Wochenende eine Party bei Mirko statt. Auch heute. Ich fragte mich, ob seine Eltern davon wussten.

Als wir bei dem Designerhaus ankamen, stürzte ich mich in den Flur, um die Wärme dort aufzusaugen. Der zehnminütige Fußmarsch hatte gereicht, um mich bis auf die Knochen schockzufrosten.

»Warte, ich helfe dir«, ließ Jona mich wissen, als ich versuchte, mich aus meiner Jacke zu pellen. Mit einer gezielten Bewegung befreite er mich von dem Stück Stoff.

»Ähm, danke«, stammelte ich verdutzt.

Er lächelte und küsste mich auf die Wange. Irgendwie waren wir immer noch Fremde und nicht wirklich in einer Beziehung. Er hatte mich zwar seine Freundin genannt, und wir hatten uns geküsst, aber ich wusste weder sein Lieblingsessen noch ob er Geschwister hatte. Eigentlich wusste ich von ihm nur, dass er sehr, sehr gemein sein konnte, und trotzdem war ich zutiefst beeindruckt, dass er mir aus der Jacke half.

»Warum guckst du so verträumt?«, fragte er mich, als könnte er mir ansehen, dass ich gerade versuchte, mich durch ein Gewirr aus Gedanken zu wühlen. Hass oder doch Zuneigung? Was das betraf, konnte ich mich bei Jona einfach nicht entscheiden.

»Es ist nichts, alles gut.«

Nun küsste er mich auf den Mund.

Nie zuvor war mir aufgefallen, wie gut er roch. Und nun umnebelte mich sein Duft.

»Lina!«, rief Lexy fröhlich, als sie mich sah.

Irgendwie hatte ich dieses Mädchen ins Herz geschlossen. Sie hatte mich früher, im Gegensatz zu den anderen, nie gemobbt. Zwar hatte sie mich auch nicht verteidigt, aber immerhin keine aktive Rolle übernommen.

Sie fiel mir um den Hals und drückte mir einen Schmatzer auf die Wange. Jenny begrüßte derweil Jona mit einer innigen Umarmung. Sie drückte ihn fest an

100

sich. Eifersüchtig konnte sie mich damit nicht machen. Er bedeutete mir nichts. Das redete ich mir immer wieder ein. Jona war nur ein Spielzeug, das ich kaputt machen würde. Sollte sie sich doch an ihn ranschmeißen. Mir egal.

Lexy drückte mir einen Becher in die Hand, in dem offensichtlich ein Gemisch aus hochprozentigem Alkohol und Fruchtsaft war.

»Komm, lass uns Spaß haben!«, prostete sie mir zu.

Ich nippte nur kurz und bereute es sofort. Es schmeckte widerlich.

Wir gingen ins Wohnzimmer, wo auch Mirko und Henry saßen. Die beiden sahen aus wie zwei Türsteher vor einer Kinderdisco. Man sah ihnen an, dass sie viel Zeit im Fitnessstudio verbrachten, doch die Gesichter waren die von Zwölfjährigen. Wäre Henry nicht dunkelhaarig und braun gebrannt, und hätte Mirko nicht diese Albino-ähnliche Erscheinung, hätte man meinen können, sie wären Brüder. Denn die Statur war exakt die gleiche.

Ich ließ mich auf die Couch fallen, deren Bequemlichkeit ich schon beim letzten Mal sehr zu schätzen gewusst hatte. Ehe ich michs versah, plumpste Jonas Körper neben mich. Er suchte meine Nähe, und es war kein gutes Zeichen, dass ich das insgeheim genoss.

»Okay«, sagte Lexy laut. »Wir haben heute ein kleines Spielchen vorbereitet.«

Oh, oh! Meine Nackenhaare stellten sich auf. Ich mochte keine Spielchen.

Lexy hielt eine Glasschüssel mit Papierschnipseln in ihren Händen.

»Also wir ziehen immer Pärchen, und die müssen dann zusammen für fünf Minuten in den Schrank«, erklärte sie die Spielregeln.

»Das hatten wir doch letzte Mal schon«, sagte ich gespielt gelangweilt und hoffte, sie noch irgendwie von diesem Plan abbringen zu können.

»Uuuh!«, rief Henry laut. »Da war wohl jemand nicht sonderlich begeistert von deinen Fähigkeiten«, zog Henry Jona auf.

Cool, wie Jona war, lächelte er über diese Spitze hinweg.

»Aber vielleicht kannst du es ihr in fünf Minuten besser besorgen«, grinste Mirko.

Mir wurde schlagartig bewusst, dass fünf Minuten dazu tatsächlich reichen könnten. Ich konnte nur hoffen, dass Jona nicht solche Gedanken hatte. Was das betraf, konnte ich ihn wirklich nicht einschätzen.

»Na, erst mal schauen, ob ihr zwei überhaupt zusammen in den Schrank geht«, unterbrach Lexy das Gespräch. »Ich zieh die ersten zwei.«

Sie langte in die Schüssel und krallte sich zwei Schnipsel.

»Trommelwirbel«, forderte sie ein.

Sofort begannen die Jungs auf der Tischkante herumzuhämmern, als wären sie umjubelte Schlagzeuger.

»Mirko«, las sie den ersten Namen vor. »Du darfst mit ...«, erneuter Trommelwirbel, »... Henry in den Schrank.«

Die beiden wirkten etwas enttäuscht. Offenbar hätten sie lieber eins von uns Mädchen gehabt.

»Ich zieh die nächsten zwei«, bestimmte Jenny und zog zwei Schnipsel heraus. »Ich verzichte auf den

Trommelwirbel und mach es kurz. Jona und ich gehen in den Schrank.«

Was für eine Überraschung! Ich war mir sicher, dass dies das Ergebnis einer Manipulation war.

Jenny sah mich an, während sie das sagte. Ich konnte den Triumph sehen, der sie durchströmte. Ich setzte mein Pokerface auf, denn sie sollte nicht denken, dass mir das in irgendeiner Weise Sorgen bereiten würde. Währenddessen stieß Lexy mir in die Rippen.

»Voll gut. Dann sind wir zusammen drin.«

Sie schien sich wirklich darüber zu freuen.

Als Erstes gingen jedoch Henry und Mirko in den Schrank. Keinen schien es so wirklich zu interessieren. Wir anderen unterhielten uns weiter. Jona streichelte immer wieder meinen Arm. Seine Finger waren angenehm warm, und ich genoss seine Zuneigung.

Dann waren er und Jenny dran. Er küsste mich, bevor er mit ihr in den Schrank stieg. Vermutlich ein Zeichen, dass ich keinen Grund zur Eifersucht hatte.

Es sollte mir egal sein. Schließlich wollte ich doch nur sein Herz brechen oder was auch immer da in seiner Brust schlug. Vielleicht spielte er eh nur mit mir, und dieses ganze Gentlemangehabe war nur Show, um mich ins Bett zu kriegen.

»Lass uns Spaß haben«, sagte Jenny, ehe sie die Tür des Schranks schloss.

Miststück!

»Vertraust du ihm?«, fragte mich Lexy neugierig.

Ich zögerte, ehe ich antwortete. »Ja, tue ich, aber nicht Jenny.«

Lexy schien meine Ansicht zu teilen. »Sie ist ziemlich angepisst, weil ihr etwas am Laufen habt. Ich weiß, du bist neu, und deshalb warne ich dich lieber: Jenny wird dir das Leben nicht gerade leicht machen.«

Als ob sie es mir jemals leicht gemacht hätte.

Ich hörte Jenny kichern. War Jona so dreist und würde mit ihr in diesem Schrank rumknutschen? Jenny tat mit Sicherheit alles, um ihn dazu zu bringen. Vielleicht war ich für Jona auch nur ein Spielzeug.

»Lass ja die Finger von ihr!«, rief Lexy laut, sodass man es auch im Schrank hören musste. »Hier draußen wartet schließlich deine Freundin. Vergiss das nicht!«

Lexy hatte das Herz am rechten Fleck. Sie schien einfach nur in die falschen Kreise gerutscht zu sein. Eigentlich passte sie gar nicht zu den anderen. Dankbar zwinkerte ich ihr zu.

Die fünf Minuten kamen mir vor wie eine Ewigkeit. Als Jenny wieder rauskam, zog sie sich demonstrativ ihren BH zurecht. Jona steuerte sofort auf mich und küsste mich wieder.

War es echt? Verarschte er mich? Ich konnte es wirklich nicht sagen.

»Das sollten wir wiederholen«, sprach Jenny Jona laut an.

Er verdrehte die Augen, was Jenny jedoch nicht sehen konnte.

»Keine Angst, da ist nichts gelaufen«, versicherte er mir und küsste meine Stirn. Ich roch an Jennys Parfum, das an ihm haftete. Kein Wunder, denn sie hatten immerhin fünf Minuten in diesem winzigen Garderobenschrank verbracht.

»Los, Lina. Jetzt wir.« So wie Lexy sich verhielt, könnte man meinen, dass sie irgendetwas Aufregendes für die fünf Minuten geplant hatte.

Wir quetschten uns in den Schrank. Jona schloss die Tür, lächelte mich vorher aber noch einmal an. Dann saßen wir im Dunkeln.

Wir würden die fünf Minuten wohl einfach absitzen. Wahrscheinlich hatte sich Jenny die ganze Aktion eh nur ausgedacht, um fünf Minuten mit Jona hier drin verbringen zu können.

»Ich weiß, wer du bist«, durchbrach ihre zarte Stimme die Dunkelheit.

Moment, was?

Was redete sie da? Halluzinierte ich schon? Ich hatte an dem Becher doch nur genippt.

Cool bleiben, Lina. Cool bleiben! Alles nur ein riesiges Missverständnis!

»Verdammt, du weißt, dass ich eigentlich für das FBI arbeite! Bitte sag es den anderen nicht!«, versuchte ich die Situation aufzulockern.

»Lina, chill 'ne Runde! Ich verrate dich nicht.« Konnte es wirklich sein, dass sie wusste, wer ich war?

»Gut, ich würde sonst wirklich Ärger mit dem Präsidenten kriegen«, hielt ich an meiner FBI-Taktik fest.

»Lina, hör auf damit! Ich bin nicht dumm, okay?« Ihr Tonfall wurde nun schärfer. »Als du dieses Schuljahr wiederkamst, habe ich dich auch nicht sofort erkannt, aber irgendetwas in deinem Gesicht kam mir bekannt vor. Und irgendwann hat es bei mir klick gemacht. Du saßt schließlich noch auf deinem Platz, und die Angewohnheit, in der Umkleide immer in die letzte Ecke zu gehen, ist auch geblieben. Du bist Paulina. Die Paulina, die immer nur die Dicke war.«

Es hatte mir die Sprache verschlagen. Das Spiel war zu Ende. Wir würden gleich aus diesem Schrank kommen, und sie würde allen erzählen, dass ich das Klops-kind war.

GAME OVER.

»Ich verstehe, dass du nichts gesagt hast«, meinte sie. »Und ich werde es auch nicht den anderen verraten. Du bist nett. Ich mag dich. Du bist nicht so falsch wie Jenny, und du passt gut zu Jona. Ich wollte einfach nur, dass du weißt, dass ich das echt toll finde, was du ge-schafft hast. Das muss echt viel Disziplin gekostet ha-ben, so viel abzunehmen. Mir ist vor den Ferien schon aufgefallen, dass du abgenommen hattest, aber du hat-test immer noch diese Schlabberklamotten an und sahst ein bisschen zerzaust aus. Und dann waren die Ferien zu Ende, und BÄÄÄM, du warst ein heißes Girl.«

Ich traute meinen Ohren nicht.

»Du wirst es wirklich nicht weitersagen?«

»Nein. Ich finde es toll, dass du in unserer Gruppe bist. Und es tut mir auch leid, dass sie dich immer so ge-mobbt haben. Ich fand das nie gut und habe mich da auch immer rausgehalten. Ich hoffe, dass du das weißt.«

Das war doch alles nicht wahr. Passierte das gerade wirklich?

»Du kannst mir vertrauen«, flüsterte Lexy.

Und dann ging auch schon die Schranktür auf, und wir konnten nichts mehr besprechen. Jona reichte mir seine Hand und zog mich raus. Ich war völlig überrum-pelt.

»Ich hoffe, du hast die Finger von meiner Freundin gelassen«, sagte er spielerisch zu Lexy, während ich mich noch immer in einer Art Schockstarre befand.

Lexy lächelte.

»Keine Angst. Sie ist ganz die deine.«

Dann wanderte Jonas Blick zu mir, und schlagartig wirkte er besorgt.

»Was ist mit dir los? Geht es dir nicht gut? Du bist ja ganz blass.«

In meinem Kopf drohten alle Sicherungen rauszufliegen. Gleich würden bestimmt Funken aus meinen Ohren sprühen, weil ich realisierte, in was für einer Scheiße ich saß. Lexy wusste es. Sie könnte mich erpressen, wenn sie wollte.

Jonas Hand lag plötzlich auf meiner Stirn.

»Also, Fieber hast du nicht, aber du siehst gerade gar nicht gut aus. Soll ich dich nach Hause bringen?«

Ich zwang mir ein fröhliches Gesicht auf, hatte aber meine Zweifel daran, dass es funktionierte.

»Nein, alles gut«, versuchte ich es abzutun.

Dann sah ich zu Lexy, die mich aufmunternd anlächelte und mir einen Blick zuwarf, der wohl sagen sollte, dass alles gut sei. Doch so fühlte ich mich nicht. Mir war auf einmal richtig schlecht, und das entging auch Jona nicht. Ich fühlte mich wieder wie das dicke Mädchen.

»Soll ich dir einen Tee oder so machen?«, fragte er, als ich mich kraftlos gegen ihn lehnte.

»Nein, ich bin nur ein bisschen müde.«

Sein Blick wurde immer ernster. Er schloss mich in eine liebevolle Umarmung, die ich nicht von ihm erwartet hätte.

»Na komm, dann bringe ich dich nach Hause. Das kann man sich ja nicht angucken, wie du hier wie ein Häufchen Elend sitzt«, sagte er entschieden und stand auf.

»Aber −«

»Kein Aber. Ich sehe doch, dass es dir nicht gut geht.«

Er meinte es wirklich gut, und ehrlich gesagt, wollte ich auch nichts mehr als hier weg. Ich gab es nicht gerne zu, aber ich war froh, Jona bei mir zu haben.

Wir zogen uns an und wagten uns dann nach draußen, wo es noch immer stürmte und regnete.

»Ist irgendetwas in dem Schrank passiert?«, erkundigte sich Jona.

»Nein, ich fühl mich einfach nur nicht gut. Das ist alles.«

Er strich mir eine Haarsträhne aus dem Gesicht. Wir standen mittlerweile vor meinem Wohnhaus.

»Dann ruh dich besser aus. Wir sehen uns am Montag, okay?«

Mittlerweile streichelte er liebevoll meine Wange. Ich hatte wirklich Angst, dass er es erfahren könnte. Irgendwie war es gerade schön, so wie es war. Was, wenn er mich wieder zu mobben begann, sobald er es erfahren hatte? Nachdem wir uns so nahe gekommen waren, wäre es wohl schmerzhafter als je zuvor. Ich war mir nicht sicher, ob ich das noch einmal durchstehen konnte.

»Okay«, hauchte ich und gab ihm einen Abschiedskuss.

Dabei rollte mir eine Träne aus dem Auge. Da wir durch den Regen komplett durchnässt waren, fiel es ihm zum Glück nicht auf.

Dann ging ich die Treppen zum Haus hoch und sah, wie eine Gestalt am Fenster verschwand.

Na super! Wahrscheinlich hatte meine Mutter den ganzen Abend am Fenster gestanden, um herauszufinden, wer mich nach Hause bringen würde. Und so hatte sie nun auch diesen Kuss gesehen.

Kapitel 14

»Lina, warte mal!«, hörte ich Lexy noch vor dem ersten Block am Montag meinen Namen rufen, als ich auf dem Weg zur Schule war.

Ich blieb stehen und sah, wie sie auf mich zugerannt kam. Angesichts ihrer hohen Absätze war das in der Tat eine Meisterleistung.

»Was war denn am Samstag los mit dir?«, fragte sie mich, als sie mich erreichte.

»Hab mich nicht so gut gefühlt«, murmelte ich und versuchte ein Gespräch mit ihr zu unterbinden. Es war mir seltsamerweise extrem unangenehm, dass sie wusste, wer ich war. Sie kannte mein falsches Spiel und die Tatsache, dass ich vorgab, cool zu sein, was ich definitiv nicht war.

»Das glaube ich dir nicht. Es war, weil ich dir gesagt habe, dass ich weiß, wer du bist. Aber warum ist das so schlimm für dich?«

Ich sah auf den Boden. »Weil es peinlich ist, dass ich mal so ausgesehen habe.«

Ja, es war mir peinlich, dass ich jahrelang Dinge in mich hineingestopft und dabei jegliche Kontrolle verloren hatte.

Plötzlich lag ihre Hand auf meiner Schulter. »Das muss dir nicht peinlich sein. Sei einfach stolz darauf, wie du jetzt aussiehst.«

Sie hatte nicht einmal annähernd eine Ahnung, was ich alles durchgemacht hatte und vor allem, wie es sich angefühlt hatte, von allen gehasst zu werden. Und das ohne Grund. Ich hatte wegen meines Gewichts so sehr gelitten.

»Bitte sag es wirklich niemandem«, flehte ich eindringlich und öffnete für sie meine Gedankenwelt. »Ich will nicht, dass Jona es erfährt. Du weißt selber, wie er mich immer fertiggemacht hat. Das wäre alles echt komisch, wenn er es wüsste.«

»Lina, ich habe dir schon einmal gesagt, dass ich schweigen werde, und das meine ich auch so. Du brauchst keine Angst zu haben, dass ich dich verrate oder euch gegeneinander ausspiele. Ich mag dich, glaub mir bitte, und ich kann auch verstehen, warum du nicht willst, dass die anderen davon erfahren. Ich bin auf deiner Seite. Ob du willst oder nicht.«

Sollte ich wirklich jemandem trauen können, der jahrelang tatenlos zugesehen hatte, wie man mich kaputtgemacht hatte?

»Was hätte ich für einen Grund, dir zu vertrauen?«, fragte ich sie direkt.

Sie hielt kurz inne und seufzte. »Vermutlich keinen, denn ich weiß, dass ich mich in der Vergangenheit mitschuldig gemacht habe, indem ich nichts getan habe, um dich zu beschützen. Aber ich fürchte, du hast keine Wahl.«

Da hatte sie wohl recht. Leider konnten wir unser Gespräch nicht fortführen, denn Jona gesellte sich zu uns.

»Ich geh mal zu Mathe und lass euch Turteltäubchen allein«, informierte uns Lexy und schenkte mir ein Lächeln.

»Geht's dir wieder besser?«, erkundigte Jona sich als Erstes.

Noch immer steckte ich in dem Zwiespalt, dass ich seine Zuneigung so sehr genoss und auf der anderen Seite das dringende Bedürfnis hatte, ihn bis auf die Knochen zu blamieren.

»Ja, alles wieder gut. Danke, dass du mich nach Hause gebracht hast.«

»Ist doch selbstverständlich.«

Ich hatte beschlossen, Glorias Aktion wirklich durchzuziehen. Jona sollte bluten für das, was er getan hatte. Schließlich wäre er auch jetzt nicht so nett zu mir, wenn ich ein paar Kilos mehr auf den Rippen hätte. Das durfte ich nicht vergessen!

»Meine Mum ist am Wochenende nicht zu Hause«, begann ich meinen Plan in die Tat umzusetzen. »Ich wollte fragen, ob du Lust hast vorbeizukommen. Wir könnten uns einen schönen Abend machen.«

Erwartungsvoll sah ich ihn an. Ich hatte mich klar ausgedrückt und sogar mit dem ganzen Gartentor gewunken, damit er verstand, dass ich Sex wollte. Zumindest hoffte ich, dass er das mit seinem testosterongetränkten Gehirn unter einem schönen Abend verstünde.

Er seufzte.

Was sollte das denn? Das war nun wirklich nicht der Moment, um zu seufzen. Ich hätte mindestens Freudensprünge erwartet!

»Ich kann nicht.«

Das war ein klarer Korb, den ich gerade bekam. »Ähm, okay. Dann nicht.«

»Versteh mich nicht falsch. Ich würde unglaublich gerne mit dir den Abend verbringen, aber meine Cousine heiratet, und das kann ich nicht absagen.«

»Oh, ach so. Ja, kein Problem.« Damit war die Aktion auf unbestimmte Zeit verschoben. Ich wusste nicht, wann ich wieder sturmfrei haben würde.

»Aber weißt du was?«, kam es nun aus seinem Mund, als hätte ihn ein Gedankenblitz getroffen. »Du kannst mich zur Hochzeit begleiten.« Lieber würde ich mich von Spinnen auffressen lassen. »Das wird bestimmt lustig. Meine Familie ist cool drauf. Du wirst sie mögen.«

Seine Familien kennenlernen? Nur über meine Leiche! Ich konnte sie mir schon bildlich vorstellen, mit ihren vollen Lippen, geraden Nasen und weißen Zähnen. Groß, braun gebrannt und durchtrainiert.

»Ich weiß nicht«, stammelte ich überfordert.

Ich wollte das auf keinen Fall. Bei meinem Glück fing ich auch noch diesen verdammten Hochzeitsstrauß und musste mir dann den gesamten Abend über dumme Sprüche darüber anhören, dass ich die Nächste sei.

Ich wollte doch nur Jona eins reinwürgen. Mehr nicht.

»Ich hab nichts zum Anziehen!«, war das erste Argument, das mir einfiel.

Jona lachte. »Dann kaufen wir dir halt etwas. Daran soll es nicht scheitern. Ich würde mich wirklich freuen, wenn du kommst. Sie heiraten sogar auf einem Schloss. Das kannst du dir doch unmöglich entgehen lassen. Und danach können wir ja immer noch zu dir fahren.«

War ja klar, dass er auf den Sex nicht verzichten wollte. Dafür schleppte er auch mal seine neue Flamme mit zu einer Hochzeit.

»Ich will nicht aufdringlich sein oder Umstände machen.«

Er schüttelte den Kopf. »Tust du nicht. Eigentlich war eh eine Begleitung für mich eingeplant.«

Na toll! Jetzt war ich auch noch der Ersatz für seine Ex, oder wie? Super. Ich wollte kein Ersatz sein. Jona schien mir dies vom Gesicht ablesen zu können, denn sonderlich begeistert sah ich nicht aus.

»Okay, sorry! Das war dumm von mir. Du bist kein Ersatz oder so. Ich hätte dich auch so gefragt«, versuchte er die Situation zu retten.

»Na klar«, kam es erstaunlich enttäuscht über meine Lippen.

Woher kamen diese Gefühlsausbrüche bei mir? Wunderte es mich tatsächlich, dass Jona vor mir noch andere Freundinnen gehabt hatte? Da war mehr als nur eine. Vermutlich ein ganzes Dutzend. War ich etwa eifersüchtig? Es konnte mir doch egal sein, welches Mädchen er eigentlich zu der Hochzeit anschleppen wollte.

»Hey«, sagte er liebevoll. »Guck nicht so traurig. Du bist die Einzige, die im Moment für mich zählt. Keine andere, und ich würde wirklich unglaublich gerne mit dir auf diese Hochzeit gehen. Wir werden tanzen und richtig leckeres Essen bekommen. Und dann werden wir wieder tanzen.« Er grinste schief. »Das kannst du doch nicht ablehnen.«

Vor meinem inneren Auge schwebten wir bereits wie Prinz und Prinzessin über das Parkett. Am besten so, wie ich es immer in den ganzen Disney-Filmen gesehen hatte. Mit schöner Orchestermusik und eleganten Tanzschritten. Leider scheiterte dieser Tagtraum schon an meinen mangelnden Tanzkünsten.

Jona bestach mich mit einem Kuss. Er legte sich wirklich ins Zeug, um mich zum Mitkommen zu animieren.

»Okay.« Welcher Teufel sprach da aus mir?

Nun grinste er breit, und irgendwie freute es mich, zu sehen, dass er über meine Zusage offensichtlich wirklich glücklich war.

»Ich verspreche dir, dass du es nicht bereuen wirst. Und am Abend fahren wir dann zu dir und krönen den Tag.«

Er ahnte noch nicht, was ihn wirklich an dem Abend erwarten würde. Mit Sex hatte es jedenfalls nicht viel zu tun.

Nach der Schule ging ich zu meinem Dad. Ich hatte das Gefühl, dass er seit der Scheidung zu kurz kam. Ich sah ihn viel zu wenig, was mir in der Seele leidtat, denn ich war schon immer ein Papakind gewesen.

Er umarmte mich fest zur Begrüßung. Wie immer trug er ein weißes Polohemd und eine blaue Jeans dazu. Selten sah ich ihn in anderer Kleidung.

Es folgte das übliche »Wie geht's?« und »Was gibt's Neues in der Schule?«. Ich setzte mich auf sein Sofa und stellte fest, dass er noch immer nicht alle Kisten ausgepackt hatte. So richtig schien er noch nicht über die Scheidung hinweg zu sein. Ich hatte das Gefühl, dass er noch an seinem alten Leben hing und nichts Neues beginnen wollte.

»Mum hat mir gesagt, dass du jetzt einen Freund hast.«

Ich rutschte tiefer in das Sofa hinein und flehte innerlich, dass Mum ihn nicht zu einem Aufklärungsgespräch aus Männersicht gezwungen hatte.

»Es ist nichts Ernstes«, versuchte ich das Unheil abzuwenden, und drehte nervös mein Wasserglas in den Händen.

»Deine Mutter sieht das wohl ein bisschen anders.«

Danke, Mum!

Ich konnte nicht genau sagen, warum es so war, aber aus irgendeinem Grund war es mir peinlich, meinem Dad von meinem ersten Freund zu erzählen. Eigentlich war er ja auch nicht wirklich mein Freund. *Oder doch?*

»Wie heißt er denn?«, hakte er nach.

»Jona«, antwortete ich zähneknirschend.

Augenblicklich veränderte sich Papas Gesichtsausdruck.

»*Der* Jona?«

Ja, genau der. Papa hatte sich schon immer mehr für mein Leben interessiert als Mama. Er war es auch gewesen, der zu den Elternabenden und Elterngesprächen gegangen war. Und so war ihm der Name »Jona« offenbar im Gedächtnis geblieben.

»*Der* Jona.«

»Wie ist das möglich?«, fragte Dad enttäuscht. »Wie kannst du mit jemandem zusammen sein, der dich so mies behandelt hat? Erinnerst du dich denn nicht mehr an deinen dreizehnten Geburtstag?«

Und wie ich mich daran erinnerte. Es erstaunte mich jedoch, dass Dad es tat. Jona war damals zu mir gekommen und hatte sich entschuldigt für all seine fiesen Sprüche. Als Wiedergutmachung hatte er mir erzählt, dass er eine Überraschungsparty für mich zum dreizehnten Geburtstag schmeißen würde. Ich war so naiv gewesen. Wahrscheinlich war es auch die Verzweiflung der Einsamkeit gewesen, weshalb ich ihm geglaubt hatte. Nur so hatte es dazu kommen können, dass er mich in einen Jugendklub geführt hatte, wo die angebliche Party stattfinden sollte. Er hatte mir die Augen verbunden, und als er die Binde abgenommen hatte, gab es weder Geschenke noch gute Laune. Stattdessen drückte er mir einen Schokokuchen ins Gesicht. Ich hörte immer noch, wie sie alle lachten. Mirko, Jenny, Henry und viele andere. Sie alle begannen, mich an meinem Geburtstag mit Kuchen zu bewerfen und laut »Klopskind« zu rufen. Seit diesem Tag weigerte ich mich, meinen Geburtstag zu feiern. Ich hasste diesen Tag so sehr und wollte ihn jedes Jahr am liebsten einfach überspringen. Und das alles wegen Jona.

Mein altes Ich wäre wohl unfassbar enttäuscht, weil ich mich von ihm küssen ließ, anstatt ihm eine zu scheuern. Doch es war ein Mittel zum Zweck. Das redete ich mir immer wieder ein.

»Doch, ich erinnere mich«, gab ich kleinlaut zu. »Er hat sich halt geändert.«

»Nein, Lina. Das glaub ich nicht. Du hast dich verändert, und zwar äußerlich. Meinst du, dass er mit dir zusammen wäre, wenn du noch so aussehen würdest wie vor ein paar Monaten? Falls nicht, dann solltest du deine Beziehung zu ihm wirklich überdenken.«

Natürlich würde Jona nicht mit mir zusammen sein, wenn mein Körper noch immer hauptsächlich aus Fettzellen bestehen würde. Aber was sollte ich denn tun? Ich hatte mich verliebt.

Kapitel 15

»Wow, da müssen wir ja aufpassen, dass du der Braut nicht die Show stiehlst«, begrüßte mich Jona, als er mir die Tür öffnete.

Auch wenn es eisig kalt war, hatte ich mich in ein dunkelblaues Cocktailkleid gezwängt, das im Moment noch durch einen dicken Mantel verdeckt war. Bei meiner Mum schien sich ein Traum erfüllt zu haben, als sie gehört hatte, dass ich als Begleitung auf eine Hochzeit eingeladen war. Sie hatte mir mein Kleid ausgesucht, sich um einen Friseur gekümmert und mich höchstpersönlich geschminkt. Sie wollte, dass ich perfekt aussah, und ich musste zugeben, dass ihr diese Mission ganz gut gelungen war. Sie hatte aus mir ein Meisterwerk geschaffen. Es war mir wichtig gewesen, so hübsch wie möglich zu sein, denn ich erwartete bei Jonas Familie Leute, die man allesamt auch in einer Modellkartei hätte finden können. Ich wollte nicht das hässliche Entlein sein.

»Komm rein! Wir warten noch auf Mum. Sie kommt nicht aus dem Knick.«

Ich würde heute seine Eltern kennenlernen. Ich hatte die letzten Nächte kaum schlafen können, weil ich ihre Blicke fürchtete. Vielleicht war ich nicht gut genug für ihren Jungen. Gab es für den eigenen Sohn überhaupt ein Mädchen, das gut genug war?

Angesichts des Hauses, in dem er wohnte, hatte seine Familie offenbar ein gut gefülltes Konto. Es gab kein Möbelstück, das so aussah, als stammte es aus einem skandinavischen Möbelgeschäft. Das hier waren Einzelstücke, die vermutlich ein Vermögen gekostet hatten. Während in unserem Haus alles bunt durchmischt war, schien hier ein Innenarchitekt am Werk gewesen zu sein. Wenn man wie seine Eltern einen erfolgreichen Versandhandel für exklusive Naturkosmetik betrieb, konnte man sich so etwas offenbar leisten.

Ein Mann trat in den Flur, und sofort wusste ich, wie Jona in dreißig Jahren aussehen würde. Er sah seinem Vater so unfassbar ähnlich. Da hatte jemand aber dominante Gene. Diese blauen Augen, die markanten Wangenknochen und die zierliche Nase: Sein Vater und er hatten das gleiche Gesicht.

Er kam mit einem offenen Lächeln auf mich zu. Ich versuchte, nicht so verkrampft zu wirken, wie ich mich fühlte.

»Du bist also Lina«, sagte er freundlich und reichte mir die Hand. »Schön, dich kennenzulernen. Ich bin Henning.«

Ich lächelte und hoffte, dass sich kein Lippenstift auf meinen Zähnen verteilt hatte. Meine Aufregung spürte er mit Sicherheit an meiner klatschnassen Hand. Ich schüttelte seine und mochte ihn sofort. Ich spürte, dass ich hier willkommen war. Er war ganz anders, als ich es erwartet hatte. Viel herzlicher. Ich fragte mich, woher Jona diese Überheblichkeit gegenüber manchen Menschen entwickelt hatte. Von seinem Vater schien er sie sich nicht abgeguckt zu haben.

»Schade, dass das Wetter heute nicht mitspielt«, begann er ein bisschen Small Talk, damit erst gar keine unangenehme Stille entstand. »Aber sie haben jetzt alles nach drinnen verlegt. Es muss also keiner frieren.«

»JONA! DU HAST SCHON WIEDER MEINE BÜRSTE GENOMMEN!«, hörte ich eine Stimme von oben rufen. »Leg sie gefälligst zurück, wenn du sie dir einfach so nimmst!«

Jona sah genervt die große steinerne Treppe hinauf. Er hatte mich vorgewarnt, dass er eine temperamentvolle Schwester hatte.

Schritte kamen näher, und ich sah zur Treppe. Als ich seine ein Jahr jüngere Schwester erblickte, erstarrte ich. Das konnte doch nicht wahr sein. Das ergab doch keinen Sinn.

Ich musste aufpassen, dass meine Kiefermuskulatur nicht nachgäbe und mein Unterkiefer nach unten klappte. Es war mir so unangenehm, als sie mein Starren bemerkte. Meine Gesichtsfarbe änderte sich wie die eines Hummers, den man in kochendes Wasser warf. Warum hatte Jona mich nicht vorgewarnt?

»Heißes Wasser. Ich war drei. Kann mich nicht erinnern. Sieht schlimmer aus, als es sich anfühlt«, ratterte sie mir den Grund herunter, warum ihr Gesicht nahezu komplett entstellt war.

Wie konnte Jona unter solchen Umständen so oberflächlich sein? Seine Schwester entsprach nicht dem Schönheitsstandard, und trotzdem mobbte er die Leute. Das war doch nicht zu fassen.

»Ich bin Jule.« Sie reichte mir selbstbewusst die Hand, während ich noch immer wie ein frisch geschlüpftes Küken aussah, das seinen Augen nicht glauben konnte.

»Lina«, sagte ich und konnte nicht verhindern, dass ich die tiefen Narben in ihrem Gesicht musterte. Es mussten unglaubliche Schmerzen gewesen sein. Ein Teil der rechten Seite war von dem heißen Wasser offenbar verschont worden. Dort erkannte man die Schönheit ihres eigentlichen Antlitzes. Auch sie hatte die Augen des Vaters geerbt. Die Ähnlichkeit war jedoch nur am rechten Auge zu erkennen, denn auf der linken Seite war die Haut verwachsen und uneben. Mimik sucht man dort ebenfalls vergeblich. Wie musste es nur sein, jeden Tag mit seinem Anblick im Spiegel konfrontiert zu werden, wenn die Hälfte des Gesichts fehlte?

»Hübsche Frisur«, ließ sie mich wissen und begutachtete mein Flecht-Kunstwerk. »Selber gemacht?«, hakte sie interessiert nach und analysierte meine Haare.

»Nein, ich war beim Friseur«, brachte ich nur mit Mühe über die Lippen.

Sie grinste breit.

»Da hat sich ja jemand richtig Mühe gegeben, um der Familie des Freundes zu gefallen«, scherzte sie locker.

»Jule!«, mahnte Jona. »Sei nett!«

»Was denn? Das ist doch nicht böse gemeint. Du musst hier nicht gleich den Beschützer-Freund raushängen lassen«, verteidigte sie sich. Dann sah sie zu mir. »Du siehst hübsch aus.«

»Du auch«, gab ich automatisch das Kompliment zurück.

Ich hoffte, sie verstünde das nicht falsch. Ich wollte nicht, dass sie dachte, dass ich das aus Mitleid sagte. Sie sah in ihrem hautengen Kleid wirklich hübsch aus, wenn auch auf eine andere Art und Weise.

Jona legte seinen Arm um mich. Er schien zu spüren, wie unsicher ich mich fühlte. Ich wünschte, er hätte es mir gesagt. Dann wäre ich besser damit klargekommen.

»Mum, komm jetzt!«, rief Jule durch das Haus, woraufhin ihr Vater mir zulächelte.

»Sie braucht immer ein bisschen länger«, erklärte er mir.

»Bin schon fertig«, hörte ich eine weibliche Stimme voller Selbstbewusstsein.

»Schon?«, rief Jona. »Du bist seit zwei Stunden im Bad.«

Dann stand eine hochgewachsene Frau vor mir. Sie war hübsch, aber nicht perfekt. Sie hatte ein kleines Wohlfühl-Bäuchlein und krause Haare, die sie mit einer goldenen Haarspange gebändigt hatte. Mit Jona hatte sie nicht viel gemein. Das hatte ich aber auch nicht erwartet, denn er war das Ebenbild seines Vaters.

Auch von ihr wurde ich freundlich begrüßt. Sie stellte sich als Iris vor.

»Dann können wir ja los«, sagte Henning, der sich die Autoschlüssel schnappte.

Mir fiel auf, was für exklusive Kleidung die gesamte Familie trug. Die Anzüge waren maßgeschneidert und die Kleider vermutlich auch. Sie alle hatten diese selbstverständliche schlichte Eleganz, um die ich sie beneidete. Denn ich fühlte mich in meinem Dress wie verkleidet.

Eine Stunde Autofahrt mit einer fremden Familie stand mir bevor. Mir schlackerten schon die Knie, denn ich hatte Angst, auf Herz und Nieren geprüft zu werden. Ich wollte weder Fragen zu Ex-Freunden hören noch darüber, was ich denn für die Zukunft geplant hatte.

Doch wie sich herausstellte, hatte Jona die coolste Familie, die man sich vorstellen konnte. Sie drehten die Musik auf und sangen textsicher mit. Meine Eltern hätten das nie getan. Die Stimmung war entspannt, und wir plauderten, als würden wir uns ewig kennen. Sie gaben mir von Anfang an das Gefühl dazuzugehören.

Zwar fuhren sie diesen vermutlich sehr teuren SUV, doch in den Gesprächen wirkten sie keineswegs abgehoben.

»Warum hast du mir das mit deiner Schwester nicht gesagt?«, fragte ich Jona leise, als wir bei der Location einen kurzen Augenblick für uns hatten.

»Was meinst du?«, fragte er mit gerunzelter Stirn.

»Die Narben!«, half ich ihm auf die Sprünge.

Sein Blick verfinsterte sich.

»Wieso sollte ich die Narben erwähnen? Das sagt doch nichts über meine Schwester aus«, erklärte er ruhig, aber bestimmt.

Er hatte recht. Es machte eigentlich keinen Unterschied. Aber warum machte es dann für ihn einen Unterschied, ob ich dick oder dünn war? War ich vielleicht selbst nicht besser als er? Ich urteilte offenbar auch über das Aussehen von Menschen.

Dann war unser ungestörter Moment auch schon wieder vorbei. Wir gingen in eine Kirche, die wie aus einem Märchen aussah. Überall standen Blumen, und bunte Stoffe zierten die Sitzreihen. So würde jedes Mädchen gern heiraten. Es war eine von diesen Kirchen, die im Innenraum sehr detailliert verziert sind und durch deren Buntglasfenster die Sonnenstrahlen das Innere mit bunten Reflexionen aufhellen. Ein leichter Duft von Weihrauch lag in der Luft.

Und dann sah ich die Braut. Sie strahlte wie eine Königin und sah aus wie eine Prinzessin. Ich beneidete sie so sehr, denn ihr Glück war für alle in diesem Raum greifbar. Und dann schaute ich zum Bräutigam und verstand, warum sie so glücklich war. Er hatte Tränen in den Augen. Tränen der Freude und der Rührung. Das war der Höhepunkt ihres bisherigen Lebens. Bei diesem romantischen Anblick wurde auch mein Herz ganz warm, und ich musste mir sogar ein kleines Tränchen wegtupfen, weil ich so ergriffen war. Es war aber auch wirklich fies, dazu zarte Geigenmusik einzuspielen, die direkt meine Tränendrüsen ansprach.

Ich spürte einen sanften Druck auf meiner Wange und realisierte erst eine Sekunde später, dass Jona mich geküsst hatte. *Er würde das nicht tun, wenn ich fett wäre,* schoss es mir durch den Kopf. Wäre ich fett, hätte er mich auch nicht mitgenommen. Seine Schwester war wohl die Einzige, bei der es ihn nicht störte, dass sie nicht dem klassischen Schönheitsideal entsprach.

Lass dich nicht um den Finger wickeln, Lina! Du hast einen Plan!

»Sie sieht so wunderhübsch aus«, sagte Iris, als die Ringe getauscht, die Küsse vergeben und die Eheversprechen gesagt wurden.

Wir liefen von der Kirche zu dem Schloss, von dem immer gesprochen worden war. Es waren nur etwa fünfhundert Meter bis dorthin, doch wenn man Schuhe hatte, die primär zur Körperstreckung gedacht waren und nicht für dieses Kopfsteinpflaster, konnte ein halber Kilometer schnell zu einer großen Herausforderung werden. Immerhin hatte Jule das gleiche Problem. Sie hatte sich auf der rechten Seite und ich auf der linken Seite von Jona untergehakt. Er hatte sichtlich Schwierigkeiten, uns beiden Halt zu geben, da wir wie Besoffene zum Schloss taumelten. Der Wind und die Kälte trugen nicht unbedingt zu unserer Stabilität bei.

Im Licht der Sonne wirkte auch das schneeweiße Schloss wie aus einer anderen Welt. Insbesondere vor dem dunklen Wald dahinter hatte es etwas Magisches.

Ich beneidete die Braut, die doch tatsächlich auf einem Pferd zur Burg ritt. Da hatte jemand eindeutig zu oft *Drei Haselnüsse für Aschenbrödel* gesehen und besaß offenbar auch zu viel Geld. Doch wenn nicht zur Hochzeit diesen Traum ausleben, wann dann?

Im Innern des Schlosses fanden wir Kitsch und Romantik. Es gab Rosen, Herzen, Schleifen, Blumen und Spitze, wohin man auch sah. Zudem war ein riesiges Buffet mit viel zu vielen Versuchungen aufgebaut worden. Früher hätte ich mir die Teller vollgeladen und mir all die Häppchen und Desserts reingeschoben. Doch nun lag mein Fokus auf dem Salatbuffet.

»Sag mir jetzt nicht, dass du nur Salat isst«, schmatzte Jona irgendwann, als ihm auffiel, dass man die Zutaten meines Essens ausschließlich aus der Gemüseabteilung im Supermarkt besorgen konnte.

»Ich hab doch auch schon Fleisch gegessen.«

»Du hast ein Stück von mir gekostet. Mehr nicht.«

»Ich habe halt nicht so einen Hunger.«

Auch wenn der Appetit auf Süßes noch da war, hatte ich mich mittlerweile gut unter Kontrolle.

»Komm schon! Ich weiß ja, dass Mädchen immer auf ihre Linie achten. Aber du bist doch megaschlank, und das hier ist eine Hochzeit. Da muss man doch mal eine Ausnahme machen. Hast du den Schokokuchen dort hinten gesehen?«

Etwa so ein Schokokuchen wie der, den du mir zu meinem Geburtstag ins Gesicht gedrückt hast?

»Ich bin nicht so der Fan von Süßem.«

Größte Lüge meines Lebens. Ich hatte schließlich eine jahrelange Affäre mit dem göttlichen Kakao-Zucker-Fett-Gemisch gehabt, und mich plagten noch immer bittersüße Träume, in denen ich mich damit vollstopfte, bis ich platzte.

»Okay, aber probier wenigstens die Mousse au Chocolat.« Er steckte einen Löffel in ein Glas und führte ihn dann mit der Portion Kalorien zu mir. Langsam wurde er mir zu aufdringlich.

»Komm schon, mach den Mund auf.« Er sah mich mit großen Augen an. »Für mich.«

Wegen Leuten wie ihm hatte ich abgenommen, und nun wollte er mich wieder mästen. Nicht mit mir!

»Jona, bitte! Ich bin alt genug, um selbst zu entscheiden, was ich esse«, lehnte ich scharf ab. »Und du musst mich auch nicht füttern, als wäre ich ein Baby, das zu doof ist, den Löffel zu halten.«

Vor den Kopf gestoßen sah er mich an. So einen Tonfall kannte er nicht von mir. Zumindest nicht, seitdem ich offiziell seine Freundin war. Sein Löffel, der bis eben vor meinen Lippen geschwebt hatte, sank nur langsam.

»Ich habe es nur gut gemeint«, sagte er verletzt.

Ich war gerade dabei, es zu verbocken. Heute Abend sollte schließlich meine große Rache kommen. Das sollte ich nicht im letzten Moment kaputtmachen. Essen war für mich einfach ein sehr heikles Thema und würde es vermutlich auch immer sein. Eine Essstörung überwand man leider nicht von einem Tag auf den anderen.

»Sorry«, entschuldigte ich mich und versuchte die Wogen zu glätten. »Gib her! Ich probiere.«

Er nahm die Entschuldigung an und schob mir einen Löffel Mousse au Chocolat in den Mund. Meine Geschmacksknospen schmissen eine Willkommensparty.

»Gott, ist die gut«, musste ich gestehen.

Jona lachte triumphierend. »Siehst du! Ich bring dir eine vom Buffet mit.«

Und schon war er aufgesprungen und zu den Desserts gestürmt, ehe ich ihn aufhalten konnte. Er kam gleich mit zwei Gläsern wieder. Wenn Mum das wüsste ... Sie würde mir sofort aufzählen, was da alles Schädliches drin war. Böses Fett, fieser Zucker und hinterhältige Kalorien.

Jona zuliebe aß ich sie. Es schmeckte so verdammt gut. Und dann passierte etwas, wovor ich in den letzten Monaten immer Angst gehabt hatte. Ich verfiel in einen Zuckerrausch. So wie früher. Ich war wie eine trockene Alkoholikerin, die eigentlich nur ein Glas Sekt trinken wollte und plötzlich von ihrer Sucht eingeholt wurde.

Ich aß ein Stück von der Hochzeitstorte und Nudeln. Ausgerechnet Nudeln mit Käse. Bei den Kalorien und dem Fettgehalt konnte ich gleich wieder in die Übergrößenabteilung gehen. Doch dabei blieb es nicht. Es gab Pudding und Schweinebraten. Cake Pops und Gnocchi. Alles stopfte ich in mich hinein.

»Freut mich, dass du doch noch richtig reinhaust«, sagte Jona glücklich. Er hatte bestimmt doppelt so viel gegessen wie ich, aber er schien eine bessere Kalorienverbrennungsmaschine in seinem Körper zu haben als ich.

Es war schon absurd, dass Männer es zwar mochten, wenn Frauen Burger verdrückten, aber die Folgen davon hassten. Wir sollten zwar alles in uns hineinstopfen, aber es dürfte sich bloß kein Fettpölsterchen auf den Hüften absetzen.

Mich plagte ein unglaublich schlechtes Gewissen, dass ich mich nicht unter Kontrolle halten konnte, und sofort war die Angst wieder da, fett zu werden, dass all die Arbeit umsonst gewesen war. Mir war richtig schlecht.

Ich war froh, als Bewegung in die Menge kam und wir uns auf das Tanzparkett begaben. Jona war ein durchschnittlicher Tänzer, und so musste ich keine Komplexe bekommen. Es machte Spaß, mit ihm zu tanzen, was ich zugegebenermaßen nicht erwartet hatte. Wir lachten viel, und ich konnte nicht glauben, dass ich diese Feier hier wirklich genoss. Doch Jona gab sein Bestes, damit ich mich rundum wohlfühlte. Er kümmerte sich jede Sekunde um mich und sorgte dafür, dass ich nicht allein herumsaß, während er mit irgendwelchen Cousins oder Cousinen plauderte.

Mein Blick fiel oft auf Jule. Ich bewunderte sie so sehr für ihr Selbstbewusstsein. Ihre Narben schienen ihr überhaupt nichts auszumachen. Sie tanzte ausgelassen, und niemand außer mir starrte sie an. Sie hatte einfach diese Souveränität in ihrem Auftreten. Ich würde nie so eine Beziehung zu meinen Brüsten haben, obwohl es im Vergleich ein völlig unbedeutendes Problem war.

Es war schon spät in der Nacht, als wir beschlossen zu gehen. Seine Eltern fuhren uns bis zur Tür meines Hauses.

»Na dann, macht euch noch einen schönen Abend!«, verabschiedete sich seine Mutter von uns.

Wenn ich ihr eins versichern konnte, dann, dass es kein schöner Abend für ihren Sohn werden würde.

Kapitel 16

Ich hatte meine schönste Bettwäsche rausgesucht und die mit den Teddybären im Schrank versteckt. Unter dem Bett jedoch stand eine Kiste mit Kuscheltieren, rosafarbenen Decken und allerhand weiterem Kitsch. Ich war bestens vorbereitet.

Einen ganzen Tag hatte ich damit verbracht, mein Zimmer aufzuräumen, sodass Mum vermutlich schon Verdacht geschöpft hatte, was hier passieren könnte, während sie weg war. Doch sie hatte es nur mit einem vielsagenden Blick gewürdigt, ohne es anzusprechen.

Ich hatte alle meine Poster abgehängt, mir dafür einen Lavendel-Trockenblumenstrauß gekauft, der nun mein Fensterbrett zierte und farblich perfekt zum dunkelblauen Bettvorleger passte. Ansonsten war mein Zimmer in einem schlichten Weiß gehalten und mit den Klassikern von Ikea ausgestattet. Der Hingucker des Raumes war ein alter barocker Spiegel, den ich von meiner Uroma vererbt bekommen hatte.

»Weißt du eigentlich, wie heiß du in deinem Kleid aussiehst?«, sagte Jona, als er mein Zimmer betrat.

»Ich weiß. Deshalb habe ich es ja angezogen«, erwiderte ich selbstbewusst.

Es war Zeit, die Verführerin in mir zu wecken.

Jona grinste schief und kam zu mir. Er umarmte mich und packte meinen Hintern erstaunlich fest. Es war klar, dass er Sex wollte. Er begann mich zu küssen, und das mit einer Leidenschaft, die ich bis jetzt noch nicht von ihm kannte. Er legte sich wirklich ins Zeug.

Sanft hob er mich an und warf mich schwungvoll auf das Bett. Drei Gläser Sekt machten sich jetzt doch bei mir bemerkbar. Um mich herum drehte sich alles. Mit seinen Händen begann er über meinen Bauch zu wandern. Es war mir unangenehm, denn ich fühlte mich nach der Fressorgie fett wie ein Hängebauchschwein.

Jona ging langsam vor und ließ sich Zeit. Er küsste meinen Hals und mein Dekolleté. Seine Hände erkundeten meine Konturen.

»Lina?«

»Hmm.«

»Ist es dein erstes Mal?«

Wie bitte?

»Was?«

»Ob es dein erstes Mal ist?«, wiederholte er seine Frage und bescheinigte mir damit, dass meine Ohren offenbar noch gut funktionierten. Mein Gehirn fühlte sich im Moment jedoch stark eingeschränkt. Mit solchen Fragen konnte es nicht umgehen, das hätte ich nie erwartet.

»Äh, nein«, sagte ich schnell, als würde es nichts Abwegigeres geben.

»Gut«, sagte er.

Die Situation wurde komisch.

»Wieso gut?«, hakte ich nach.

»Na ja, es macht ja schon einen Unterschied. Ich wäre ein bisschen vorsichtiger.«

Wow! Jona war immer für eine Überraschung gut. Ich wusste nun eins: Für ihn war ich kein Spiel. Er versuchte mich nicht einfach nur ins Bett zu bekommen, denn dann hätte ihn bestimmt nicht interessiert, ob ich noch Jungfrau bin. Konnte es sein, dass er sich wirklich ernsthaft in mich verliebt hatte? Hatte er mich deshalb auch mit zur Hochzeit genommen? Weil ich ihm wirklich etwas bedeutete?

Jona ließ seine Finger weiter über meinen Körper gleiten. Langsam musste ich handeln, oder das hier würde wirklich in Sex ausarten.

»Magst du Überraschungen?«, hauchte ich ihm ins Ohr und versuchte, die Stimmen der halb nackten Ladys nachzumachen, die im Nachtprogramm immer über den Bildschirm flackerten.

»Klar«, kam es sofort zurück.

Ich hatte nichts anderes erwartet. Aus dem Schubfach meines Nachtschrankes nahm ich die Augenbinde heraus. Er zog beide Augenbrauen hoch, als er sie sah.

»Keine Angst, ich werde dir nicht wehtun«, sagte ich cool und band ihm die Binde um, ohne noch einmal zu fragen.

Ich spürte, wie sich sein Körper anspannte. Mir ging es ähnlich.

Nun war es so weit. Das Anrichten konnte beginnen. Zuerst zog ich ihm sein weißes Hemd aus. Beim Anblick seines Sixpacks wurde mir ganz heiß. Er könnte einer von diesen Feuerwehrmännern sein, die es in erotischen Fotokalendern gab. Meine Mum bekam jedes Jahr zu Weihnachten so einen von ihren Kolleginnen.

Ich legte meine linke Hand auf Jonas Brust und tätschelte ihn etwas unbeholfen. Mit der rechten Hand griff ich nach den Kuscheltieren unterm Bett und drapierte sie um ihn herum. Nun war er umgeben von Diddl-Mäusen, Pumuckl und SpongeBob. Der Anblick war mehr als absurd, und ich bekam ein schlechtes Gewissen, weil ich mein Kinderspielzeug für diesen Plan missbrauchte.

Ich öffnete den obersten Knopf seiner Hose. Er zog sie sich allein aus. Ich küsste seinen Bauch und seinen Hals. Mit meinen Fingern kreiste ich um seine Nippel. Ich konnte nicht nur spüren, dass ihm das gefiel, sondern mittlerweile war es auch deutlich sichtbar. Seine Boxershorts hatte er jedoch noch an, worüber ich sehr froh war.

Nun kam die Sahne zum Einsatz. Er lachte, als ich sie ihm aufsprühte.

»Du legst dich ja ganz schön ins Zeug«, flüsterte er, als ich ihm durch die Haare fuhr.

Was er nicht wusste: Ich hatte ihm mit Sahne SAU auf den Bauch geschrieben.

Das Bild hätte nicht skurriler sein können. Es fehlte nur noch, dass er auch das letzte Stück Stoff fallen ließ. Ich hielt mein Handy für das Beweisfoto bereit. Ich musste ihn nur noch auffordern, die Boxershorts auszuziehen.

Ich positionierte mich, um die beste Perspektive zu haben. Alle würden über dieses Foto reden. Dessen war ich mir sicher. Jona in einem Meer von Kuscheltieren und mit dem Wort SAU auf dem Bauch, und das nackt.

»Jona«, sprach ich ihn an.

Noch immer hatte er brav die Augenbinde auf.

»Ja?«

Ich sah die Vorfreude in seinem Gesicht und in seinem Schritt. Jetzt musste ich ihm sagen, dass er die Unterhose ausziehen solle. Das war mein Moment. Er hatte mich so sehr gequält. Mir für immer meinen Geburtstag versaut. Mir meine Kindheit und Jugend genommen.

Endlich war der Moment gekommen, in dem ich mich für all das rächen würde. So lange hatte ich von diesem Augenblick geträumt, und nun war er endlich da.

Aber ich konnte es nicht.

Das war nicht ich.

Ich war nicht wie er.

Er hatte es verdient, aber ich konnte niemanden bloßstellen.

Was tat ich hier?

Ich ließ mein Handy sinken.

Ehe ich michs versah, sammelte ich schnell die Kuscheltiere wieder ein. Zum Glück nahm er erst dann die Augenbinde ab. Mit einer schnellen Handbewegung verwischte ich die Schrift auf seinem Sixpack.

»Was ist los?«, fragte er, offensichtlich hatte er die Unruhe mitbekommen.

Ich stand vor ihm, mit Sahne-verschmierten Händen und einem verzweifelten Gesicht.

Er stand auf und kam zu mir. Seine Arme umschlangen mich, und ich fühlte mich unwohl, weil ich seine Erektion spürte.

Ich wusste nicht, was ich sagen sollte. Es gab keinen Plan B. Gloria und ich waren fest davon ausgegangen, dass ich in der Lage wäre, das durchzuziehen. Wie sollte ich ihm das jetzt erklären? Ich wollte ihn blamieren, doch nun hatte ich mich selbst bloßgestellt. Ich sah zu Boden und hoffte auf einen Geistesblitz.

»Es ist dein erstes Mal, oder?«, fragte er und sah mich sanft an.

Ich nickte.

Warum tat ich das? Wieso sagte ich ihm das? Es ging ihn nichts an, ob da unten schon mal jemand dran war oder nicht.

Er strich mir über die Wange.

»Ist okay. Kein Grund, Angst zu haben. Ich werde dir nicht wehtun. Das verspreche ich dir. Du hättest es mir gleich sagen sollen, anstatt das Ding mit der Augenbinde abzuziehen. Ich werde ganz sanft sein.«

Ich konnte mich nicht erinnern, ihm die Aufgabe der Entjungferung zugeteilt zu haben, doch für ihn schien das bereits beschlossene Sache zu sein.

Es hätte die perfekte Rache sein können, und nun hatte ich mich in eine verdammt peinliche Situation gebracht.

Er zog mein Kleid aus, und ich schien auf einmal gelähmt zu sein, denn ich ließ es zu.

Das war nicht der Plan gewesen. Ich fand mich auf dem Rücken liegend auf dem Bett wieder.

O mein Gott!

Ich war am Durchdrehen. So weit sollte es nicht kommen. Dafür war ich nicht bereit.

Ich fühlte mich unwohl, weil ich nur in Unterwäsche neben ihm lag. Mein Verhältnis zu meinem Körper war noch immer gestört. Manchmal fühlte ich mich noch immer wie das dicke Mädchen. Und genau jetzt war wieder so ein Moment, denn in meinem Magen schlummerte noch immer die Mousse au Chocolat, der Schweinebraten und die Hochzeitstorte. Ich fühlte mich verdammt unattraktiv, und das, obwohl ich meinen BH noch trug.

Seine Hände wanderten in Richtung meiner Brüste. Dann griff er um mich herum und wollte meinen BH öffnen, doch ich reagierte schneller. Meine Brüste waren Sperrzone!

»Nicht!«, sagte ich entschieden und schob seine Hand weg.

Stirnrunzelnd sah er mich an, doch was das betraf, würde ich keine Kompromisse eingehen. Den Verschluss meines BHs würde ich mit meinem Leben verteidigen.

»Der BH bleibt an«, informierte ich ihn.

Mir war bewusst, dass es komisch klang, aber ich konnte ihm meinen Schlaffibusen nicht zeigen. Ich würde in Tränen ausbrechen, wenn ich in sein enttäuschtes Gesicht sehen müsste, und das wäre wohl nicht der ideale Start für das erste Mal.

Moment, hatte ich gerade beschlossen, das erste Mal zu haben?

»Ganz wie du willst«, säuselte er verständnisvoll und machte sich dafür an meinem Slip zu schaffen.

Einerseits wollte ich das so sehr. Jona stellte sich gut an, und er wusste, was er tat. Doch dann dachte ich an Dads Worte, was wohl grundsätzlich nicht das beste Zeichen war, wenn man Sex hatte. *Würde er dich auch nehmen, wenn du noch dick wärst?*

Jetzt war der letzte Moment, in dem ich die Notbremse ziehen könnte.

Doch ich tat es nicht. Ich ließ zu, dass er mir den Slip auszog.

Und dann geschah es.

Die Tür ging auf. Mum stand darin.

Kapitel 17

»O mein Gott, MUM!«, kreischte ich.

Da das Licht an war, hatte sie praktisch Front-Row-Tickets für das Geschehen und konnte jedes einzelne Detail erkennen. Ich zog mir schnell meinen Slip hoch, während ich zusehen musste, wie alle Farbe aus Mums Gesicht wich.

Auch wenn sie mit mir beim Frauenarzt gewesen war, hatte sie wohl nicht mit dieser Konfrontation gerechnet.

»Sorry, sorry«, murmelte sie aufgeregt und schien nicht zu wissen, was sie jetzt tun sollte. Wenn es nach mir gegangen wäre, einfach laufen. Ganz weit weglaufen! Was machte sie überhaupt hier? »Ich wollte nicht stören. Ich ... ähm ... hab nur Geräusche gehört ... und ... ähm.«

»GEH!«, zischte ich sie an, ehe sie mir gleich noch eine schriftliche Erklärung für ihr Erscheinen ablieferte. Sie nickte, blieb aber immer noch stehen.

»MUM, MACH DIE TÜR ZU!«

Erst jetzt schnallte sie es. Hektisch wirbelte sie herum und flüchtete. Ich ließ mich auf das Bett fallen. Die Liste meiner peinlichsten Erlebnisse hatte eine neue Nummer eins bekommen, und mal wieder war Jona involviert. Ausnahmsweise war er nicht schuld.

Ich wagte gar nicht erst, ihn anzusehen.

Das einzige Gute war, dass sie nicht reingeplatzt war, als ich die Kuscheltiere um ihn herum aufgestellt hatte. Vermutlich hätte sie mich direkt in eine Zwangsjacke gesteckt und mich in der Psychiatrie abgeliefert.

»Ich weiß nicht, warum sie hier war. Sie hat mir erzählt, dass sie übers Wochenende nach Valencia fliegt, weil sie dort eine Weiterbildung hat.«

Ich war den Tränen nahe. Ich konnte nicht glauben, dass meine Mutter mich grade dabei erwischt hatte, wie ich zum ersten Mal versuchte, Sex zu haben. Ausgerechnet beim ersten Mal.

»Schon okay«, sagte er leise. »Gibt Schlimmeres.«

Ich lachte bitter.

»Also im Moment fällt mir nichts Schlimmeres ein.«

Sein Gesicht schob sich in mein Blickfeld.

»Es gibt so viel Schlimmeres. Stell dir vor, du wachst eines Morgens auf und bist fett wie ein Blauwal.«

Er hatte wirklich ein Talent, jedes Fettnäpfchen mitzunehmen, das auch nur annähernd in Reichweite war.

Ich spürte, wie ich zitterte. Wir saßen beide hier nur in unserer Unterwäsche, aber an so etwas wie Erotik konnte ich nicht mehr denken. Schon gar nicht, wenn ich wusste, dass Mum im Haus war.

»Meine Mutter hat mich mal dabei erwischt, wie ich mir einen runtergeholt hab. War auch nicht schön.«

Jona war ganz offensichtlich eine Niete darin, unangenehme Situationen aufzubessern. Stattdessen machte er es nur noch schlimmer. Ich wollte gar nicht wissen, bei welchen Schweinereien seine Mutter ihn erwischt hatte.

Ich zog mir mein Kleid wieder über. Spätestens jetzt wusste Jona, dass die Mission Sex gescheitert war.

»Ich geh dann besser nach Hause«, informierte er mich und zog seine Hose an. Ich gab ihm ein paar Taschentücher, damit er sich die Sahne vom Bauch wischen konnte.

Er schien zu spüren, dass ich ihn im Augenblick nicht dahaben wollte. Mir war die ganze Sache einfach zu unangenehm.

Ich wünschte, ich könnte Jona sagen, dass er auch hierbleiben könnte, doch das wollte ich im Augenblick nicht. Ich brauchte jetzt erst einmal Abstand.

»Tut mir leid«, entschuldigte ich mich aufrichtig.

Er kam zu mir und küsste mich.

»Mach dir keinen Kopf! War ja nicht deine Schuld.«

Endlich mal ein Satz aus seinem Mund, der mir guttat.

»Ich bring dich noch raus«, sagte ich ihm, als er angezogen vor mir stand.

Unglaublich, dass wir es fast getan hätten. So langsam kam ich zu Verstand, und vielleicht war es gar nicht so schlecht gewesen, dass Mum hereingeplatzt war. Was hatte ich mir dabei gedacht? Ich hasste ihn! Er hatte mir mein Leben zur Hölle gemacht! Wieso hatte ich gewollt, dass er der Junge war, mit dem ich das erste Mal Sex hatte?

Leise brachte ich ihn zur Tür.

»Du kannst auch hier schlafen«, hörte ich plötzlich Mums Stimme.

Sie kam aus dem Wohnzimmer.

Ich war kein gewalttätiger Mensch, aber im Moment hatte ich das dringende Bedürfnis, sie außer Gefecht zu setzen. Hätte sie sich nicht einfach in ihrem Schlafzimmer verkriechen oder zumindest die Klappe halten können?

»Äh ... oh ... uh ...«, stotterte Jona. Ihm schien die Situation nun auch mächtig unangenehm zu sein. So lernte man nicht gerne die Mutter der Freundin kennen. »Ich schlaf zu Hause, aber danke.«

Sollte es jemals die Erfindung geben, dass man bestimmte Erinnerungen aus dem Gedächtnis löschen konnte, dann würde diese hier höchste Priorität haben.

»Okay, war nett, dich kennenzulernen«, kam es über ihre Lippen.

War das *wirklich* ihr Ernst? Hatte sie diese Worte *wirklich* als passend empfunden? War es *wirklich* nett für sie gewesen, ihn dabei zu erwischen, wie er ihre Tochter entjungfern wollte?

»Ebenfalls«, entgegnete Jona etwas befremdet.

Dann verabschiedete er sich mit einem flüchtigen Kuss von mir. Es war drei Uhr nachts, als er in die Dunkelheit verschwand. Ich knallte die Tür zu und funkelte Mum bitterböse an.

»WAS MACHST DU HIER?«, brüllte ich.

Ausnahmsweise regte sie sich nicht über meinen Tonfall auf. Vermutlich, weil sie wusste, dass sie Mist gebaut hatte.

»Mein Flug ist heute Morgen wegen des Sturms ausgefallen«, erklärte sie hastig. »Ich habe dadurch meinen ersten Termin in Valencia verpasst, und es hat sich nicht gelohnt, am Abend den nächsten Flug zu nehmen. Also bin ich zurück. Ich bin abends ins Bett und wusste ja, dass du wegen der Hochzeit spät kommst. Ich habe dann gegen zwei die Tür gehört und wusste, dass du zu Hause bist. Ich wollte weiterschlafen, aber dann war da eine Männerstimme, und ich habe mir Sorgen gemacht. Also habe ich nachgeguckt. Ich konnte ja nicht wissen, dass–« Sie stockte.

»Lass es uns einfach vergessen, okay?«, bot ich einen Deal an, ehe sie mir noch Details unter die Nase rieb, die ich nicht wissen wollte. »Wir vergessen das einfach und reden nie wieder darüber.«

»Ja. Morgen früh tun wir so, als wäre nichts gewesen.«

»Danke!«

Nun lächelte sie schwach.

»War wohl doch ganz gut, dass wir beim Frauenarzt waren, oder?«, sagte sie schließlich.

»Mum, ich will nicht drüber reden.«

»Okay, okay. Versteh schon. Aber er schien doch ganz nett. Ihr seid ein süßes Paar.«

»Mum! Ich will auch nicht über Jona sprechen!«

»Oh. Ähm. Okay.«

Ich war erstaunt, dass sie meine Bitte akzeptierte. Sonst war das nicht ihre Art. Sie schien tatsächlich ein schlechtes Gewissen zu haben. Ich könnte mir das zunutze machen, denn es gab etwas, das mir auf dem Herzen lag. Erst eben mit Jona war ich wieder daran erinnert worden.

»Mum?«

»Ja?«

Ich atmete tief ein.

»Ich will eine Brust-OP.«

Ich konnte so nicht mehr weiterleben. Wie sollte ich Sex haben, wenn ich mich so für meinen Busen schämte? Ich konnte doch schlecht immer mit BH Sex haben. Das war mir spätestens in dieser Nacht bewusst geworden.

Mums Blick war skeptisch.

»Lina, sag mir jetzt nicht, dass Jona das will. Hat er das gesagt? Falls ja, dann ist er der größte Spinner auf dieser Erde!«

Überrascht sah ich sie an. Mit so einer Einstellung hatte ich bei ihr nicht gerechnet. Sie dachte, dass ich es seinetwegen wollte.

»Nein, er hat nichts dazu gesagt.« Noch nicht, fügte ich in Gedanken hinzu. »Mich stört es. Sie sind hässlich. Wirklich, Mum. Ich will sie ja nicht größer haben, sondern einfach nur straff.«

Ihre Miene wurde sanfter.

»Ich wusste gar nicht, dass du damit so ein Problem hast. Warum hast du mit mir nicht schon früher darüber gesprochen?«

»Weil es mir peinlich ist. Ich bin siebzehn, und meine Brüste sehen aus wie die einer mumifizierten Oma.«

»Nun übertreibe mal nicht.«

»Tue ich nicht!«

Nun tat ich etwas, dass ich nur auf drei Gläser Sekt und die gegenwärtigen Umstände zurückführen konnte. Ich zog das Kleid runter und den BH hoch, sodass sie es sehen konnte. Noch nie zuvor hatte ich jemandem meine entstellten Brüste gezeigt. Mum versuchte es zu verbergen, doch sie schaffte es nicht. Ihrem Gesicht sah ich an, dass sie mit diesem Anblick nicht gerechnet hatte.

»So schlimm ist es doch gar nicht«, versuchte sie mich aufzubauen, doch es klappte nicht, denn wir beide wussten, dass es schlimm war.

»Doch, es ist schlimm. Sogar sehr! Bitte, Mum. Ich wünsche mir nichts mehr. Ich will kein Taschengeld und auch keine Geschenke mehr, sondern einfach nur straffe Brüste. So wie alle anderen in meinem Alter.«

Sie seufzte. Mittlerweile waren meine Brüste wieder bedeckt.

»Hör zu! Ich kann verstehen, wenn du dich deswegen unsicher fühlst, aber das musst du nicht. Es ist doch ein Zeichen für das, was du geleistet hast.«

»Ich kann auf dieses Zeichen gerne verzichten«, unterbrach ich sie.

»Verstehe ich«, lenkte sie ein. »Lass uns einfach erst einmal ins Bett gehen und morgen darüber in Ruhe sprechen, okay? Es ist spät, und es ist viel passiert. Ich kann gerade wirklich keinen klaren Gedanken fassen.«

Kapitel 18

»Wieso hast du mir nicht das Foto gesendet? Du hast doch gesagt, dass du es abschickst, sobald du es gemacht hast! Ich bin extra die ganze Nacht wach geblieben. Und dann reagierst du nicht mal auf meine Nachrichten.«

Gloria war eindeutig eingeschnappt. Das ließ sie mich auch an den verschränkten Armen und dem zornigen Gesicht erkennen.

»Ich habe kein Foto geschickt, weil es keins gibt«, informierte ich sie und setzte mich an ihren Schreibtisch, von dem aus man einen wunderschönen Ausblick in den Garten hatte. Dort bogen sich die Äste im Wind, und Laub wirbelte durch die Luft.

Sofort änderte sich ihre Miene. »Was ist schiefgelaufen?«

Alles. Wirklich alles war schiefgelaufen.

»Ich konnte es nicht.«

Ungläubig starrte Gloria mich an. »Was meinst du damit?«

»Es ging nicht. Ich konnte ihm das nicht antun. Es war schon alles bereit, ich hätte nur noch das Foto schießen müssen, doch ich habe es einfach nicht übers Herz gebracht.«

Ihrem Gesicht sah ich bereits an, dass gleich eine Standpauke folgen würde.

»Lina, das ist deine Chance gewesen. Hast du vergessen, was er dir alles angetan hat? Du hast so viele Tränen vergossen. Er hat dich gequält, und nun hast du Mitleid mit ihm? Deine Rache kann gar nicht schlimm genug sein. Er hat alles verdient, aber doch nicht dein Mitleid. Wie kannst du so gut zu ihm sein, während er dich wie Scheiße behandelt hat?«

Das alles schien wie aus einem anderen Leben zu sein. Ich konnte es nicht mehr mit dem Jona zusammenbringen, der mich behandelte, als wäre ich eine Prinzessin. Er war nun ein ganz anderer. Ich konnte es mir ja selbst nicht erklären.

»Ich bin nicht wie er, Gloria. Wenn ich ihm das antun würde, dann wäre ich doch genauso ein Arschloch wie er.«

Sie schüttelte den Kopf. »Nein! Er hat einer Unschuldigen das Leben zur Hölle gemacht. Du würdest einem Schuldigen das Leben zur Hölle machen. Das ist ein großer Unterschied!«

»Gloria, ich stand vor ihm. Alles war so, wie wir es besprochen hatten. Er lag auf meinem Bett, umgeben von einem Meer aus Kuscheltieren. Aber ich konnte dieses verdammte Foto einfach nicht machen, denn ich weiß, was für ein Scheißgefühl es ist, wenn man das Gespött der Schule ist. Ich kann das niemandem antun. Nicht einmal meinem schlimmsten Feind.«

Gloria legte ihren Kopf schief. Ich kannte diesen Blick. Sie hatte Mitleid mit mir.

»Du bist in ihn verliebt, Süße«, sagte sie, als wäre es eine Todesnachricht.

Ich wollte diesen Satz nicht hören.

»Nein«, log ich unfassbar schlecht.

»Scheiße, Lina! Wie konnte das passieren? Er ist ein Arschloch. Das hast du selbst gesagt.«

»Ich weiß. Aber er kann ein echt süßes Arschloch sein.«

»O Mann, dich hat es echt erwischt, oder?«

Ich nickte.

Ich wollte es nicht zugeben, aber ich liebte seine Umarmungen. Sie waren immer so herzlich, als würde er sein Leben geben, um mich zu beschützen. Und dann diese Küsse, die mal zärtlich und mal leidenschaftlich ausfielen, mich aber immer die Welt um mich herum vergessen ließen. Ich hatte so etwas zuvor noch nie gespürt, und gerade weil es das erste Mal war, fühlte es sich so intensiv an. Das erste Mal wurde ich richtig geliebt. Und damit meine ich nicht so, wie meine Eltern mich liebten, sondern es war so eine romantische Liebe wie aus den Büchern, die ich in meinem Regal stehen hatte.

»Ich meine, vielleicht hat er sich ja wirklich geändert.«

Gloria schnaubte. »Das bezweifle ich. Typen ändern sich nicht von heute auf morgen.«

»Aber du hättest ihn erleben müssen. Er war gestern so superlieb. Er hat mich sogar gefragt, ob ich Jungfrau sei, weil er dann vorsichtiger sei.«

»Was? Moment mal! Hast du mit ihm geschlafen?«

Ach ja, das hatte ich ihr ja noch gar nicht erzählt. Nervös zupfte ich an meinen Haarspitzen.

»Nein«, antwortete ich knapp.

Gloria kannte mich zu gut. Sie spürte, dass das nur die halbe Wahrheit war. »Muss ich dir jetzt alles aus der Nase ziehen, oder wie?«

Entnervt fuhr ich mir durch die Haare.

»Na ja, nachdem ich die Fotoaktion abgeblasen hatte, dachte er natürlich immer noch, dass er seine sexuelle Befriedigung bekommen würde. Wir haben ein bisschen rumgemacht, und als es gerade brenzlig wurde, stand plötzlich meine Mutter in der Tür.«

Glorias Gesichtszüge entgleisen.

»Nicht dein Ernst! Wer bist du, und was hast du mit meiner Jungfrau Lina getan? Du hast mit ihm rumgemacht, und deine Mutter kam dann rein? Das kann doch nur ein Scherz sein!«

»Leider nein! Ich hätte mich vor Scham am liebsten unter meinem Bett versteckt.«

Glorias Gesicht nahm ein unheimliches Grinsen an.

»Wie hat Jona reagiert?«

»Meine Mutter gefragt, ob sie uns Gesellschaft leisten möchte und gesagt, dass er auf MILFs und Dreier steht«, gab ich ironisch von mir. »Was glaubst du denn? Natürlich hat er genauso geschockt reagiert wie ich.«

Gloria lachte kurz auf. »Na, immerhin hatte der Abend doch noch etwas Peinliches für ihn.«

Ich verzog mein Gesicht. »Darauf hätte ich auch gerne verzichten können.« Ich stand auf und ließ mich auf ihr Bett fallen. »Ich weiß gar nicht, was ich jetzt machen soll«, jammerte ich.

Gloria legte sich neben mich. »Was sagt dir dein Herz?«

»Ich glaube, auf das sollte ich am wenigsten hören, denn das besitzt weder logisches Denken noch einen Verstand. Eigentlich bin ich sehr gerne mit Jona zusammen, aber ich kann ihm auch nicht verzeihen, was er mir angetan hat. Es ist für mich unbegreiflich, dass es sich um ein und denselben Menschen handelt. Wie konnte er so böse sein?«

»Oder wie kann er so nett sein?«, konterte Gloria. »Vielleicht spielt er auch nur mit dir. Vielleicht will er dich einfach nur ins Bett kriegen. Und vielleicht hat er das mit der Jungfrau auch nur gefragt, weil er dann jedem erzählen kann, dass er dich entjungfert hat. Ich meine, stehen Typen nicht auf so was? Die finden es doch geil, jemanden zu entjungfern. Vielleicht war das nur ein Spiel. Jona ist immer ein Arsch gewesen. Warum sollte sich das jetzt geändert haben? Lass nicht zu, dass er bei dir noch mehr Schaden anrichtet, als er es eh schon getan hat.«

»Denkst du wirklich, dass er nur mit mir schlafen will?«, fragte ich besorgt.

»Schon möglich. Ich habe das Gefühl, dass das im Moment alles ziemlich aus dem Ruder läuft.« Gloria war mittlerweile todernst geworden. Sie schien sich wirklich um mein Wohlergehen zu sorgen.

»Du meinst, dass ich mit ihm Schluss machen soll?«

»Ja! Entweder das, oder du brichst ihm das Herz! Und zwar mit einem Presslufthammer, oder nein, lieber ganz langsam mit vielen kleinen Nadelstichen.«

Ich dachte daran, wie ich mit Jona getanzt hatte und wie er mich nach Hause gebracht hatte, als es mir nicht gut ging. Wie er mich zärtlich berührt hatte. Ich konnte ihm nicht wehtun. Das war echt gewesen. Er hatte das nicht gespielt.

»Ich glaube, dass er mich wirklich mag und mich nicht ausnutzt.«

»Du willst es also wirklich mit ihm versuchen? Das ist doch absurd.«

Das war so nie geplant gewesen. Ich hätte es auch nie für möglich gehalten, dass ich einmal solche Gefühle für Jona entwickeln könnte. Zwar hatte ich mir auch schon als Klopskind ausgemalt, wie es wohl wäre, mit ihm zusammen zu sein, aber das war nie real gewesen. Er war eben immer der heiße Typ in der Schule gewesen, für den ich geschwärmt hatte. Aber das war eher eine perverse Fantasie, denn gleichzeitig ist er damals ja auch mein Peiniger gewesen. Es waren die dummen Träumereien eines dicken Mädchens ohne Hobbys, das sich insgeheim gewünscht hatte, dass der Bad Boy sich für sie ändern könnte. Aber auf einmal war es so greifbar. Aber auch nur, weil ich mich für ihn geändert hatte.

Jona verhielt sich nicht mehr wie der Jona, den ich mal gekannt hatte. Das machte es mir unglaublich schwer, ihn zu hassen. Denn nur die Vergangenheit gab mir noch Grund zum Hass.

»Ich lass es einfach auf mich zukommen. Im Moment genieße ich seine Aufmerksamkeit.«

Gloria zog ihre Augenbraue hoch. »Das hast du aber schön formuliert«, zog sie mich auf. »Du lässt dich von seinem Aussehen und seiner Masche täuschen.«

Ich wurde wütend. »Das weißt du doch gar nicht. Du kennst ihn nicht. Du hast ihn noch nie im echten Leben kennengelernt. Warum urteilst du so über ihn?«

Oje, verteidigte ich gerade wirklich Jona vor meiner Freundin?

»Okay«, sagte Gloria herausfordernd. »Dann stell ihn mir vor.« Meine Augen wurden groß. »Wenn ihr zusammen seid, dann kannst du ihn auch deinen Freunden vorstellen. Lass uns zu dritt etwas unternehmen.

Gib mir die Chance, mir ein Bild von ihm machen zu können. Oder bin ich dir peinlich?«

Ich verstummte.

Zwischen Jona und Gloria lagen Welten. Gloria gehörte zu den Personen, die normalerweise auf Jonas Abschussliste standen. Ihre Spargelfigur und die Fast-Monobraue boten viel Angriffsfläche. Mich hatte das nie gestört, aber ich wusste nicht, was Jona davon halten würde. Doch dann dachte ich, wie dumm dieser Gedanke war. Gloria war meine beste Freundin. Das war sie schon immer gewesen, und sie würde es auch immer sein. Natürlich war es mir nicht peinlich. Wenn Jona mein Freund war, dann musste er auch mit meinen Freundinnen klarkommen.

»Okay«, stimmte ich zu. »Ich werde ihn fragen, ob er nächstes Wochenende etwas mit uns machen möchte.«

Und dann würden wir ja sehen, wie er reagieren würde. Sollte er auch nur eine negative Bemerkung über Gloria machen, wüsste ich, dass in ihm noch immer das alte Monster steckte. Aber vielleicht hatte er sich ja wirklich gebessert. Er bekam die Chance, unter Beweis zu stellen, dass er ein guter Mensch war. Falls er es verbockte, würde es sofort aus sein zwischen uns, denn ich würde nicht zulassen, dass auch nur ein schlechtes Wort über Gloria fallen würde. Sie war schließlich meine beste Freundin.

Kapitel 19

Jona hatte sich gefreut, als ich ihm vorgeschlagen hatte, dass er Gloria kennenlernen könnte. Oder zumindest hatte er so getan. Aus irgendeinem Grund hatte ich gehofft, dass er ablehnte. Ich wollte nicht, dass die beiden sich kennenlernten. Beide hatten Vorurteile. Gloria hasste ihn aus tiefstem Herzen, obwohl sie ihn nicht kannte, und Jona mobbte alles, was nicht seinem Schönheitsideal entsprach. Hinzu kam, dass ich das zwischen mir und Jona nicht wirklich definieren konnte. Ich hatte noch immer dieses starke Gefühl der Hassliebe in meinem Herzen. Mein Herz war zwiegespalten. Ein bisschen wie der Apfel von Schneewittchen. Eine Seite war vergiftet mit der Vergangenheit und die andere getränkt mit der Unschuld der ersten Liebe.

Da sich das Wetter nicht besserte, mussten wir uns eine Aktivität suchen, die drinnen stattfinden konnte. Jona hatte Schlittschuhlaufen vorgeschlagen. Es gab ganz in der Nähe eine Eishalle, die ich jedoch noch nie betreten hatte, denn bisher hatte ich keinem Schlittschuhpaar zumuten wollen, mein Gewicht tragen zu müssen.

Genau vor dieser Halle stand ich mit Jona am Eingang und wartete auf Gloria. Die fatale Nacht hatten wir nicht mehr thematisiert. Offiziell hatte sie nie existiert. Inoffiziell würde sie mich wahrscheinlich bis zum Ende meines Lebens in meinen Albträumen verfolgen.

»Ich hoffe, du wirst sie mögen«, ließ ich ihn wissen und gab ihm damit einen dezenten Hinweis darauf, dass es mir wichtig wäre, dass er mit ihr auskäme. Er sollte sich gefälligst benehmen.

»Bestimmt«, sagte er lässig.

Dann sah ich Gloria aus dem Bus steigen und in unsere Richtung kommen. Sie hatte wie immer ihren knallroten Mantel an. Ihre krausen Haare standen in alle Richtungen, was auch der Feuchtigkeit in der Luft geschuldet war. Mein Puls schnellte in die Höhe. Sollte Jona irgendetwas Fieses sagen, dann würde ich ihm höchstpersönlich sein perfektes Gesicht mit der Kufe des Schlittschuhs zerfetzen. Und zwar so, dass es auch der beste Chirurg der Welt nicht mehr retten konnte.

»Da ist sie«, sagte ich ihm, als Gloria immer näher kam.

Ich beobachtete Jona genau. Er hatte sein freundliches Gesicht aufgesetzt. Doch ich nahm auch wahr, wie er sie musterte. Zuerst fiel sein Blick auf die Haare. Bei ihrem Körper gab es keine Rundungen, die man großartig analysieren konnte.

Als Gloria uns erreichte, streckte er höflich seine Hand aus.

Guter Junge!

Ich mochte den braven Jona und hätte ihm am liebsten ein Leckerli in Form eines Kusses gegeben. Da ich jedoch nichts mehr hasste als Leute, die vor den Augen ihrer Freunde verliebt rumknutschten, ließ ich es bleiben.

»Du musst Gloria sein.« Sie nickte verdattert über diese Freundlichkeit. So, wie sie aussah, hatte sie offenbar erwartet, dass Jona ihr zur Begrüßung gleich eine knallte. »Ich bin Jona. Freut mich.«

Kaum zu glauben, aber es hatte keine zwei Sekunden gedauert, und sie war seinem Charme verfallen. Ich fragte mich, ob Jona bei mir auch so einfach den Stand-by-Modus für meinen Verstand gefunden hatte.

»Hallo«, piepste sie wie eine frisch geschlüpfte Meise.

Das war für Gloria in der Gegenwart von Jungs zwar nicht ungewöhnlich, aber heute war es noch schlimmer als sonst. Ihre Unterlippe schien gerade ein Erdbeben der Stärke Neun zu erleben.

Die Situation war seltsam. Gloria starrte Jona an, als hätte er drei Nasen und zwei Münder. Ich versuchte ihr zwar mit meinem Blick zu sagen, dass sie mal ein bisschen runterkommen sollte, doch es war hoffnungslos.

Hätte ich mich doch bloß nie auf dieses Zusammentreffen eingelassen. Natürlich entgingen auch Jona nicht die Zuckungen in Glorias Gesicht.

Ich nahm beide an der Hand und schleifte sie in die Halle hinein.

Wir Mädchen hatten beide Schlittschuhe zum Schnüren bekommen. Jona zog sie erst mir zu und half dann sogar Gloria, da auch ihren kalten Fingern die Kraft fehlte, um sie fest genug zu binden. Ich hatte wirklich Angst, dass sie gleich in Ohnmacht fallen würde, als er ihr eine Schleife band. Sie tat so, als hätte er ihr einen Heiratsantrag gemacht.

Jona schien die gottähnliche Bewunderung ganz gut zu gefallen.

Ich konnte nur hoffen, dass Gloria mit dem Kopf aufs Eis fiel und ihr Gehirn ein bisschen abkühlte. Aber immerhin war Jona nett zu ihr. Ob er es nur machte, weil

152

er wusste, dass ich es von ihm erwartete, konnte ich nicht sagen.

Wir wagten uns auf die Eisfläche. Mein allererstes Mal auf Kufen. Ich hatte die bisherigen Winter eben lieber mit gebrannten Mandeln verbracht als mit Messern unter den Füßen. An dieser Einstellung hatte sich trotz des Gewichtsverlustes nichts geändert.

»Lass mich bloß nicht los«, warnte ich Jona, der mich fest im Griff hatte.

Nicht nur, weil ich sonst wie ein Streichholz im Wind umzufallen drohte, sondern auch, weil es in dieser Halle verdammt kalt war und ich für jedes bisschen seiner Körperwärme dankbar war.

Natürlich konnte Jona Schlittschuh laufen. Sonst hätte er es auch nicht vorgeschlagen. Ich schätzte Jona nicht als einen Menschen ein, der gerne seine Schwächen zeigte. Im Gegenteil. Jeder sollte wissen, dass er stolzer Besitzer eines Y-Chromosoms war. Und als solcher hatte man Muskeln, aber keine Schwächen.

»Keine Angst«, beruhigte er mich. »Ich halte dich.«

Gloria musste allein zurechtkommen. In Tippelschritten und mit einer verkrampften Hand an der Bande versuchte sie sich vorwärtszubewegen. Sie tat mir ein bisschen leid, weil sie die Einzelkämpferin spielen musste.

»Ich dachte echt, dass es leichter wäre«, gab ich zu.

Sein Griff um meinen Oberarm wurde stärker, da sich mein Körpermittelpunkt gefährlich nach vorne bewegte. »Du musst nur ein bisschen üben«, sprach Jona mir Mut zu.

Im gleichen Moment landete Gloria auf ihrem Hintern. Irgendwie war das hier mehr ein Date mit fünftem Rad am Wagen als ein Treffen zu dritt.

»Hast du dir wehgetan?«, rief ich ihr zu.

Tapfer lächelte sie. »Nein, alles in Ordnung.«

Sie versuchte, sich aufzurappeln, fiel jedoch erneut hin. Sosehr sie sich auch bemühte, ihre Würde zu behalten, es gelang ihr nicht. Wie ein Käfer krabbelte sie über das Eis und schaffte es einfach nicht mehr, den aufrechten Gang auszuüben.

Jona hatte Erbarmen und ließ mich kurz los, um ihr zu helfen. Vielleicht um mich mit seinen Gentleman-Fähigkeiten zu beeindrucken, vielleicht auch, weil er wirklich gut erzogen war. Es wäre wohl besser gewesen, wenn er mich vorgewarnt hätte, denn ohne meine Gehhilfe hatte ich wie Gloria die Fähigkeit verloren, aufrecht zu stehen. Ich landete jedoch nicht mit dem Hintern auf dem Eis, sondern mit dem Kopf an der Bande.

»Fuck!«, hörte ich Jona das Gezwitscher in meinem Kopf übertönen. »Hast du dir wehgetan?«

Meine Hand wanderte auf die Rückseite meines Kopfes. Erleichtert stellte ich fest, dass sich dort keine warme Flüssigkeit verteilte. Ich hätte schwören können, dass die Bande meinen Schädel gespalten hatte.

»Aua«, jammerte ich. »Das tat schon weh.«

Jona griff mir um die Taille und richtete mich auf. Gloria, die immer noch auf dem Eis krabbelte, war vergessen. Jona sah mir in die Augen, als würde er prüfen, ob ich noch bei Verstand wäre. Er konnte mich gerne ewig so ansehen. Wir standen uns so nahe, dass ich seinen Atem auf meiner Haut spüren konnte.

»Alles okay?«, fragte er und sah mich besorgt an.

Ich rieb mir den Kopf.

»Ja, geht schon, aber ich hab keinen Bock mehr auf Schlittschuhlaufen!«, nörgelte ich wie ein Kind. »Können wir nicht etwas anderes machen?«

154

Jona zog seine Mundwinkel nach unten.

»Sicher?«, hakte er nach.

Ich nickte. Im Augenwinkel sah ich, dass Gloria das Gleiche tat.

»Okay«, sagte er niedergeschlagen. »Dann ist das eben so. Komm, wir ziehen die Schlittschuhe aus.«

Er schob mich zum Ausgang der Eisbahn. Gloria musste sich alleine durchschlagen. Mein Schädel brummte, als wäre darin gerade eine Bombe explodiert. Ich ließ mich auf eine Bank plumpsen. Jona platzierte liebevoll einen Kuss auf meiner Stirn.

»Du hast dich wacker geschlagen.«

Lügner.

Ich legte mein *Ich will Mitleid*-Gesicht auf und bekam prompt noch einen Kuss. Dann zog er mir meine Schlittschuhe aus. Als ich es von der Eisbahn aus poltern hörte, erinnerte ich mich wieder daran, dass wir ja zu dritt hier waren. Gloria krabbelte wie ein Baby vom Eis. Ihre Klamotten waren feucht geworden.

»Das ist echt nicht mein Sport«, verkündete sie und setzte sich neben mich.

»Dann schlage ich vor, dass wir uns an den Imbiss stellen und einen Glühwein trinken«, versuchte Jona unser Treffen noch irgendwie zu retten.

Gesagt, getan.

Zehn Minuten später schlürften wir Glühwein an einer kleinen Imbissbude vor der Halle. Meine Finger hatte ich um den Becher geklammert, damit sie wieder zum Leben erwachen konnten. Ich spürte bereits, wie mir der Alkohol in den Kopf schoss.

Ich stellte fest, dass wir drei keine gemeinsamen Gesprächsthemen hatten. Unsere Unterhaltung fühlte sich gezwungen an, und ich wünschte, ich hätte die beiden nie miteinander bekannt gemacht. Sie waren zu verschieden. Gloria lebte in ihrer Welt aus Kitschromanen und Fernsehserien. Und Jona war einfach Jona. Ich spürte, dass er nur nett zu ihr war, weil er wusste, dass ich darauf Wert legte. Er mochte sie nicht wirklich. Verübeln konnte ich ihm das nicht. Gloria wirkte heute eher wie ein hysterisches Fangirl statt wie die Gloria, die meine beste Freundin war.

Ich wartete sehnsüchtig, bis der Glühwein endlich ausgetrunken war. Gloria schien das Getränk nur tröpfchenweise zu sich zu nehmen.

»Mir tut mein Kopf immer noch weh.« Ich wollte dieses Treffen endlich beenden. Das hier war schlimmer als jede Chemiestunde. »Ich glaube, das war's für mich heute. Ich gehöre wirklich nach Hause ins Bett.«

Jona konnte es nicht gut verbergen, dass er auf diesen Satz schon lange gewartet hatte. »Ja, ist wahrscheinlich besser so, wenn du noch Kopfschmerzen hast.«

»Jetzt schon?«, fragte Gloria empört und sah mich beleidigt an. Ihr schien das Ganze gefallen zu haben. Musste ich noch mit einem Schild vor ihrer Nase herumwedeln, auf dem stand, dass es Zeit war zu gehen?

»Ich bin vorhin auf meinen Kopf gefallen. Schon vergessen?«, zischte ich und schob ihr meinen Ellenbogen zwischen die Rippen.

»Autsch! Du musst nicht gleich so aggressiv werden!«, beschwerte sie sich. Ganz offensichtlich hatte ihr der Glühwein nicht gutgetan. Sie warf mir einen bösen Blick zu.

Jona schmunzelte.

»Soll ich dich noch nach Hause bringen?«, richtete er das Wort an mich.

»Nein, ich fahr mit Gloria mit dem Bus, aber danke.«

Ich lehnte mich zu ihm nach vorne. Wie ein Beschützer legte er seine Arme um mich, zog mich zu sich heran und sah zu mir herab. Ich hätte mich in diesen Augen wirklich verlieren können. Sie wirkten so unschuldig und sanft.

»Schreib mir, wenn du zu Hause angekommen bist, okay?«

Wegen Sätzen wie diesem hatte er mein Herz erobert.

»Mach ich.«

Er küsste mich. Jona tat das ziemlich oft, und trotzdem war es noch immer etwas Besonderes für mich.

»Okay, ich muss zugeben, dass er wirklich süß ist«, schwärmte Gloria, als wir im Bus saßen. »Es war voll niedlich, wie er sich um dich gekümmert hat, als du gefallen bist.«

»Ja, ich habe gemerkt, dass du ihn dir krallen würdest, wenn er nicht schon mit mir gehen würde«, zog ich sie liebevoll auf.

»So ein Quatsch! Dazu war er in der Vergangenheit viel zu gemein zu dir. Ich kann ihm das nicht verzeihen. Daran wird sich nichts ändern. Er ist süß, aber eher auf die Art, wie Schokolade süß ist. Schmeckt gut, ist aber eigentlich Gift und ungesund.«

»Ich kann ihm das mit der Vergangenheit ja auch nicht wirklich verzeihen, aber für mich ist er jetzt einfach ein anderer. Verstehst du, was ich meine? Er kann so unfassbar nett sein.«

Gloria seufzte. »Warum denkt jedes Mädchen immer, dass sie den Bad Boy handzahm bekommt? Das funktioniert vielleicht in Teenie-Filmen, aber nicht in der Realität!«

»Und wenn doch?«

Gloria machte ihr Grübelgesicht.

»Also, es gäbe da eine Möglichkeit, es herauszufinden. Eigentlich wollte ich es dir schon gestern schreiben, aber ich habe mich dann doch entschieden, es dir persönlich zu sagen. Ich habe mit meiner Mutter ein bisschen über deine Situation gesprochen.«

»Du hast was?«, sagte ich etwas zu laut.

Alle Gesichter im Bus drehten sich zu mir um, als hätte ich gerade laut wie ein Schwein gegrunzt. Warum redete sie mit ihrer Mutter über meine Liebesangelegenheiten? Ich wusste, dass die beiden ein beneidenswert gutes Verhältnis hatten, aber das ging mir hier einen Schritt zu weit.

»Reg dich ab!«, fuhr Gloria leise fort. »Sie hatte eine grandiose Idee. Sie könnte dein früheres Ich wiederherstellen. Für einen Tag könntest du wieder Paulina sein.« Glorias Mutter war Maskenbildnerin am Stadttheater. Von Halloween und Karneval wusste ich, dass sie gut war. »Sie hat auf der Arbeit so einen Fatsuit, und mit Silikon könnte sie dein Gesicht so modellieren, wie es früher ausgesehen hat. Du könntest Jona so unter die Augen treten. Dann weißt du, ob er sich geändert hat. Du könntest ihn zur Rede stellen. Ich vermute, dass du dann daran erinnert wirst, wie fies er sein kann, und hoffentlich aufwachst. Was meinst du dazu?«

Ich wusste nicht, ob ich laut loslachen oder doch eher den psychiatrischen Notdienst anrufen sollte.

»Das ist doch absurd!«

»Ja, vielleicht ist es das. Aber warum soll man nicht auch mal etwas Absurdes probieren? Ich meine, eure Beziehung ist auch absurd, und trotzdem lässt du dich darauf ein.«

Das konnte man doch nicht vergleichen.

»Ich weiß eh nicht, ob ich das könnte. Ich wollte nie wieder so aussehen.«

»Wirst du doch auch nicht. Es ist doch kein echtes Fett. Am Abend ziehst du es einfach wieder aus und bist die schöne Lina. Und vor allem wirst du um die Erkenntnis reicher sein, ob er noch immer dieses Arschloch ist oder nicht.«

Kapitel 20

Auch wenn Jona mich bereits in Unterwäsche gesehen hatte, war es mir peinlich, mich ihm im Bikini zu präsentieren. Ich fühlte mich unwohl dabei, so viel Haut zu zeigen. Ein paar kleine Dehnungsstreifen, die mir mein Moppel-Ich hinterlassen hatte, konnte ich immerhin unter der Bikinihose verstecken.

Jona war deutlich selbstbewusster, was seinen Körper betraf. Er trug seinen durchtrainierten Bauch für jeden zur Schau, und ich konnte nicht so recht glauben, dass jemand wie er auf jemanden wie mich stand. Gloria würde mir nun wieder in den Ohren liegen, dass ich mich viel zu sehr auf das Äußere bezog, doch Fakt war, dass man Menschen immer zunächst auf das Äußere reduzierte, wenn es um die Partnerwahl ging.

Auch Jenny war heute hier. Als Bikini konnte man die Fäden, die sie sich um ihren Körper geschnürt hatte, kaum bezeichnen.

Im Gegensatz zu manch anderem Mann schien Jona die beachtliche körperliche Ausstattung von Jenny weitgehend zu ignorieren. Ich hoffte, dass ich nicht zu viel hineininterpretierte, aber für mich war das ein Zeichen, dass er wirklich in mich verliebt war.

So langsam fühlte es sich auch an, als wären wir wirklich in einer Beziehung. Das erste Mal in meinem Leben kam ich mir wie ein normaler Teenager vor, der einen Freund hatte und mit seinen Freunden in ein Schwimmbad ging. Meine Rachepläne waren auf Eis gelegt. Ich wollte endlich Frieden mit meiner Vergangenheit schließen.

Früher wäre es mir nicht in den Sinn gekommen, auch nur mit dem kleinen Zeh ein Schwimmbad zu betreten. In meinem Badeanzug hätte ich wie eine dicke Made ausgesehen, und die Blicke der Menschen hätte ich nicht ertragen. Doch nun konnte ich ein normales Leben führen, und das machte mich wirklich glücklich.

Henry und Mirko waren auch mit uns gekommen. Nur Lexy war von einem Magen-Darm-Virus niedergestreckt worden und hing abwechselnd mit ihrem Hintern und ihrem Mund über der Kloschüssel. Das war sehr schade, denn sie war die Einzige aus der Gruppe, die ich mir als echte Freundin hätte vorstellen können.

Gloria hatte ich dieses Treffen bewusst verschwiegen. Die Angst, dass sie uns bei diesem Ausflug Gesellschaft leisten wollte, war zu groß gewesen. Sosehr ich Gloria als beste Freundin schätzte, aber in dieser Konstellation hätte sie wie ein Eisbär in der Sahara gewirkt oder ein Dromedar in der Arktis. Sie passte einfach nicht in unsere Gruppe. Das hatte schon unser Schlittschuh-Date mit Jona gezeigt. Bei manchen Menschen stimmte die Chemie nicht. Außerdem hatte sie eh viel mehr Spaß daran, an dem Plan mit dem Fatsuit zu tüfteln, denn das war die einzige Idee, die ich noch verfolgte. Und das auch nur, weil Gloria mich dazu drängte.

Händchen haltend ging ich mit Jona ins Wasser.

Das Hallenbad hatte schon seine besten Jahre hinter sich, und in der Luft lag eine modrige Feuchtigkeit, als würden die Plastikpalmen um uns herum schimmeln.

Schon als der kleine Zeh das kühle Nasse berührte, spürte ich, dass das Wasser kälter als das in meiner Badewanne war und somit außerhalb meines Wohlfühlbereichs. Seitdem ich die Kilos verloren hatte, war auch meine körpereigene Heizung verschwunden. Ich fing furchtbar schnell an zu frieren.

»Brr, ist das kalt!«, beschwerte ich mich und drückte mich an Jonas warmen Körper. Ich sah, dass sich auch auf seiner Haut eine Gänsehaut bildete.

»Na los, ich nehme dich huckepack«, bot er mir an.

»Wirklich?«

Er ging ein Stück in die Hocke.

»Klar.«

Etwas zögerlich schlang ich von hinten meine Arme um seinen Nacken. Ich genoss den Körperkontakt zwischen uns. Diese Art von Intimität war mir vollkommen fremd. Seitdem uns meine Mutter unterbrochen hatte, waren wir uns nicht mehr so nahe gekommen. Er schnappte sich meine Beine und hob mich hoch.

»Soll ich dich auch huckepack nehmen?«, richtete Henry das Wort an Jenny.

»Lass deine Pfoten von mir«, zickte sie.

Stück für Stück gingen wir ins Wasser. Ich presste mich dicht an ihn. Von solchen Augenblicken hatte ich früher nur träumen können, und auf einmal war es wahr. Ich hatte einen Freund, um den ich verliebt meine Arme schlingen konnte. Es könnte alles perfekt sein, wenn es nicht ausgerechnet Jona Fitz wäre, der sich wie eine diebische Elster mein Herz geklaut hatte.

»Was haltet ihr von Reiterkampf?«, rief Jenny in die Runde.

»Ja«, rief Jona sofort, ehe ich ablehnen konnte. »Los, Lina, kletter auf meine Schultern.«

Ich sah ihn verdutzt an. Noch nie hatte ich beim Reiterkampf auf den Schultern eines anderen sitzen dürfen. Es war für mich schwer zu begreifen, dass ich nun ein Leichtgewicht war und oben sein durfte.

Jona tauchte ab, sodass ich auf seine Schultern klettern konnte.

Als er wieder auftauchte, strich ich ihm liebevoll seine Zotteln aus dem Gesicht und küsste seine Stirn. Es fühlte sich gut an, von seinen Schultern getragen zu werden.

»Die machen wir fertig, oder, Süße?«, rief Jona kämpferisch aus.

Bei dem Wort »Süße« machte mein Herz einen Hüpfer.

Jenny saß mittlerweile auf Henrys Schultern, die deutlich breiter waren als die von Jona. Bei ihrem Anblick spürte ich, dass ich mich auf diesen Kampf nicht hätte einlassen sollten. Sie sah aus wie eine Kriegerin, die mich zerstören wollte. Ganz egal, welchen Schaden sie selbst dafür in Kauf nehmen müsste.

Jona griff um meine Schienbeine, um mir so mehr Halt zu geben.

»Auf drei geht's los!«, rief Mirko, der sich selbst zum Schiedsrichter ernannt hatte.

»Eins.«

»Zwei.«

»Drei.«

Ich hatte nicht damit gerechnet, dass Jona sofort wie ein Verrückter auf unsere Gegner zustürmen würde, doch genau das tat er.

Das hier war nicht nur ein Kampf um die Ehre, sondern ein Kampf um Jona.

Ziemlich schwächlich hielt ich die Arme vor meinen Körper. Ich war nie eine Kämpferin gewesen. Der einzige Kampf, den ich für mich hatte entscheiden können, war der gegen mein Gewicht gewesen. Und den hatte ich mit Ausdauer- und nicht mit Kraftübungen gewonnen.

Jenny schien mehr Erfahrungswerte zu besitzen. So gut es ging, versuchte ich mich zu wehren. Vermutlich sah das jedoch eher erbärmlich aus. Meine Arme flogen wie zu lang gekochte Spaghetti unkontrolliert durch die Luft.

Eigentlich sollte das hier Spaß sein, doch keiner lachte. Jenny Gesicht war angespannt und verkrampft.

»Komm schon, Babe!«, rief Jona. »Zeig's ihr!«

Ich gab wirklich mein Bestes, doch Jenny war einfach stärker als ich. Sie war jedoch nicht kräftig genug, um mich von Jonas Schultern zu stoßen. Dieser hielt mich aber auch fest, als wäre ich an ihn betoniert worden.

Gerade als ich dabei war, meine Offensive zu stärken, schlug Jenny mir mit der Faust mitten ins Gesicht.

Wie ein Stein plumpste ich ins Wasser. Ein Rauschen strömte durch meine Ohren. Dann war es kurz still. Am liebsten wäre ich gar nicht mehr aufgetaucht. Ich mochte die Ruhe unter Wasser. Hier unten gab es keine Sorgen und vor allem keine Jennys. Doch da meine Lungen nach Sauerstoff gierten, musste ich wieder an die Wasseroberfläche.

»Bist du vollkommen bescheuert?«, hörte ich Jona wütend rufen. »Warum schlägst du ihr ins Gesicht?«

Jenny zuckte die Schultern. »War keine Absicht. Im Spiel passiert das nun mal«, sagte sie lässig.

»Miststück!«, zischte Jona und wandte sich dann mir zu. »Alles gut? Sie hat dich echt mitten auf die Zwölf getroffen.«

Danke, dass du mich daran erinnerst. Ich hätte es fast vergessen.

»Deine Nase blutet«, informierte mich Jona, ehe ich antworten konnte. »Komm, ich trag dich raus.«

Das war wohl nicht das Ziel von Jenny gewesen. Ich grinste sie triumphierend an. Für diesen kleinen Sieg nahm ich auch gerne eine blutende Nase in Kauf. Ich presste mich enger an Jonas Körper als nötig.

Er setzte mich auf einer Liege ab.

»Tut es weh?«

Ich schüttelte den Kopf. Es tat wirklich nicht weh. Der Schmerz würde jedoch kommen, sobald ich den ersten Schock überstanden hätte.

»Die ist doch komplett bescheuert«, wetterte Jona. »Sie kann dir doch nicht einfach so ins Gesicht schlagen.«

Mirko kam zu uns geeilt und reichte mir einen Stapel Servietten. »Hier. Falls die nicht reichen, kann ich auch noch beim Imbiss fragen«, bot er mir an.

»Danke, Schiri. Aber du solltest lieber mal Jenny 'ne Rote Karte geben«, witzelte ich.

»Manchmal versteh ich dieses Weib echt nicht«, beschwerte er sich und setzte sich neben mich. »Sie hat sich nicht einmal entschuldigt.«

»Das war ja auch Absicht«, murmelte ich und stoppte die Blutung mit den Servietten. Ich sah zum Wasserbecken, wo Jenny mit Henry stand und rumalberte.

»Ich glaube, ich geh mich jetzt lieber umziehen. Mit einer blutenden Nase sollte ich wohl besser nicht ins Wasser.«

Jonas Hand tastete sich zu meiner Wange vor. »Tut mir leid, Süße. Aber was hältst du davon, wenn wir zu mir fahren und dort 'ne DVD gucken? Meine Eltern kommen heute erst spät, und Jule ist mit Freunden unterwegs. Wir könnten es uns gemütlich machen.«

Oh, oh! Er erwähnte mit Sicherheit nicht ohne Grund, dass er sturmfreie Bude hatte. Und *gemütlich machen* hieß bei ihm vermutlich, es sich gemütlich auf oder unter mir zu machen. Das hier war Mission Sex, Klappe, die zweite. Na ja, er hatte schließlich auch versprochen, dass wir es nachholen wollten. Nur hatte ich dem nie zugestimmt.

»Okay«, sagte ich zögerlich. Wäre Gloria hier, würde sie mich vermutlich anketten, um mich davon abzuhalten.

»Gut, dann treffen wir uns bei den Kassen, okay?«

Mit einem mulmigen Gefühl im Bauch nickte ich.

Ich verschwand im Duschraum. Ich war froh, dass er leer war, denn so konnte ich meinen Bikini komplett ausziehen, ohne mich für meine Brüste schämen zu müssen. Ich schäumte jede Zelle meines Körpers ein. Sollten wir wirklich intim werden, dann wollte ich wenigstens gut duften.

Der Raum füllte sich mit warmem Wasserdampf, und ich schloss die Augen, um für einen Moment entspannen zu können.

Hätte ich gewusst, was heute passieren würde, dann hätte ich wohl Mums gutes Himbeer-Kokos-Duschgel mitgenommen, doch so musste Honig-Milch reichen. Hatte Kleopatra nicht auch immer in Honig und Milch gebadet? Es konnte also nicht so schlimm sein, wenn schon die alten Ägypter darauf zurückgegriffen hatten.

Kleopatra hatte schließlich sogar Cäsar mit dem Duft rumkriegen können.

Ich zuckte zusammen, als plötzlich etwas blitzte. Ich riss meine Augen auf. Automatisch hielt ich meine Hände vor meine Brüste, doch es war zu spät.

Nein!

Jenny stand dort und hatte ein Foto auf ihrem Handy, das das zeigte, wofür ich mich am meisten schämte. Meine entstellten Brüste.

»Wer hat denn die Luft aus deinem Busen gelassen?«, fragte sie höhnisch, während mir Tränen in die Augen schossen.

Es war vorbei. Mein Traum von einem normalen Leben, in dem ich nicht gemobbt wurde, platzte gerade in diesem Moment.

»Jenny, bitte! Lösch das!«

Sie lachte. Es war ein so teuflisches Lachen, dass man am liebsten einen Exorzisten geholt hätte.

»Vielleicht schreib ich nicht wie du Einsen in Bio, aber ich bin auch nicht komplett dumm.«

»Jenny, ich flehe dich an. Ich mache alles, was du willst, aber bitte lösch das Foto.«

Sie verzog das Gesicht.

»Wie handzahm du doch auf einmal sein kannst.« Sie genoss ihre Macht so sehr. »Aber nein, ich werde es nicht löschen. Noch nicht. Ich könnte es jetzt zwar an jeden im Jahrgang schicken, aber weißt du was? Ich bin nett zu dir und gebe dir eine Chance. Trenn dich von Jona, und ich lösche es.«

»Aber –«

»Kein Aber. Willst du etwa, dass alle sehen, dass deine Brüste wie verschrumpelte Äpfel aussehen?«

Meine Tränen vermischten sich mit dem Wasser, das mir vom Haaransatz ins Gesicht lief. Bis jetzt hatten immer alle versucht, mir einzureden, dass meine Brüste gar nicht so schlimm aussähen, doch nun bekam ich die Wahrheit ins Gesicht geklatscht. Noch immer bedeckte ich meine intimsten Stellen nur notdürftig mit meinen Händen. Ich fühlte mich bloßgestellt und gedemütigt.

»Überleg es dir!« Sie hielt das Display in meine Richtung, sodass ich das Foto erkennen konnte. Ich schämte mich. Ich schämte mich so sehr über das, was da von meinem Oberkörper herunterhing. Das war weder fraulich noch erotisch. Es war einfach nur abscheulich. Auf dem Foto sah es noch viel schlimmer als im Spiegel aus.

Ich griff nach dem Handy, doch natürlich hatte Jenny damit gerechnet und zog ihren Arm mit einem »Ha! Vergiss es!« schnell wieder zurück. Sie drückte es fest an sich. So gern ich ihr Handy auch in der Toilette versenkt hätte, ich würde nicht nackt auf sie springen und mit ihr in den Duschen eines öffentlichen Schwimmbads einen Catfight austragen, den ich wahrscheinlich eh verlieren würde.

»Nicht weinen. Es gibt ja gute Chirurgen«, blökte sie herablassend. »Aber bis dahin würde ich an deiner Stelle nicht wollen, dass der gesamte Jahrgang weiß, dass deine Möpse wie ein ausgelutschtes Euter an dir herunterhängen. Bis morgen gebe ich dir Zeit. Schreib mir einfach, wie du dich entschieden hast.«

Kapitel 21

»Lina, was ist denn mit dir passiert?«, fragte Jona besorgt, als er unter einer dieser Plastikpalmen auf mich wartete und mein leichenblasses Gesicht sah.

Mit meinen nassen Haaren ließ ich mich in seine Umarmung fallen und fing hemmungslos zu weinen an. Jona hielt mich, und ich war ihm so dankbar dafür. Er schloss mich in eine Umarmung, in der ich mich geliebt und beschützt fühlte. Zunächst tröstete er mich wortlos, ohne überhaupt zu fragen, was passiert war.

Ich brauchte diesen Augenblick des Schweigens mit ihm, doch dann brannte es ihm auf der Zunge.

»Was ist denn los?«, erkundigte er sich vorsichtig und strich mir eine Strähne aus dem Gesicht.

Ich würde mich nicht von Jona trennen. Dazu hing ich schon viel zu sehr an ihm. Also musste ich eine andere Lösung finden.

Mit seinen Fingern hob er mein Kinn an, sodass ich meinen schamerfüllten Blick nicht mehr in Richtung Erde werfen konnte.

»Rede mit mir, Lina«, forderte er sanft.

Wie sollte ich ihm das erklären? Ich konnte ihm unmöglich erzählen, was das besonders Schlimme an diesen Nacktfotos war.

»Ich brauche deine Hilfe«, schluchzte ich kaum hörbar.

»Okay«, kam es, ohne zu zögern, über seine Lippen. »Was soll ich tun?«

Ich vergrub wieder mein Gesicht an seiner Brust. Er hatte zugesagt, ohne zu wissen, worum es ging. Er vertraute mir, und das bedeutete mir im Augenblick alles.

»Lina, komm schon. Sag mir, was eben in den Umkleiden passiert ist.« Dieses Mal brauchte er schon beide Hände, um mein Gesicht wieder anzuheben.

»Jenny«, brachte ich als erstes Wort hervor. Seine Gesichtszüge verhärteten sich. Offenbar war sie zum roten Tuch für ihn geworden. »Was hat sie gemacht?«

»Sie hat mich fotografiert.« Seine Augen verengten sich. »Eben. In der Umkleide.«

»Und du warst nackt?«

Mittlerweile waren wahrscheinlich nicht nur meine Augen, sondern mein gesamtes Gesicht rot vom Weinen. Ich nickte und senkte meinen Kopf wieder. Ich konnte ihn einfach nicht ansehen. Mir war das zu peinlich. Ich hätte vorsichtiger sein müssen.

Immer wieder wurde mir meine Naivität im Leben zum Verhängnis.

»Sie hat gesagt, dass sie es im Jahrgang rumschickt.«

»Mach dir keinen Kopf. Ich kümmere mich drum.« Nun sah ich doch wieder zu ihm auf. »Das kann nicht so schwer sein, in den Besitz ihres Handys zu kommen. Das wird ein Kinderspiel für mich. Glaub mir! Sie frisst mir aus der Hand.«

Bei dem Gedanken, dass er das Foto sehen könnte, gefror mir das Blut in den Adern, als hätte man dort flüssigen Stickstoff durchgejagt.

»Ich will nicht, dass du das Bild siehst.«

Stirnrunzelnd sah er mich an. »Wieso?« Er räusperte sich, als er merkte, dass es etwas komisch klang. Immerhin war es ein Nacktbild von mir, und so weit waren wir noch nicht, dass wir den Anblick unserer nackten Körper gewohnt waren. »Ich meine, ich hab dich doch schon so gut wie nackt gesehen, und ehrlich gesagt hatte ich für heute Nachmittag geplant, dass wir dort ansetzen, wo wir neulich unterbrochen wurden.«

Immerhin war er ehrlich.

»Jona, du verstehst das nicht. Das ist kein normales Nacktfoto. Etwas an meinem Körper–« Ich stockte kurz. Es fiel mir so verdammt schwer darüber zu sprechen. »Etwas an meinem Körper stimmt nicht.«

Er sah mich sichtlich verwirrt an.

»Hast du einen Ringelschwanz? Oder ein Zebramuster auf deinem Hintern?«

Er schaffte es tatsächlich, mich zum Schmunzeln zu bringen.

»Spinner«, neckte ich ihn. »Aber ich meine es ernst. Es gibt einen Teil an meinem Körper, der entstellt ist, und sie hat ihn fotografiert.«

Ich konnte es nicht glauben, dass ich ihm das gerade wirklich erzählte. Sonst war ich wie ein Buch mit sieben Siegeln, was dieses Thema betraf, und nun posaunte ich es hier raus, als wäre es eine wichtige Pressemitteilung, die jeder wissen sollte.

»Du bist perfekt, so, wie du bist«, ließ er mich wissen und umschmeichelte damit mein angekratztes Selbstbewusstsein. »Ich werde versuchen, Jennys Handy in die Finger zu bekommen, und ich guck mir das Foto nicht genau an, okay? Ich geh einfach nur sicher, dass ich das richtige lösche. Versprochen. Du musst mir vertrauen.«

Das mit dem Vertrauen war so eine Sache. Schließlich log ich ihn schon die ganze Zeit wegen meiner Identität an. Konnte ich ihm trauen? Dem Jungen, den ich bis vor ein paar Monaten noch gefürchtet hatte? Der mich gequält hatte? Immer wieder kamen diese Gedanken und Erinnerungen hoch. Nicht selten hätte ich ihm den Tod gewünscht. Und manchmal hatte ich mir sogar selbst den Tod herbeigesehnt.

Aber Zeiten änderten sich. Menschen änderten sich. Wir waren beide nicht mehr dieselben.

»Ich vertraue dir.«

Er lächelte, und ich erkannte so etwas wie Erleichterung in seinem Blick.

»Es wird alles gut. Dafür sorge ich.«

»Warte hier! Ich bin gleich wieder da. Wäre doch gelacht, wenn ich dieses Foto von dem Handy eines Dummchens nicht löschen kann.«

Er verschwand wieder in den Umkleiden. Zwar waren die Duschen nach Geschlechtern getrennt, die Umkleiden waren jedoch unisex. Es gab Kabinen, in die man sich zurückziehen konnte, doch Jenny traute ich zu, dass sie darauf verzichtete.

Für mich hieß es nun warten. Jona würde das Foto sehen. Mein Magen zog sich dabei zusammen. Doch ich hatte keine andere Wahl. Entweder der gesamte Jahrgang – inklusive Jona – würde das Bild sehen oder nur Jona.

Da erschien mir Letzteres akzeptabler. Ich setzte mich auf eine Bank, von der schon die Farbe abplatzte. Unruhig wippte ich mit meinen Füßen. Ich hasste Warten.

In diesem Augenblick sah sich Jona vielleicht gerade das Foto an. Hoffentlich schaffte er es überhaupt, an das Handy zu kommen. Ich hatte das Gefühl, eine Ewigkeit dort zu sitzen. Irgendwann beschlich mich das mulmige Gefühl, dass Jona sich einen anderen Ausgang gesucht hatte. Vielleicht hatte er das Bild als so abstoßend empfunden, dass er mit mir nichts mehr zu tun haben wollte.

Was dauerte da so lange?

Doch dann kam er und streckte beide Daumen nach oben.

»Es ist gelöscht«, verkündete er strahlend.

Ich sprang von der Bank auf und lief in seine Arme. Erleichterung breitete sich in mir aus. Auch diesen Kampf hatte Jenny verloren.

»Danke. Danke! DANKE! Du glaubst gar nicht, wie viel mir das bedeutet«, jubelte ich euphorisch.

Ein riesiger Stein fiel mir vom Herzen.

»Oh doch, das weiß ich.«

Ich erstarrte. Er hatte das Bild also gesehen, und er fand es furchtbar. Deshalb wusste er, wie erleichtert ich war. Weil auch er fand, dass meine Brüste eine Schande waren, und wusste, wie sehr mich alle deshalb aufziehen könnten.

»Ich kann nichts dafür«, versuchte ich, meinen Schlaffibusen zu rechtfertigen.

Jona runzelte die Stirn, doch ich fuhr fort.

»Glaubst du, ich habe mir ihn ausgesucht? Ich finde diese Brüste auch nicht schön, aber ich kann doch nichts dafür!«

Nun legte er seinen Kopf schief.

»Lina, ich glaube, du hast mich falsch verstanden. Ich habe das Bild nur in der Miniaturansicht gesehen, und da war nichts zu erkennen. Ich meinte einfach nur, dass ich es verstehen kann, wie erleichtert man ist, wenn man erfährt, dass der gesamte Jahrgang keine Nacktbilder von einem zu sehen bekommt. Das ist alles.«

Oh Gott! Scheiße! Er hatte das Foto gar nicht gesehen, und nun wusste er, dass meine Brust entstellt war. Mein gesamtes Blut befand sich im Augenblick in meinem Kopf. Was hatte ich getan? Jenny konnte mich zwar nicht bloßstellen, aber das brauchte sie auch gar nicht. Das schaffte ich schon ganz alleine.

»Ist es das?«, fragte Jona vorsichtig. »Du bist nicht zufrieden mit deinen Brüsten? Durfte ich deshalb neulich auch deinen BH nicht öffnen?«

Ich könnte schon wieder losplärren. Tapfer biss ich mir auf die Unterlippe.

»Hey«, sagte Jona einfühlsam und kam mir nahe. Sanft streichelte er meine Wange. Er schien zu spüren, wie verletzlich ich war. »Warum weinst du? Schämst du dich vor mir?«

Ich kam jetzt wohl nicht mehr drum herum, die Wahrheit zu sagen.

»Meine Brüste sehen furchtbar aus.« Ich atmete tief ein und versuchte, auch eine Prise Mut aufzunehmen. »Glaub mir, du willst so etwas nicht sehen.«

Er schien kurz zu überlegen, ob er über diesen Satz lachen sollte oder nicht, entschied sich aber zum Glück dagegen.

»Lina, ich versichere dir eins. Ich will deine Brüste sehen, denn ich bin ein Mann, und Männer lieben Brüste.«

Ich schüttelte den Kopf.

»Nicht solche Brüste. Sie sind nicht das, was du dir unter einer weiblichen Brust vorstellst.«

Er küsste mich liebevoll.

»Das glaube ich nicht, aber wir müssen das jetzt auch nicht ausdiskutieren. Lass uns einfach zu mir nach Hause fahren, okay?«

Dankbar nahm ich sein Angebot an. Ich wollte meine Brüste weder sehen noch zeigen oder darüber sprechen.

174

Ich wollte weg von hier. Jona griff nach meiner Hand. Es war richtig, dass ich ihm die Vergangenheit verzieh und ihm eine zweite Chance gab. Jeder Mensch hatte eine zweite Chance verdient, und er war gerade dabei, sie zu nutzen.

Bei ihm zu Hause ließen wir uns auf die Couch fallen. Es kam gar nicht erst dazu, dass er eine DVD einlegte. Stattdessen begannen wir zu knutschen und ich wusste ganz genau, worauf er damit hinauswollte. Es war ja nicht so, dass er mich nicht vorgewarnt hätte.

Aber im Wohnzimmer seiner Eltern? Zwar war der Raum stilsicher und gemütlich eingerichtet, doch ich hätte ein Bett für das erste Mal bevorzugt.

Jona ließ sich nicht beirren und entledigte sich nach und nach seiner Kleidungsstücke. Ich ließ mich darauf ein. Ich fühlte mich bereit, und ich hielt Jona für den Richtigen.

Es machte mir nichts aus, mich ihm in Unterwäsche zu präsentieren. Doch dann wanderten seine Hände wieder zum Verschluss meines BHs.

»Jona, nicht! Bitte.«

Er hielt inne und sah mich eindringlich an. »Lina, vertrau mir einfach.«

Ich schüttelte den Kopf. »Ich will nicht, dass du mich so siehst.«

Sein Blick wurde nachdenklich. »Ich werde nicht lachen oder was immer du auch denkst, was ich tun könnte.«

»Das spielt keine Rolle. Ich war mit meiner Mutter bereits bei einem Arzt. Ich werde sie operieren lassen. Erst dann darfst du sie sehen.«

Was war los mit mir? Warum erzählte ich ihm, dass ich mir meine Brüste machen lassen würde?

»Du lässt sie operieren? So schlimm?«

»Ja! Und können wir das Thema jetzt bitte sein lassen, denn es gibt für mich kaum etwas Abtörnenderes, als über meine verkrüppelten Brüste zu sprechen.«

»Okay«, hauchte er in mein Ohr. »Ich will aber, dass du weißt, dass ich alles an deinem Körper perfekt finde. Selbst die Brüste, die du mir nicht zeigst.«

Er fiel über mich her, ließ meine Brüste jedoch gut verpackt. Vor einigen Monaten hätte er sich noch geekelt, überhaupt meine Lippen zu küssen. Und nun berührten seine Lippen meinen gesamten Körper.

Dann stand er das erste Mal nackt vor mir. Ich wollte nicht aufdringlich auf sein Teil starren, konnte es aber nicht verhindern. Plötzlich fühlte ich mich ein wenig unwohl in meiner Haut, was wohl auch an meiner Aufregung lag.

Er kramte ein Kondom aus seiner Hosentasche.

Nun war es also so weit.

Ich sah zu, wie er es sich überzog. Er schien Übung darin zu haben, und ich wollte ehrlich gesagt gar nicht wissen, wie viele Mädchen ihm schon dabei zugesehen oder ihm dabei geholfen hatten.

Er wandte sich wieder mir zu. Mein Herz schlug immer schneller. Jona ließ sich Zeit und zögerte den entscheidenden Moment heraus. Er küsste mich, hielt dann aber inne. Sein Gesicht veränderte sich abrupt. Was war jetzt los? Da war keine Spur mehr von Leidenschaft oder Lust in seinem Gesicht.

»Was ist?«, fragte ich verunsichert, denn er sah so aus, als ginge gerade irgendetwas vor sich.

Hatte ich etwas falsch gemacht?

»Fuck!«, fluchte er vor sich hin.

Plötzlich hatte er mich völlig vergessen. Er zog das Kondom hektisch runter.

Was passierte hier?

»O mein Gott!«, flüsterte er und griff nach einem Taschentuch, um sein bestes Stück damit abzuwischen. Ich sah mir das Spektakel mit verstörtem Blick an. »Scheiße, das brennt!«, jammerte er.

Moment, diesen Satz hatte ich schon einmal gehört.

»Es brennt?«

Jonas Blick traf mich schmerzerfüllt.

»Ja, und zwar höllisch.« Ich sah, wie er versuchte, sich den Schmerz nicht anmerken zu lassen, doch er schaffte es nicht. »Sorry, ich muss echt kurz ins Bad«, entschuldigte er sich und lief splitterfasernackt raus.

War das möglich? War er auch den Chili-Kondomen zum Opfer gefallen? Doch wie konnte das sein? Und vor allem: Wer konnte das gewesen sein?

Seltsamerweise fiel mir als Erstes Gloria ein. Sie wollte nicht, dass Jona und ich zusammen waren, und schon gar nicht wollte sie, dass ich mit ihm mein erstes Mal hatte. Sie hatte auch damals bei Jenny die Idee mit den Chili-Kondomen gehabt. Die Teile fügten sich wie ein Puzzle zusammen.

Konnte es sein, dass sie ihm das Kondom beim Schlittschuh-Treffen untergejubelt hatte?

Wut breitete sich in mir aus.

Und so etwas nannte sich beste Freundin?

Kapitel 22

»Was läuft eigentlich falsch bei dir? Ist es so schwer für dich zu ertragen, dass ich mit Jona glücklich bin? Was ist dein Problem? Bist du neidisch, weil dich kein Typ haben will? Versuchst du deshalb, es zu zerstören?«

Um meine Wut zu unterstreichen, stützte ich meine Fäuste in die Seite, als ich vor ihrer Haustür stand.

»Äh, nun mach mal halblang!«, unterbrach Gloria meinen Redefluss.

»Ich soll halblang machen? Das sagst ausgerechnet du! Du steigerst dich in die ganze Sache rein, dabei ist das mein Leben. Hörst du? Meins und nicht deins! Nur weil dein Leben scheiße langweilig ist, musst du nicht in meins hineinpfuschen!«

»Sag mal, geht's noch?«, brüllte Gloria nun zurück.

Am liebsten wäre ich ihr an die Gurgel gesprungen. »DAS FRAGE ICH DICH!«

Gloria starrte mich an. Ausnahmsweise konnte ich ihr nicht die Gedanken vom Gesicht ablesen.

»Warum hast du das getan?«, fragte ich.

»Was? WAS HABE ICH GETAN?«

Ich zuckte bei ihrer schrillen Stimme zusammen. Ich konnte mich nicht erinnern, dass wir uns je angeschrien hätten.

»Das weißt du selber ganz genau! Oder soll ich dir jetzt noch im Detail erzählen, wie mein zweites erstes

Mal zerstört wurde, weil Jona plötzlich ins Bad flüchtete und meinte, dass sein bestes Stück gerade Feuer fängt?«

Nun sah sie mich an, als hätte ich mich gerade vor ihren Augen in ein Einhorn mit Vampirzähnen verwandelt. »Moment, was? Wovon redest du?«

»Ach komm schon! Tu nicht auf unschuldige Maria. Wir beide wissen, dass du ihm ein Chili-Kondom untergejubelt hast. Damit bist du echt zu weit gegangen. So was kannst du einfach nicht bringen.«

Wütend verschränkte sie ihre Arme. »Chili-Kondome?«

»Ja. Wenn ich mich recht erinnere, hattest du vor einigen Wochen noch eine ganze Packung davon. Du hast mir für Jenny ja auch nur eins gegeben. Hattest du da schon geplant, die anderen für Jona aufzuheben?«

Ihr Gesicht spannte sich an, wodurch an ihrem Hals die Adern zu erkennen waren, durch die gerade wütend das Blut pulsierte.

»Mann, Lina! Glaubst du echt, dass ich so was tun würde? Du bist meine beste Freundin, und so ein Chili-Kondom hätte auch dir Schaden zugefügt. Das hätte ich doch niemals gemacht. Das solltest du wissen. Ich finde es nicht gut, dass du mit ihm rummachst, aber das ist dein Leben, und ich würde dir nicht wehtun! Was denkst du von mir?«

In ihrem Gesicht breitete sich tiefste Enttäuschung aus.

Ich begriff, dass das Chili-Kondom nicht auf ihre Kappe ging. Nun stand ich wie eine Idiotin da. Ich hatte sie viel zu schnell verurteilt.

»Du warst es also nicht?«

»Nein, verdammt!«

Einerseits war es gut, denn so war Gloria noch immer die Freundin, auf die ich mich verlassen konnte. Auf der anderen Seite hatte ich mich aber auch wie das größte Arschloch benommen und mich nebenbei auch noch zum Affen gemacht.

»Am besten, du kommst erst einmal rein«, ließ Gloria mich unterkühlt wissen. »Oder willst du, dass die gesamte Nachbarschaft davon erfährt, dass du es nicht schaffst, dein erstes Mal hinter dich zu bringen?«

Sie hatte das Recht, das zu sagen. Schließlich hatte ich sie fälschlicherweise beschuldigt. Und als ob das noch nicht reichte, hatte ich ein paar fiese Beleidigungen als Sahnehäubchen oben draufgesetzt. Ich hätte mich am liebsten geohrfeigt und mir dann noch einen Arschtritt geben.

Schweigend gingen wir in ihr Zimmer. Noch nie zuvor war die Stimmung zwischen uns so unterkühlt gewesen.

Ihr Blick war finster. »So, und jetzt erzähl mir, was passiert ist!«, forderte sie, als sie sich aufs Bett setzte.

Ich hatte sie noch nie so sauer gesehen.

Jetzt, wo ich wusste, dass sie es nicht war, war es mir peinlich, es zu erzählen, doch ich würde nicht darum herumkommen.

»Na ja, Jona und ich wollten Sex, und wir haben rumgefummelt. Dann hat er sich das Kondom übergezogen, und ein paar Augenblicke später hatte er echt Schmerzen. Er hat es erst mit einem Taschentuch versucht und ist dann im Badezimmer verschwunden. Selbst als ich gegangen bin, war er noch drin. Er hat nur kurz rausgeguckt, *Tschüss* gerufen und dann wieder kaltes Wasser auf sein bestes Stück laufen lassen. Es war echt heftig.«

Gloria schien die Vorstellung lustig zu finden, verkniff sich aber so gut sie konnte ein Grinsen. »Ich war es jedenfalls nicht«, stellte sie klar. »Das hört sich nach einer ziemlich krassen Chilisoße an. Vielleicht hat da jemand auch zu viel härteren Mitteln gegriffen.«

»Aber wer soll es gewesen sein?«

Gloria zuckte mit ihren Schultern.

»Jenny?«, schlug sie ziemlich willkürlich vor. Allein der Name löste bei mir Ekel aus. »Sie hat dir doch gedroht, weil du mit Jona zusammen bist.«

»Aber ausgerechnet mit Chili-Kondomen? Das kann doch kein Zufall sein! Dann müsste sie doch wissen, dass ich das gewesen bin.«

»Nicht unbedingt«, warf Gloria ein. »Vielleicht hast du ihr auch einfach Inspiration gegeben. Vielleicht hat sie aber auch eins und eins zusammengezählt. Schließlich standest du sogar vor der Tür, als ihr das mit dem Chili passiert ist.«

»Aber das war doch Zufall!«

»Ja, aber das weiß sie doch nicht.«

Konnte das sein? Beim genauerem Nachdenken könnte es Sinn machen.

»Da ist noch was«, sagte ich kleinlaut. Gloria wurde sofort hellhörig. »Ich war heute mit den anderen im Schwimmbad, und Jenny hat mir beim Reiterkampf direkt ins Gesicht geschlagen. Ich hatte sogar Nasenbluten. Ich bin dann in die Umkleide, und sie hat mich heimlich nackt fotografiert.«

»Scheiße, echt?«

»Ja. Ich denke, dass sie das genau geplant hat.«

»Was hat sie mit dem Foto gemacht?«

In ihrer Stimme klang ein Schauder mit. Wir beide wussten, dass solche Bilder schnell in den Umlauf gelangten und innerhalb von Minuten zum öffentlichen Gut werden konnten.

»Sie hat versucht, mich zu erpressen. Sie wollte es an den gesamten Jahrgang schicken, wenn ich mit Jona nicht Schluss mache. Doch da hatte sie die Rechnung ohne Jona gemacht. Er hat das Bild gelöscht.«

Ihr Blick war weiterhin skeptisch. »Wie konnte er das einfach so löschen? Also, ich verteidige mein Handy, als würde davon der Fortbestand unserer Erde abhängen. Sie wird ihm das doch wohl nicht einfach so gegeben haben.«

Ehrlich gesagt hatte ich gar nicht so genau nachgefragt. Ich war einfach nur glücklich gewesen, ein Problem weniger zu haben.

»Keine Ahnung. Er hat es jedenfalls gemacht.«

»Also hat er deine Brüste gesehen!«, schlussfolgerte sie.

»Nein«, verbesserte ich sie sofort. »Er hat sich das Bild nur in Miniatur angesehen und darauf nichts erkannt, meinte er.«

Gloria lachte auf. »Und das glaubst du? Ein Kerl bekommt die Chance, sich ein Bild davon zu machen, wie seine Freundin nackt aussieht, und er guckt nicht? Sei nicht so naiv, Lina. Er ist auch nur ein Mann, auch wenn du ihn gerne wie einen Gott erscheinen lassen möchtest.«

Ich wurde unsicher. Sie hatte recht. Das war Jona. Er war ein Player. Er nutzte jede Gelegenheit, um sich Brüste anzugucken. Er hatte sogar selbst gesagt, dass er Brüste liebt.

»Er hat deine Brüste gesehen! Glaub mir das!«, versicherte mir Gloria, die mir meine Zweifel ansah.

182

Ich wusste nicht, was ich davon halten sollte. Einerseits wollte ich auf keinen Fall, dass er mich so sah. Ich fand es auch nicht toll, dass er mich ganz offensichtlich belogen hatte. Doch auf der anderen Seite hatte er mich akzeptiert. Selbst nach dem Anblick meines Schlaffibusens hatte er noch mit mir schlafen wollen.

»Und er hat mich deshalb nicht runtergemacht. Das ist doch ein gutes Zeichen.«

Gloria nickte nachdenklich. Sie wirkte in sich gekehrt, was für sie ungewöhnlich war.

»Lina?« Ihre Stimme war ernster als sonst.

»Was?«

»Warum hast du mir nicht gesagt, dass du mit den anderen ins Schwimmbad gehst?«

Die Wahrheit konnte ich nicht sagen. Das hatte sie nicht verdient. Ich wollte sie nicht noch mehr verletzen.

»Keine Ahnung. Ich wusste nicht, dass dich das so interessiert.«

Ihr trauriger Blick ruhte auf mir.

»Du bist anders geworden, Lina. Und das meine ich nicht optisch. Deine Persönlichkeit ist eine andere. Du schließt mich plötzlich aus deinem Leben aus. Du hängst mit den Leuten ab, die dich früher am meisten gequält haben, und dann wirfst du mir auch noch vor, dass mein Leben scheißlangweilig ist. Dabei fragst du nicht einmal, was in meinem Leben eigentlich gerade passiert. Es geht immer nur um dich. Ich bin auf einmal nur noch das nervige Anhängsel. Bin ich dir nicht mehr cool genug oder was?«

Ich schluckte schwer. Mir war nicht bewusst gewesen, dass Gloria sich benachteiligt fühlte.

»Gloria, du bist und bleibst meine beste Freundin. Aber mein Leben hat sich geändert. Nicht nur wegen des Gewichts. Ich werde erwachsen. So läuft das nun mal. Ich bin siebzehn und beginne mich für Jungs zu interessieren.«

»Ja, und du vergisst, wer für dich da war, als du gelitten hast. Als du noch nicht das coole Mädchen warst. Als dich der Junge, den du jetzt liebst, fast in den Selbstmord getrieben hat.«

»Hey!«, rief ich. »Ich wollte mich nie umbringen!«

»Nein, aber du hast zumindest drüber nachgedacht.« Gloria hatte auch die dunklen Seiten meines Lebens mitbekommen. Sie wusste, dass es Momente gegeben hatte, in denen ich keine Kraft mehr gehabt hatte und einfach nur aufgeben wollte. Doch ich hatte nie ernsthaft an Selbstmord gemacht. »Und nun bist du mit solchen Leuten befreundet. Siehst du nicht, wie krank das ist?«

»Gloria, ich vergesse nicht, dass du immer für mich da warst.«

»Ist das so? Du vergisst ja schließlich auch, was sie dir angetan haben?«

»Ach komm schon! Dreh mir nicht die Worte im Mund um. Ich weiß ja, dass das mit Jona komisch ist. Aber er mag mich wirklich. Und zwar meinen Charakter und nicht meinen Körper. Früher war mein Charakter einfach hinter einer Fettschicht versteckt, sodass er es nicht erkennen konnte.«

»Lina! Merkst du eigentlich noch, was du für eine Scheiße redest? Du nimmst ihn sogar noch in Schutz!«

»Tue ich nicht!«

»Und ob! Ich will die alte Lina wiederhaben!«

»Ich nicht«, sagte ich ehrlich. »Ich möchte weder fett sein noch unbeliebt.«

»Die Frage ist nur, von wem du geliebt wirst. Zieh den Fatsuit an, und du wirst sehen, dass Jona noch immer derselbe ist. Trau dich und stell dich der Wahrheit.«

Kapitel 23

»Was sollte das?«, fuhr ich Jenny an, als ich sie unter den drei Kiefern am Schultor entdeckte.

Sie machte ein abfälliges Gesicht und wusste ganz genau, dass ich nicht den Fausthieb meinte.

»Na, hat deine Pussy Feuer gespuckt?« Sie war es also wirklich gewesen, und sie machte nicht einmal ein Geheimnis draus.

»Nein«, ließ ich sie wissen. »So weit ist es nämlich gar nicht gekommen. Dafür hat Jona die volle Dosis abgekriegt.«

Sie presste ihre Lippen zusammen. So hatte sie sich das wohl nicht vorgestellt. Statt ihres eigentlichen Opfers hatte nun ihr Liebling das Leid ertragen müssen.

»Was soll der Scheiß?«

Sie legte einen höhnischen Gesichtsausdruck auf. »Was der Scheiß soll? Wer hat denn damit angefangen? Ich weiß, dass du es warst. Damals, als ich bei Mark im Büro war. Ich konnte es dir vom Gesicht ablesen, als ich aus dem Büro kam.« Wow, sie durfte Herrn Wenzel sogar Mark nennen. »Ich habe dir davor doch überhaupt nichts getan. Wenn hier also jemand böse ist, dann bist du das. Du hast ohne Grund angefangen, mich niederzumachen. Chili brennt wie die Hölle, und ich wollte einfach nur, dass du das auch erfährst. Als kleine Lektion. Ich dachte damals, dass wir Freundinnen werden könnten, und dann hast du so eine Scheiße abgezogen. Hast du ernsthaft gedacht, dass du einfach so davonkommst? Nicht mit mir!«

Nein, sie hatte angefangen, doch das konnte ich ihr nicht ins Gesicht sagen, denn sie wusste nicht, dass sie mich damals gequält hatte. Für sie war ich eine Fremde, die dieses Semester zu ihr an die Schule gekommen war. War ihre Rache vielleicht gerechtfertigt? Aus ihrer Sicht hatte ich tatsächlich mehr als unfair gehandelt.

»Du schläfst mit dem Referendar!« Ich wusste nicht, warum ich das sagte. Vielleicht, weil ich hoffte, das Thema wechseln zu können.

»Na und?«

»Er kann dadurch seinen Job verlieren!«

»Es muss ja niemand erfahren, und ich würde dir raten, dass du lieber deine Klappe hältst oder–«

»Oder? Das Foto auf deinem Handy ist nicht mehr da. Was willst du also tun?«

Ihr Gesicht wirkte erstaunlich entschlossen. »Du hattest Glück, dass Jona das Bild gelöscht hat. Oder besser gesagt, habe ich es ihn löschen lassen.« Ich zog verwundert meine Augenbrauen zusammen. »Richtig gehört. Er hat wie ein Anfänger versucht, an mein Handy zu kommen. Ich habe es gemerkt und habe ihm angeboten, dass er einfach nur fragen braucht, und dann lasse ich es ihn löschen.«

Das machte doch gar keinen Sinn.

»Aber warum?«, hakte ich nach.

Sie grinste bösartig. »So hat er deine entstellten Brüste gesehen. Diesen Anblick wollte ich mir nicht entgehen lassen. Du hättest dabei sein sollen, als ihm die Kinnlade nach unten gefallen ist und sich Ekel auf seinem Gesicht ausgebreitet hat.«

Ein Kloß steckte in meinem Hals. Allein die Vorstellung trieb mir Tränen in die Augen. Ich versuchte sie herunterzuschlucken.

Er hatte sie also wirklich gesehen.

»Du lügst«, sagte ich deutlich. »Immerhin wollte er noch mit mir schlafen. So angeekelt kann er also nicht gewesen sein.«

»Schon mal daran gedacht, dass er dich nur entjungfern wollte?« Woher wusste sie, dass ich noch nie Sex hatte? »Man merkt es dir an«, antwortete sie mir, als hätte sie meine Gedanken gelesen. »Glaub mir, Kerle stehen da drauf. Da nehmen sie auch mal einen Krüppelbusen hin, um das zu bekommen. Jungfrauen haben einfach einen bestimmten Reiz.«

Ich schüttelte heftig den Kopf. »Du bist krank.«

»Und du bist naiv.«

Ich hasste Jenny, und ich sollte nichts auf ihre Worte geben. Trotzdem erwischte ich mich dabei, wie Zweifel in mir aufkamen. Doch schnell verdrängte ich sie. Ich konnte mir beim besten Willen nicht vorstellen, dass das alles für Jona nur ein Spiel war. Kein Junge würde so viel Aufwand betreiben, nur um ein Mädchen zu entjungfern.

»Du bist doch nur neidisch, weil ich Jona habe«, spielte ich meinen Trumpf aus.

Doch sie lachte nur.

»Lina, ich hatte ihn vor dir.«

Mein Atem stockte. Spätestens jetzt konnte ich ihr den Triumph ansehen. »Ich war mit Jona zwar nie zusammen, aber wir hatten unseren Spaß. Mehrmals. Hat er dir das nicht erzählt? Er ist ein ziemlich guter Liebhaber.«

Alle Farbe wich aus meinem Gesicht. »Glaube ich dir nicht.«

Sie zuckte mit einer Schulter. »Musst du auch nicht! Es reicht, wenn ich mich an die Nächte mit ihm erinnere, und glaube mir, sie waren heiß. Du kannst ihn ja fragen, vielleicht hat er genug Eier in der Hose, um dir die Wahrheit zu sagen. Aber vielleicht hat der Chili sie ihm auch weggeätzt.«

Jenny wusste genau, wie sie mich dazu brachte, an Jona zu zweifeln.

»Ich glaub dir kein Wort!« Jenny grinste breit mit einem Siegeslächeln. Sie schien nur darauf zu warten, dass man ihr ein Siegertreppchen baute, auf das sie steigen konnte.

Als Jona sich in Bio neben mich setzte, fühlte es sich anders an als sonst. Auch wenn er mich zur Begrüßung küsste, war er auf einmal so weit weg. Ich war sauer auf ihn, und das, obwohl ich noch nicht einmal wusste, ob Jenny die Wahrheit gesagt hatte oder nicht.

»Du hast das Foto gesehen«, sagte ich kalt, als er seine Sachen auszupacken begann.

Er hielt inne. Jona blickte mich einen Moment lang an und schien sich gut zu überlegen, was er als Nächstes sagen würde.

»Ja, hab ich«, wählte er seine Worte mit Bedacht.

Ich seufzte enttäuscht. Ich hätte lieber eine Lüge gehört. »Warum hast du mich belogen?«

Er griff nach meiner Hand, doch ich zog sie weg. Er wirkte irritiert, als ich seine Versöhnungsgeste nicht annahm.

»Weil ich gemerkt habe, wie unangenehm dir das war. Ich wollte nicht, dass du dich schlecht fühlst. Manchmal lügt man, damit sich jemand besser fühlt.«

Das sollte ich ihm glauben? »Du hättest es mir trotzdem sagen sollen.«

Sein Blick ruhte verständnisvoll auf mir. »Aber du wolltest nicht, dass ich es sehe.«

Wahrscheinlich wäre es auch wirklich besser so gewesen. Doch nun war es raus, und wir konnten es nicht mehr rückgängig machen.

»Was hast du gedacht, als du es gesehen hast? Sei bitte ehrlich!« Mein Herz schlug schneller, seine Antwort war mir extrem wichtig.

»Das spielt doch keine Rolle.«

»Für mich tut es das.«

Er zuckte unbeholfen mit den Schultern.

»Na ja, ich hatte etwas anderes erwartet, aber es ist halt so.«

Das war wohl die nette Umschreibung dafür, dass er beim Anblick einen Brechreiz unterdrücken musste. Seine Worte trafen mich hart. Jona bedeutete mir etwas. Er fand meinen Busen also abscheulich. Aber was hatte ich erwartet? Hätte er gesagt, dass er meine Brüste schön finde, hätte ich ihm eh nicht geglaubt.

»Wieso ist das eigentlich so? Also eigentlich sehen die in deinem Alter ja noch nicht so aus.«

Mein angekratztes Ego blutete, als wäre die Hauptschlagader getroffen worden. Ich sagte nichts und starrte ihn einfach nur mit einem Blick an, der ihm klarmachen sollte: *Ist das dein Scheiß-Ernst???*

»Sorry«, murmelte er, als er merkte, wie unangebracht seine Frage gewesen war. »Ich find es nicht schlimm. Es hat mich einfach nur interessiert.«

»Es hat dich aber nicht zu interessieren. Außerdem hättest du mir sagen sollen, dass du das Foto gesehen hast!«

»Komm schon, ich hab doch schon erklärt, dass ich dir das verschwiegen habe, weil ich dich nicht kränken wollte.«

Ich funkelte ihn böse an. »Hast du mir deshalb auch verschwiegen, dass du öfter mal mit Jenny im Bett warst?« Ich sprach leise, da der Unterricht mittlerweile angefangen hatte. Es war ein äußerst ungünstiger Zeitpunkt für die erste Beziehungskrise.

Jona fühlte sich ertappt. Sein Kiefer spannte sich an, und die Augen wurden enger.

Es stimmte also.

»Das ist schon ewig her«, versuchte er es herunterzuspielen.

Jenny und Jona waren also schon mal intim geworden. Und zwar nicht nur einmal. Sie kannte seinen Körper, und er kannte ihren. Eigentlich hätte ich es wissen müssen, doch meine Naivität hatte mir mal wieder etwas vorgegaukelt. Meine Augen wurden wässrig. Mit jeder hätte ich leben könne, aber warum ausgerechnet Jenny? Ich wollte nicht mit ihr auf einer Stufe stehen.

»Nun guck nicht so. Ich kannte dich damals noch nicht einmal.« Und ob er mich kannte! »Es war ein paarmal auf Partys. 'ne Zeit lang haben wir an den Wochenenden immer ziemlich viel getrunken, und manchmal überkam uns halt die Lust. Es hat nichts bedeutet. Es war einfach nur Spaß.«

Spaß? Es war nicht einfach nur Spaß gewesen. Es war Sex!

Ich schnaubte und bekam sofort einen tödlichen Blick von unserer Dämonenlehrerin zugeworfen. Ich gab mir Mühe, noch leiser zu sprechen.

»Nur Spaß? Bin ich für dich auch nur Spaß?«, zischte ich.

Jona machte einen genervten Gesichtsausdruck. »Du weißt, dass du für mich nicht nur Spaß bist.«

»Warum hast du mir das mit Jenny nicht gesagt?«

»Warum sollte ich? Das ist Geschichte. Wieso sollte ich dich unnötig aufregen?«

»Lina! Jona! Würdet ihr bitte leise sein?«

Für einen kurzen Moment schwiegen wir, doch sobald Frau Beyer uns wieder den Rücken zugedreht hatte, redeten wir weiter.

»Wie soll ich dir vertrauen, wenn du mich ständig belügst?«, fauchte ich mit gedämpfter Stimme.

Er verdrehte die Augen und hatte ganz offensichtlich keinen Bock mehr auf dieses Gespräch.

»Ich habe beide Male die Wahrheit nicht gesagt, weil ich dich nicht verletzen wollte. Ist das wirklich so schlimm?«

»Ja«, entgegnete ich sofort.

»Es tut mir leid, okay?«

»Glaub ich dir nicht!«

»JONA, LINA! Könnte ihr eure Beziehungsprobleme woanders austragen und euch stattdessen auf die Polymerase-Chain-Reaction konzentrieren? Die ist nämlich klausurrelevant.«

Damit war unser erster Beziehungsstreit beendet. Ich hatte eine Entscheidung getroffen. Ich würde immer an Jona zweifeln, wenn ich nicht wüsste, wie er darauf reagieren würde, wenn ihm heute das Klopskind über den

Weg liefe. Oder er sogar erfahren würde, dass ich dieses Klopskind war. Mein altes Ich stand zwischen uns.

Und ich konnte nur herausfinden, wie er mich heutzutage als Klopskind behandeln würde, wenn ich endlich Glorias Idee in die Tat umsetzte.

Von seiner Reaktion hing unsere Zukunft ab.

Kapitel 24

Ich wollte Jona die Wahrheit sagen, doch zunächst wollte ich wissen, wie er auf mich als Klopskind reagierte. So wie ich ihn in den letzten Wochen kennengelernt hatte, war er nicht mehr dieser Fiesling. Ich erwartete ja nicht, dass er mir die Blutsfreundschaft anböte, aber vielleicht würde er einfach seine fiesen Sprüche sein lassen. Mittlerweile hatte ich mich so sehr an den netten Jona gewöhnt, dass ich mir den fiesen kaum noch vorstellen konnte.

Lexy hatte ich eingeweiht. Ich hatte nicht wirklich eine Wahl gehabt, aber es störte mich nicht, denn sie war mir wirklich ans Herz gewachsen.

»Du siehst echt so aus wie früher. Das ist voll krass!«, sagte sie begeistert, als wir zusammen zur Schule gingen. Vorsichtig tippte sie auf meinem Gesicht herum, das im Moment zu einem beachtlichen Teil aus Silikon bestand. »Das fühlt sich irgendwie komisch an. So kalt.«

»Ist ja auch nicht meine Haut. Ich bin heute um drei Uhr morgens aufgestanden, damit das alles so aussieht. Ich will am liebsten einfach nur schlafen. Ich frage mich, ob sich dieser ganze Aufwand überhaupt lohnt.«

Glorias Mutter Marina hatte so viel Arbeit ins Detail gesteckt. Ich hatte schon vorher gewusst, dass sie gut war. Schließlich hatte sie schon diverse Preise für ihre

Arbeit als Maskenbildnerin erhalten. Aber ich hatte nicht geahnt, dass sie das so gut umsetzen konnte.

»Ach komm schon. Das wird bestimmt lustig, zu sehen, wie die anderen auf dich reagieren, Ich bin gespannt, ob sie dich erkennen.«

Ich hatte davor Angst. Ich hatte heute Morgen weinen müssen, als ich mein Spiegelbild gesehen hatte. Wie hatte ich es nur so weit kommen lassen können? Allein das Gewicht auf den Rippen ließ mich jetzt schwitzen und schwer atmen. Ich fühlte mich wieder wie eine Versagerin. Mein Selbstbewusstsein war wie weggeblasen. Ich war hässlich oder zumindest fühlte ich mich so. Wie hatte ich es nur so lange in diesem Körper ausgehalten?

Lexy küsste mich auf die Wange, als ich zum Bioraum ging. »Du schaffst das schon. Es wird bestimmt lustig. Guck nicht so ernst!«

Lustig vielleicht für die anderen, aber nicht für mich. Ich war auf einmal wieder in mein altes Leben katapultiert worden, und Gefühle kamen hoch, die ich in den letzten Wochen erfolgreich verdrängt hatte.

Mühsam stieg ich die Treppen hinauf. Der Fatsuit war unfassbar schwer, weshalb ich wie früher völlig geschafft oben ankam.

Doch mein Auftreten war perfekt. Marina hatte mir sogar eine Fake-Zahnspange eingesetzt und eine Perücke gefunden, die meinem alten Haar bis in die kleinste Struktur glich. Ich trug schlabbrige Kleidung und kein offensichtliches Make-up.

Dann sah ich die Tür vom Kursraum, und mein Puls drehte durch. Ich konnte nicht einschätzen, was passieren würde. Einerseits kam ich mir so unglaublich lächerlich vor, doch ich wollte auch wissen, wie Jona reagieren würde. Ich wollte, dass er das Mädchen hinter dem Speck erkannte.

Also fasste ich all meinen Mut zusammen und ging in den Raum.

Mein Blick ging sofort zu Jona, der jedoch zunächst auf sein Handy starrte. Mir war bewusst, dass ich keinen Begrüßungskuss bekommen würde. Ich steuerte auf meinen Platz zu.

Dann sah er auf. Ich stand direkt vor ihm. Mein Blick war unsicher. Es war mir peinlich, in dieser Aufmachung vor ihm zu stehen.

Vor Nervosität begann ich mit meinen verschwitzten Fingern zu spielen. Selbst diese steckten in Silikonhandschuhen, damit sie dicker aussahen.

Bei seinem Blick lief es mir kalt den Rücken runter. Keine Spur von Empathie. Er wirkte zunächst überrascht, das Klopskind hier zu sehen. Dann schien seine Stimmung in Angriffslust überzugehen.

»Geh weg! Du nimmst mir das Licht!«, meinte er arrogant. »Bei deinem Schatten könnte man denken, dass es Nacht ist.«

Nein, Jona! Bitte tu das nicht! Bitte sei nicht so! Ich weiß doch, dass in dir ein netter Kerl steckt!

Mit solchen Sprüchen hatte er mich auch früher immer begrüßt. Hatte ich wirklich erwartet, dass es jetzt anders wäre?

Mit allem Selbstbewusstsein, das ich aufbringen konnte, setzte ich mich auf meinen Platz. Meine beiden künstlichen Pobacken quollen auf beiden Seiten des Stuhles über. So wie damals auch.

»Sag mal, Klopskind, geht's noch? Der Platz ist besetzt!«

Ich sah ihm tief in die Augen und hoffte, dass er mich erkennen würde, doch sein Blick blieb hasserfüllt.

Komm schon, Jona! Ich bin es doch! Zeig mir den lieben Jona! Den Jona, an den ich mich bei einem Horrorfilm kuscheln konnte. Den Jona, der mich nach Hause gebracht hatte, als es mir nicht gut ging. Den Jona, der mich küsst und mich wärmt, wenn mir kalt ist. Den Jona, der mich »Süße« nennt.

Doch dieser Jona war gerade nicht da.

»Ich hab hier schon immer gesessen«, beharrte ich und begann demonstrativ meine Sachen auszupacken.

Meine Stimme schien bei ihm nichts auszulösen.

»Ich denke, ich wüsste, wenn ich in den letzten Wochen in deinem Schatten gesessen hätte. Spätestens ein Mangel an Vitamin D hätte mich darauf aufmerksam gemacht. Wo warst du überhaupt? Haben sie dich in einer Walauffangstation aufgenommen?«

Die gesamte Klasse hörte uns mittlerweile zu. Einige lachten.

»Jona, bitte!«, sagte ich eindringlich und hoffte, dass er meine Stimme erkennen würde. Doch die Fake-Zahnspange ließ mich lispeln. »Hör auf, so mit mir zu sprechen! Ich weiß, dass du sonst nicht so bist. Warum bist du so gemein zu mir? Was habe ich dir getan?«

Ich hatte ihm damals diese Frage nie gestellt. Dazu hatte mir immer der Mut gefehlt, doch nun war ich selbstbewusster. Ich wollte wissen, womit ich das ganze Leid verdient hatte.

»Was du getan hast? Du bist fett! Und hässlich! Weil du offensichtlich null Disziplin hast! Dein Anblick verschafft mir Albträume, und jetzt geh! Hier sitzt nämlich jemand anders!«

Nein, ich saß hier. Nur ich und niemand anders.

Ich konnte nicht glauben, dass Jona das sagte. Man könnte fast meinen, dass er eine gespaltene Persönlichkeit hatte. Am liebsten hätte ich ihm für seine Worte die Stirn auf die Tischplatte geknallt.

»Das ist doch kein Grund, mich zu beleidigen!«, sagte ich, versuchte mich jedoch unter Kontrolle zu behalten. Ich würde mir das aber nicht von ihm gefallen lassen. Diese Zeiten waren vorbei. »Nur weil du mich nicht hübsch findest, musst du mich nicht mobben! Deine Schwester beleidigst du doch auch nicht!«

Sofort merkte ich, dass ich einen wunden Punkt getroffen hatte.

»VORSICHT!« sagte er bedrohlich, und ich bekam ein wenig Angst, als er sich vorbeugte. »Noch ein Wort über meine Schwester, und es knallt. Aber richtig.« Mit einer gezielten Handbewegung ließ er meinen Rucksack, den ich auf den Tisch gestellt hatte, auf den Boden fallen. »Im Gegensatz zu dir kann sie nichts für ihr Aussehen! Du frisst einfach nur wie ein Schwein und stopfst Süßigkeiten in dich hinein, wie ein schwarzes Loch Materie in sich aufnimmt. Du bist selbst schuld daran, wie du aussiehst! Also urteile nicht über Menschen, die du nicht kennst und die einen schlimmen Unfall hatten!«

So erzürnt hatte ich Jona noch nie zuvor erlebt. Doch ich war mindestens genauso sauer. Er tat so, als hätte ich gerne so ausgesehen wie jetzt. Es gab ihm nicht das Recht, mich zu behandeln, als wäre ich eine Voodoopuppe.

Ich wurde sauer. Richtig sauer!

»DU BIST EIN SCHLIMMER UNFALL!«, brüllte ich und hatte auf einmal die Stimmbänder eines Grizzlybären. Noch nie hatte ich solche Töne aus meiner Kehle kommen hören. »Du bist ein Unfall deiner Eltern. Die hätten lieber einmal mehr zum Gummi greifen sollen, als so ein Arschloch wie dich zu produzieren.«

Geschockte Blicke fielen auf mich. So etwas hatte niemand von mir erwartet, und für einen Moment war selbst Jona sprachlos. Doch nur für einen Moment.

»Das sagst ausgerechnet du? Deine Mutter hätte dich zur Adoption freigeben sollen, als sie realisiert hat, was für ein aufgeschwemmtes Baby sie da rausgepresst hat. Aber Moment: Selbst dafür wärst du zu hässlich gewesen! Wer hätte dich schon haben wollen?«

Nun hatten wir uns beide in puncto Niveau in den Keller begeben. War das wirklich der Junge, in den ich mich verliebt hatte? Der Junge, dem ich die Erlaubnis erteilt hatte, mich zu entjungfern?

Ich mochte Jona, aber ich hasste es, wie er zu Paulina war. Nun kamen bei mir doch die Tränen hoch.

»Oh, flennst du jetzt etwa? Soll ich pusten?« Er spuckte mir ins Gesicht, und ich war unfassbar dankbar, dass es auf dem Silikon und nicht auf meiner Haut gelandet war. »Ups, da kam wohl noch ein bisschen mehr als warme Luft raus.«

Mein Herz zerbrach in tausend Stücke. Es war eine Sache, von jemandem gedemütigt zu werden, den man hasste, doch eine komplett andere Sache, von jemandem gedemütigt zu werden, den man liebte.

Mit meinem Ärmel wischte ich mir die Rotze aus dem Gesicht. Ich konnte meine Fassung nicht mehr wahren.

»Was bist du nur für ein Mensch?«, wimmerte ich erbärmlich. Meine Hände zitterten. »Hast du eigentlich eine Ahnung, was du damit anrichtest? Warum bist du so? Ich weiß doch, dass du auch anders sein kannst. Warum, Jona?«

Jona lachte. Die eine Hälfte der Klasse lachte mit ihm. Die andere Hälfte sah mich mitleidig an, traute sich aber nicht, etwas zu sagen. Ich wollte wieder die hübsche Lina sein, die von allen nett behandelt wurde.

»Oh ja. Ich kann anders sein«, gab Jona mit Hohn von sich und sah mich herablassend an. »Ich kann dir nämlich das Leben zur Hölle machen. Und zwar so richtig. Das, was bis jetzt geschehen ist, ist noch gar nichts. Also schwing gefälligst deinen fetten Arsch woandershin, denn hier sitzt meine Freundin. Sie findet mich wahrscheinlich nicht mal, wenn ich in deinem Schatten hocke, also zisch ab, oder du wirst bereuen, es nicht getan zu haben.«

Der Plan war gewesen, dass ich Jona heute erzählte, wer ich wirklich war. Er hätte die Wahrheit erfahren sollen. Doch Pläne änderten sich. Ich konnte es ihm nicht sagen.

Ich konnte nicht die Maske fallen lassen.

Ich schämte mich einfach zu sehr. Ich fühlte mich wie ein durchgekauter, ausgespuckter Kaugummi, in den jemand reingetreten war und den er nun mit allen Mitteln vom Schuh abzukratzen versuchte. Jona hasste Paulina so sehr, dass ich Angst hatte, dass er auch Lina hassen würde.

Mit lautem Schniefen hob ich meinen Rucksack vom Boden auf. Ich konnte meinen Heulkrampf nicht mehr unterdrücken. Immer wieder entkam mir ein Schluchzen. Jona schien den Anblick zu genießen. Ich mied seinen Blick.

»Komm nie wieder!«, rief er mir hinterher, als ich den Raum fluchtartig verließ. »Am besten nimmst du nicht die Tür, sondern das Fenster. Nur zur Sicherheit!«

Der Klassenraum war im vierten Stock.

Kapitel 25

Ich flüchtete zu den Toiletten. Dieser schäbige und schmutzige Ort passte perfekt zu meiner derzeitigen Gefühlslage. Wieso hatte ich mich von Gloria nur zu so einem Scheiß überreden lassen? Die Tränen liefen über meine Wangen, doch viel spürte ich davon nicht, denn noch immer klebte großflächig das Silikon auf meiner Haut.

Kaum hatte ich die Tür hinter mir geschlossen, riss ich mir das widerliche Zeug aus dem Gesicht. Es musste ab. So schnell wie möglich. Ich wollte damit nichts mehr zu tun haben. Ich war nicht mehr das Mädchen, das gemobbt wurde. Ich war jetzt hübsch und beliebt.

So lange hatte ich davon geträumt, und nun, da es wahr geworden war, hatte ich mich in ein Kostüm gezwungen, in dem ich wieder die Alte war. Warum hatte ich das getan? Es war einfach nur dumm gewesen. Es war reine Selbstfolter. Ich riss mir die Perücke vom Kopf und warf sie wutentbrannt ins Waschbecken. Langsam begann mein neues Ich wieder zum Vorschein zu kommen. Meine schönen, glatten, glänzenden Haare und klare Konturen im Gesicht. Nun zog ich auch die Zahnspange ab. Bloß raus mit diesem furchtbaren Ding.

Mein Handy vibrierte.

Noch immer hatte ich meine Hände nicht wirklich unter Kontrolle. Sie zitterten nach Lust und Laune. Ich nahm mein Handy und sah eine Nachricht von Jona.

Hey, Süße, wo bist du heute? Ich vermisse dich xxx

Eine Träne tropfte auf das Display.
Was war das nur für ein Junge?
Dann vibrierte es wieder.

PS: Musste heute deinen Platz sogar gegen das Klops-kind verteidigen. Ich wünschte, du hättest sie gesehen, damit du verstanden hättest, wie fett die wirklich ist.

Am liebsten hätte ich das Handy gegen die Wand ge-klatscht, doch schon wieder wollte es Aufmerksamkeit.

Bist du krank oder so? Soll ich auf dem Nachhauseweg vorbeikommen und dir irgendetwas mitbringen? Worauf hast du Appetit? Oder geht es dir so schlecht, dass du nichts runterbekommst? Dann kann ich dir auch 'ne DVD oder so mitbringen.

Wieso tat er das? Wieso war er so nett zu mir? Warum machte er es mir so schwer, ihn zu hassen?

Ich steckte das Handy in die Tasche zurück. Ohne zu antworten. Ich hatte keine Ahnung, wie ich Jona gegen-übertreten sollte. Ich schaffte es nicht, ihm die Wahr-heit zu sagen. Dazu fehlte mir spätestens seit heute der Mut.

Ich heulte noch immer, als würde ich in einem Lager-raum mit geschnittenen Zwiebeln sitzen. Ich nahm ein paar Papiertücher, machte sie feucht und wischte mir damit durchs Gesicht, um die Silikonreste zu entfernen. Er hatte mich tatsächlich bespuckt. Gab es etwas Entwürdigenderes? Er war doch kein Lama, das Angreifer mit seiner Spucke zu ängstigen versuchte.

Ich begann mich zu schminken. Ich wollte einfach nur vergessen, wie ich für so lange Zeit ausgesehen hatte. Ich wollte nur noch Lina sein.

Dann schlüpfte ich aus meinem Fatsuit. Sofort fühlte ich mich etwas besser. Das Ding war nicht nur eine physische, sondern auch eine psychische Last gewesen.

Das alles ekelte mich an. Ich wollte, dass es verschwände. Ich versuchte den Fatsuit in Stücke zu zerreißen. Er war eigentlich nicht einmal mein Eigentum. Glorias Mutter hatte ihn aus dem Theater, an dem sie arbeitete, mitgebracht, doch das war mir im Augenblick egal. Ihre Tochter war schließlich schuld an der gesamten Situation. Sie hatte genau gewusst, wie sehr Jona mir wehtun wollte, und hatte mich trotzdem bestärkt, das durchzuziehen.

Sosehr ich mich jedoch anstrengte, ich schaffte es nicht, dieses Ding zu zerstören. Es war zäh wie ein Stück Gummi. Genau wie die Schatten der Vergangenheit, die ich einfach nicht loswurde. Ich war kurz davor, einen hysterischen Anfall zu bekommen und aus Frustration mit den Füßen auf den Boden zu stampfen. Meine Erinnerungen überforderten mich. Ich wollte mit meinem alten Ich abschließen. Ich wollte es hinter mir haben. Ich war nicht mehr ich.

Ich griff in meine Tasche und zog ein Feuerzeug heraus. Ich rauchte zwar nicht, hatte mir aber trotzdem angewöhnt, immer eins dabeizuhaben. Ich zündete es an und hielt es an den Stoff des Fatsuits. Meine Vergangenheit sollte brennen und nie wieder zurückkehren.

Es dauerte eine Weile, bis der Fatsuit brannte. Langsam fraßen sich die Flammen in den Stoff, und ich genoss es, dabei zuzusehen. In diesem Augenblick schloss ich mit meinem alten Leben ab. Ich hatte mit dem Klopskind nichts mehr zu tun.

Ich fühlte mich wie in einem Rausch, der mich für einen kurzen Augenblick die Enttäuschung über Jona vergessen ließ.

Als die Flammen größer wurden, steckte ich den Rest ins Klo und spülte. Zwar konnte ich damit nicht das gesamte Feuer löschen, doch in der Kloschüssel konnten sich die Flammen immerhin nicht weiter ausbreiten.

Die Klos waren nun von einem Schleier von Rauch durchzogen. Es sah mystisch aus. Zumindest so lange, bis der Rauchmelder auf sich aufmerksam machte.

Der Feueralarm ging an.

SCHEISSE!

Das Piepen setzte sich in meinem Ohr fest.

Ich sollte hier wohl besser verschwinden, ehe man herausfände, dass ich das verursacht hatte. Das könnte einen Schulrauswurf zur Folge haben oder zumindest jede Menge Kosten für meine Eltern bedeuten. Schnellen Schrittes verließ ich die Toiletten.

Mein Herz blieb stehen, als ich sah, wie bei allen Klassenräumen die Türen offen standen und die Schüler in den Flur strömten. Viele wirkten belustigt und hielten es nur für einen Probealarm. Sie waren froh über die Unterbrechung des Unterrichts. Nur ein paar Mädels und die Lehrer sahen besorgt aus.

Ich stand verloren im Gang. Doch es war viel zu chaotisch, sodass mich niemand wirklich wahrnahm.

Langsam wurde mir bewusst, dass ich den gesamten Schulbetrieb gestört hatte und vermutlich würde hier auch gleich eine Feuerwehr auftauchen. Es war wohl besser, wenn ich einfach nach Hause ging und so tat, als wäre ich nie hier gewesen.

»O mein Gott, Lina!«, hörte ich plötzlich eine viel zu vertraute Stimme.

Ich zuckte zusammen und blieb erstarrt stehen.

Starke Arme umschlossen meinen Körper.

Nein, bitte nicht!

Tu das nicht!

Hör auf!

Ich sollte ihn wegdrücken. Ihm am besten eine knallen oder gleich die Faust einsetzen, doch ich tat all das nicht. Ich ließ mich umarmen, weil ich genau das gerade brauchte. Ich fühlte mich furchtbar wegen dem, was er mir angetan hatte, und im Moment wollte ich einfach nur das Gefühl, dass ich nicht alleine war. Paradoxerweise tat Jona das genau in diesem Augenblick. Er drückte mich, als würde ich ihm wirklich etwas bedeuten.

»Was ist passiert? Warum siehst du so verheult aus? Hat das etwas mit dem Feueralarm zu tun? Bist du okay?« Sein Blick wirkte ernsthaft besorgt.

Ich schüttelte den Kopf, obwohl es zumindest im größeren Zusammenhang in Verbindung stand. Wieso stand ich hier noch? Wieso ließ ich mich von ihm berühren? Er hatte mich gerade eben aller Würde beraubt.

»Will nicht drüber reden«, nuschelte ich und hasste mich dafür, dass ich hier in seinen Armen kuschelte.

Doch warum sollte ich auf Liebe verzichten, wenn ich sie von ihm haben konnte? Er mochte mich eben als Lina und nicht als Klopskind. Auf einmal begann ich mich zu fragen, ob ich vielleicht nicht auch so war?

Das war die traurige Wahrheit. Ich war nicht viel besser als Jona. Wir sind doch alle oberflächlich. Jeder möchte einen Partner mit einem guten Charakter haben, und wenn er dann noch gut aussieht, umso besser. Ehe man den Charakter eines Menschen kennenlernt, sieht man erst das Aussehen.

Lina war mein neues Leben. Warum sollte ich an Paulina festhalten?

»Du weißt, dass du mit mir über alles sprechen kannst, oder?«, sagte Jona liebevoll und streichelte meine Tränen weg.

Ich konnte mit ihm *nicht* über alles sprechen, und ich wollte es auch nicht.

Paulina war gestorben. Sie war heute im Klo verbrannt.

Jona war nicht perfekt, aber er war für mich als Lina der perfekte Freund. Er war nett zu mir, und ich sollte die Vergangenheit loslassen. Er liebte mich in der Gegenwart, und darauf kam es doch an. Er liebte mich, so, wie ich jetzt war.

Es war mir egal, wie sehr Gloria mich deshalb zur Sau machen würde. Das hier war mein Leben, und da hatte sie sich nicht einzumischen. Schlimm genug, dass sie mich in diesen Fatsuit gezwungen hatte. Nur deshalb hatte er mich überhaupt so erniedrigen können.

»Ich weiß«, hauchte ich.

»Sagst du mir, warum du nicht im Unterricht warst?« Er küsste mich, und nun war er wieder mein Jona. Ich mochte nicht, dass er andere mobbte, aber ich liebte ihn zu sehr, um ihn gehen zu lassen.

»Hatte verschlafen«, log ich.

»Und warum hast du geweint?«

»JONA! LINA! WAS STEHT IHR HIER NOCH RUM! ES IST FEUERALARM!«, brüllte unser Mathelehrer.

Erst jetzt fiel mir auf, dass wir als Einzige noch hier waren.

»Na los, komm!«, sagte Jona einfühlsam und nahm meine Hand. »Ich glaube zwar, dass es wieder nur 'ne Übung ist, aber wir müssen ja kein Risiko eingehen.«

Es schmerzte, dass er so nett war, während er mich vor einigen Minuten noch abgrundtief gehasst hatte. Ich verstand sein Verhalten oft nicht, aber ich liebte es, dass er mich behandelte, als wäre ich für ihn das Wichtigste auf der Welt. Er war der erste Mensch, der mir dieses Gefühl in dieser Intensität geben konnte, und anscheinend war ich danach süchtig geworden.

Kapitel 26

»O mein Gott, du siehst gar nicht gut aus«, begrüßte mich Gloria, als ich mit schnellen Schritten zu ihr ins Zimmer kam, die durch meine Wut vorangetrieben wurden. Ihr Vater hatte mich reingelassen. »Nicht gut gelaufen, oder?«

Ich war so verdammt sauer auf sie.

»Das ist doch dein Ziel gewesen. Du wolltest doch, dass er mich wie ein Stück Dreck behandelt!«, begann ich sofort mit Vorwürfen.

Glorias Blick wirkte unschuldig, doch das war sie nicht. Sie hatte es so weit kommen lassen. »Lina, ich wollte nicht, dass du verletzt wirst, sondern einfach nur, dass es dir die Augen öffnet.« *Als ob!* »Was hat er denn überhaupt gemacht?«

Ich presste einen Moment meine Lippen zusammen, ehe ich antwortete. »Er hat mich angespuckt.«

»WAS?«, kam es schrill aus ihrer Kehle. »DIESER FICKER!«

»Ficker?«, wiederholte ich irritiert. »Was ist das denn für ein Wort?«

»Eins, das für Jona eigentlich noch ein Kompliment ist. Hast du ihm wenigstens eine gescheuert und dann deine Maske fallen lassen? Bitte sag mir, dass du ihn bloßgestellt hast oder ihm wenigstens wehgetan hast! Hast du zurückgespuckt?«

Das hätte sie wohl gerne gehabt.

»Nein«, ließ ich sie entschieden wissen. »Ich bin nicht mehr dick. Ich habe ein neues Leben begonnen, und in diesem Leben war Jona immer nett zu mir. Das ist für mich das, was zählt. Ich war glücklich mit ihm.«

Ihr entgleisten die Gesichtszüge.

Hektisch lief ich in ihrem Zimmer hin und her, denn mein Körper war zu aufgeladen, um mich zu setzen.

Nun erhob sich auch Gloria.

»Sag mal, so langsam glaube ich, dass du nicht nur an Fettzellen, sondern auch an Hirnzellen abgenommen hast? Du willst mir doch nicht wirklich erzählen, dass du mit ihm noch zusammen bist? Nach all dem, was er dir angetan hat?«

»Doch!«, stellte ich klar, ohne auch nur einen Zweifel an meiner Entscheidung zu zeigen.

»Bist du dumm oder was? Er hat dich bespuckt! HEUTE! Leidest du unter dem Stockholm-Syndrom oder was? Willst du so eine Frau sein, die sich irgendwann von ihrem Mann schlagen lässt und ihn trotzdem immer verteidigt?«

Wie konnte sie es wagen, so mit mir zu reden?

»Ich bin nicht mehr das fette Kind«, sagte ich. »Und er hat mich heute nur bespuckt, weil er dachte, dass ich das fette Kind bin. Aber das war ein anderes Leben. Das bin nicht mehr ich.«

Gloria lachte sarkastisch. »Ja, das habe ich auch gemerkt«, kam es von ihr zurück. »Du bist nicht nur dünn, sondern auch oberflächlich. Ich weiß, dass das harte Worte sind, und unter normalen Umständen würde ich dir das so auch nicht sagen, aber du musst aufwachen! Mein Gott, Lina, nimm deine rosa Brille ab! Du verrennst dich vollkommen bei diesem Typen. Lass

dir doch von seinem Gehabe nicht den Verstand verne-
beln! Du bist meine beste Freundin, und ich will nur das
Beste für dich. Dieser Typ treibt dich ins Unglück. Er
tut dir nicht gut. Du wirst immer mehr wie die, die du
früher mal so sehr gehasst hast. Du lässt dich von ihm
aufs Übelste runtermachen, und trotzdem willst du mit
ihm zusammen sein? Was ist los mit dir? So bist du
doch nicht! Ich habe wirklich das Gefühl, dass ich dich
vor ihm schützen muss, ehe du dich komplett in seiner
Welt verlierst.«

Ihre Worte gingen bei mir auf der einen Seite rein
und auf der anderen Seite wieder raus. Ich hatte ihre
tollen Ratschläge satt. Sie hatte es noch nicht einmal geschafft, von einem Typen richtig geküsst zu werden,
und nun wollte sie wissen, wer für mich gut war und in
wen ich mich verlieben durfte? *Nicht mit mir!*

»Du willst mich beschützen?«, fragte ich höhnisch.
»Und deshalb schickst du mich in einem Fatsuit in die
Schule? Damit ich ihm Angriffsfläche gebe?«

»Nein, damit du siehst, was er für ein Arsch ist.«

»Er ist aber kein Arsch. Zumindest nicht, wenn er
mich für Lina hält.«

»ABER LINA UND PAULINA SIND EIN UND
DIESELBE PERSON!« Langsam, aber sicher eskalierte
der Streit. »Nur weil du abgenommen hast, bist du doch
keine komplett andere Person! Ich mache mir wirklich
Sorgen um dich.«

Gloria war so lächerlich. »Du machst dir Sorgen? Es
ging mir blendend, bis du mich auf die dumme Idee mit
dem Fatsuit gebracht hast. Das war deine Schuld!«

Ein ungläubiges Schnauben. »Sag mal, hakt es?
Meine Schuld? Jona hat dich angespuckt! Er hat dich
die Jahre über gequält, während ich dir eine Schulter

zum Ausheulen gegeben habe. Also behaupte nicht, dass ich schuld bin. Denn ich war für dich da, als er dir das Leben zur Hölle gemacht hat! Er ist schuld. Nur er. Niemand zwingt ihn, so zu handeln! Ich habe ihm nicht gesagt, dass er dich anspucken soll. Da ist er ganz alleine draufgekommen. Wie kannst du ihm so etwas durchgehen lassen?«

»Weil wir uns lieben!«

Theatralisch verdrehte Gloria die Augen.

»Ich glaube wirklich, dass du blind bist. So blind, dass du außer ihm wirklich nichts mehr zu sehen scheinst. Jona weiß nicht einmal, was Liebe ist. Seine Sprache ist der Hass und nichts anderes! Begreif das doch! Du verwechselst Liebe mit Aufmerksamkeit. Ich kann dich ja verstehen, dass du dich freust, wenn du auf einmal Aufmerksamkeit von dem Typen bekommst, der dich sonst gehasst hat. Ist ja klar, dass du es gut findest, wenn er dich auf Händen trägt. Für dich ist das neu und deshalb auch aufregend, aber das ist doch kein Grund, sich selbst so zu verraten.«

Ich hasste Gloria dafür, dass sie mich gerade darstellte, als wäre ich völlig blöd.

»Begreif du lieber, dass er nicht so ist, wie du denkst! Ich weiß schon, was ich tue.«

Sie ließ einen Wutschrei los. »Du treibst mich in den Wahnsinn! Was ist los mit dir? Hat die Pille deine Hormone komplett durcheinandergebracht? Was läuft in deinem Gehirn falsch, dass du dich selbst so unter Wert verkaufst?«

»SAG MAL, WIE REDEST DU DENN MIT MIR?«

»ANDERS SCHEINST DU ES JA NICHT ZU VERSTE-HEN?«

Vor Wut hätte ich in diesem Zimmer alles kurz und klein schlagen können.

»Wenn du es nicht erträgst, dass ich mit meinem neuen Leben glücklich bin, dann lass mich einfach in Ruhe! Ich habe keinen Bock mehr, dass du über mich urteilst, als wärst du Gott persönlich und dürftest entscheiden, was Sünde ist und was nicht. Ich habe davon echt die Schnauze voll! Wenn du nicht damit klarkommst, dass ich jetzt einen Freund habe, dann lass mich einfach in Ruhe! Du bist doch nur neidisch, weil dich keiner haben will.«

»Das stimmt nicht! Ich habe einen Freund! Und zwar schon seit Wochen! Aber davon bekommst du ja nichts mit, denn es dreht sich ja alles nur noch um dich!«

»Als ob! Du lügst doch!«

Gloria wirkte fassungslos. »Ich erkenne dich nicht mehr wieder. Es ist, als hätte man dich einer Gehirnwäsche unterzogen! Ich bin nicht neidisch, sondern ich mache mir Sorgen.«

»Ja, du machst dir Sorgen, weil deine beste Freundin auf einmal einen Freund hat und andere Freunde. Auf einmal musst du deine beste Freundin teilen. Oder sollte ich sagen: ehemalige beste Freundin?«

Gloria kam mir plötzlich vor wie eine Fremde. Ich wollte im Augenblick nichts mit ihr zu tun haben.

»Ehemalige beste Freundin?«, wiederholte sie, und auf einmal zitterte ihre Stimme. »Du meinst, dass wir jetzt keine Freundinnen mehr sind? Ist es das, was du mir sagen willst?«

»JA!«

Die Antwort war mir einfach so herausgerutscht. Und einmal ausgesprochen, konnte ich es nicht mehr zurücknehmen. Tränen stiegen in Glorias Augen. Normalerweise war sie kein Mädchen, das schnell weinte. Doch nun tat sie es. Das zeigte mir, wie sehr es sie verletzte.

»Das meinst du nicht wirklich«, flehte sie.

»DOCH!«, brüllte ich. Die Wut sprach aus mir. »Ich glaube, es ist besser, wenn wir uns erst einmal nicht mehr sehen.«

Kapitel 27

Erst zu Hause wurde mir bewusst, dass ich eine Freundschaft beendet hatte, die schon seit Kindertagen bestanden hatte.

Das hatte ich nicht gewollt. Ich war verdammt sauer auf Gloria, aber ich wollte sie nicht als Freundin verlieren.

Abends lag ich lange im Bett und bereute sowohl meinen Auftritt im Fatsuit als auch die Tatsache, dass ich Gloria aus meinem Freundeskreis gestrichen hatte.

Gloria und ich waren zusammen aufgewachsen. Wir hatten gemeinsam unsere ersten Schritte gemacht, Sandburgen und Höhlen aus Decken gebaut. In unserer Kindheit hatten wir ständig zusammengehangen, und sie hatte mir immer wieder Mut zugesprochen, wenn Jona mich mal wieder bloßgestellt hatte.

Ich hatte all das weggeworfen, als wäre es mir nie etwas wert gewesen. Doch ich hatte auch meinen Grund gehabt, warum ich in dieser Situation so sauer auf sie gewesen war. Ein Unschuldslamm war sie nicht.

Meine Gedanken glichen einem Pendel. Gute Gloria, böse Gloria, gute Gloria, böse Gloria. Vielleicht war es Zeit weiterzuziehen. Wer blieb schon ein ganzes Leben lang mit der Sandkastenfreundin in Kontakt? Doch dann dachte ich wieder daran, wie sie mich in den Arm genommen hatte, als ich die schlimmste Zeit meines Lebens durchgemacht hatte. Ich war hin- und hergerissen.

Immer wieder zog ich mein Handy hervor. Mein Finger schwebte über der Tastatur. Ich tippte Entschuldigungen ein, doch ich schickte sie nicht ab. Ich konnte es einfach nicht. Zum einen war ich noch zu sauer, und zum anderen schämte ich mich für die Worte, die ich ihr an den Kopf geschmissen hatte.

Warum musste das alles nur so unglaublich kompliziert sein?

Am nächsten Morgen ging ich mit dunklen Augenringen zur Schule.

»Lina, es tut mir so leid«, begrüßte Lexy mich und umarmte mich innig, als wollte sie einen Teil meines Leides von mir nehmen, indem sie mich fest an sich presste.

Auch wenn sie nicht mit im Bio-Unterricht gesessen hatte, hatte es sich rumgesprochen, wie Jona mit dem Klopskind umgegangen war. Es wurde auch vermutet, dass das Klopskind den Feueralarm ausgelöst hatte, und nun rätselten alle, wo es geblieben war.

»Schon okay«, versuchte ich tapfer zu klingen. »Ich will da eigentlich auch nicht drüber reden.«

Lexy sah mich mitfühlend an. »Okay, aber es muss doch echt hart gewesen sein. Er soll dich sogar angespuckt haben.« Ich wollte das nicht. Ich wollte daran nicht mehr erinnert werden. Ich war nicht mehr Paulina. »Du musst doch unglaublich sauer auf ihn sein.«

In gewisser Weise war ich das auch, aber es war eben nicht der Jona, den ich liebte.

»Es war ein Fehler, mit dem Fatsuit in die Schule zu kommen. Ich hätte das gar nicht tun sollen.«

Lexy runzelte ihre Stirn. »Du hast ihm auch nicht die Wahrheit gesagt, oder?«

»Nein, ich will auch nicht, dass er es je erfährt. Für mich hat jetzt ein neues Leben begonnen, und ich will nicht, dass es vom alten beeinflusst wird.«

»Kann ich verstehen«, sagte Lexy nach kurzem Nachdenken.

Als Jona zu uns kam, umarmte und küsste er mich gewohnt vertraut.

Ich hatte mich für ihn entschieden und nicht für Gloria. Er sollte das besser nicht versauen, denn es hatte mich einen enormen Preis gekostet. Im Augenblick gab Jona jedoch alles. Er wirkte fast schon verschmust.

Liebevoll und fürsorglich: Das war mein Jona.

»Wieder alles gut bei dir?«, erkundigte er sich und hatte diesen ganz besonderen Blick, der nur mir vorbehalten war.

Meine Gedanken waren diese Nacht in Loopings durch meinen Kopf gerauscht, weshalb ich nicht einmal annähernd die Tiefschlafphase erreicht hatte. Es ging mir nicht gut.

»Du siehst auch irgendwie blass aus«, bemerkte ich. Er hatte den Teint von Schneewittchen, was bei Jona mehr als ungewöhnlich aussah.

»Ja, es war ein seltsamer Morgen«, rückte er mit der Sprache raus.

»Was war denn?« Erst jetzt fiel mir auf, wie besorgt er aussah. Auf seiner Stirn bildeten sich kleine Falten, und die Mundwinkel saßen heute erstaunlich weit unten.

»Mein Zimmerfenster war beschmiert, als ich aufgewacht bin. Zuerst sah es sogar wie Blut aus, aber es war nur rote Farbe.«

216

»Wie bitte?«, fuhr Lexy dazwischen. »So stalkermäßig? Das hört sich echt gruselig an. Was stand denn da?«

Er zuckte mit den Schultern, während mein Herz zu klopfen begann. Es kam eigentlich nur eine Person infrage, die dafür verantwortlich sein konnte.

»Es war dummes Gekritzel«, sagte Jona weiter. »Ein paar harmlose Schimpfwörter, aber irgendwie ein echt seltsames Gefühl, dass jemand nachts an meinem Fenster war, während ich geschlafen habe.«

Ich nickte und verspürte wieder Hass auf Gloria. Sie war zu weit gegangen. Viel zu weit. Das war eine Straftat. Ich fühlte mich nun darin bestätigt, die Freundschaft abgebrochen zu haben. Ich nahm Jonas Hand als Zeichen, dass ich bei ihm war. »Und dann war da noch ein Umschlag in meinem Briefkasten«, fügte er hinzu.

Er begann nun, in seinem Rucksack herumzuwühlen, und zog einen zerknitterten Umschlag heraus.

Lexy sah angeekelt aus.

Ich hatte wohl die Gesichtsfarbe eines Schneemanns, und meine Hände waren mindestens genauso kalt. Was hatte Gloria ihm untergejubelt?

»Waren da Würmer oder so drin?«, begann Lexy sofort zu spekulieren.

»Nee. Nur ein Foto.«

Ein Foto?

Aber doch bitte nicht ein Foto von mir!

Vor Aufregung konnte ich weder schlucken noch atmen. Hatte Gloria mich auffliegen lassen?

Er gab mir das Bild in die Hand. Ich kannte das Foto, denn ich war darauf zu sehen. Ich versuchte mir nichts anmerken zu lassen, doch mein Hass auf Gloria wuchs ins Unermessliche.

Das Foto war in ihrem Garten geschossen worden. Ich war damals sechs Jahre alt gewesen, damals sah der Speck noch süß aus. Es war am Tag vor meiner Einschulung. Mit der Schulzeit hatte der Horror begonnen. Auch wenn ich Jona erst am Gymnasium kennengelernt hatte, gab es auch an der Grundschule genug Kinder, die Dicksein als gerechtfertigten Grund für Mobbing empfanden. Mein fünfjähriges Ich hatte den Arm um Glorias Schultern gelegt. Wir beide grinsten in die Kamera.

Auch Lexy nahm nun das Bild in die Hand. »Wieso schickt dir jemand ein Kinderfoto?«, fragte sie und blickte ratlos drein. »Kennst du die Mädchen?«

Wieder hielt ich inne und starrte ihn erwartungsvoll an.

»Nee, noch nie gesehen. Aber dreh mal um. Auf der Rückseite steht etwas, aber ich habe keine Ahnung, was das bedeuten soll.«

Auch ich sah nun die Schrift. Gloria hatte sich nicht einmal die Mühe gemacht, sie so aussehen zu lassen, als wäre sie von jemand anders.

Lexy las laut vor. »In Wirklichkeit ist alles anders, als es wirklich ist«, lautete der erste Satz. Wie poetisch sich Gloria doch ausgedrückt hatte. Fand sie es lustig, einen auf mysteriösen Stalker zu machen? »Wir sind durch dick und dünn gegangen, während du nur dünn wolltest«, hieß der zweite und letzte Satz. Offensichtlich war es an mich und nicht an Jona gerichtet. Sie hatte offenbar damit gerechnet, dass Jona mir das Foto zeigen würde.

Sofort schnellte Lexys Blick auffällig zu mir. Konnte sie sich nicht ein bisschen dezenter verhalten?

»Ich habe keine Ahnung, was das bedeuten soll«, sagte Jona ratlos. Er schien Lexys Blick nicht bemerkt zu haben.

»Ich auch nicht«, stimmte ich zu und tat so, als würde ich über den Satz nachdenken.

»Meine Mum meinte, dass sie die Polizei einschalten will, wenn das noch mal passiert.«

Vielleicht würde Gloria das eine Lektion sein, denn so konnte es nicht weitergehen. Sie konnte sich nicht in mein Leben einmischen, als wäre es ihres. Ich hatte eine Entscheidung getroffen, und die hatte sie zu akzeptieren.

Kapitel 28

Ich hatte mich dazu entschlossen, Gloria noch eine letzte Nachricht zu schreiben.

Halt dich aus meinem Leben raus!

Mehr nicht. Ich hoffte, dass sie meine Nachricht verstünde. Vielleicht machte sie sich ja wirklich Sorgen um mich, aber das gab ihr nicht das Recht, Jona das Fenster vollzuschmieren.

Heute war ich mal wieder bei meinem Dad. Er hatte mir einen Tee gemacht. Ohne Zucker verstand sich. Nie wieder wollte ich das Klopskind sein. Lieber würde ich mich bei lebendigem Leibe vergraben und von Würmern auffressen lassen. Das war mir spätestens seit der Fatsuit-Aktion klar. So etwas wollte ich nie wieder erleben.

Dads Wohnung war immer noch nicht wohnlicher geworden. Nach wie vor stapelten sich die Umzugskartons in der kleinen Wohnung. Ich hatte das ungute Gefühl, dass er die Trennung von meiner Mutter nicht verkraftet hatte. Und das, obwohl es jetzt schon mehrere Monate her war, dass er ausgezogen war.

»Ich hab etwas Kleines für Gloria zum Geburtstag geholt. Kannst du es ihr am Samstag geben?«

Er streckte mir ein kleines Päckchen entgegen. Ich wusste, was es war. Es waren Reese's Kisses. Glorias Lieblingssüßigkeiten, die es nur in einem amerikanischen Laden gab, der direkt neben Dads Arbeitsstelle war. Jedes Jahr kaufte er ihr eine Packung zum Geburtstag. Auch er kannte sie schließlich schon seit ihrer Geburt.

Ich starrte auf seine Hand, in der die verpackten Schokoladenstückchen lagen.

»Nun nimm sie schon«, sagte er ungeduldig.

Dieses Jahr würde die Tradition gebrochen werden.

»Kann ich nicht. Ich werde Gloria nicht mehr sehen.«

Ich wusste ganz genau, dass Dad das nicht gutheißen würde, und das sah ich in diesem Moment auch seinem Gesicht an.

»Warum das denn? Ihr seid doch immer ein Herz und eine Seele gewesen.«

»Die Dinge haben sich eben geändert«, sagte ich knapp.

Dad stellte eine Umzugskiste von der Couch auf den Boden und setzte sich neben mich.

»Langsam mache ich mir wirklich Sorgen. Ich habe das Gefühl, dass du in die falschen Kreise abrutschst.«

Warum mussten sich plötzlich alle wie Dramaqueens aufführen? Ich nahm weder Drogen, noch war ich kriminell. Mein Freundeskreis könnte deutlich schlimmer sein.

»Wie willst du das einschätzen können?«, fuhr ich ihn an. Eigentlich war es nicht meine Art, mich im Ton zu vergreifen, wenn ich mit meinem Vater sprach.

»Zum Beispiel, weil du offensichtlich deine beste Freundin abserviert hast. Das sieht dir nicht ähnlich.«

»Du weißt doch gar nicht, was sie gemacht hat!«

»Dann sag es mir!« Er verschränkte die Arme vor seiner Brust, und ich sah ihm jetzt schon an, dass es egal war, was ich sagen würde. Er würde mich eh dafür kritisieren.

»Das geht dich nichts an!«

Er verdrehte die Augen. »Wie soll ich dich verstehen können, wenn du mir nicht sagst, was los ist?«

»Du könntest mir einfach vertrauen!«, brummte ich beleidigt.

Er seufzte, und ich spürte, wie er langsam die Geduld verlor.

»Lina, ich habe das Gefühl, dass du nicht mehr unterscheiden kannst, wer dich wirklich mag und wer nur bei dir ist, weil du jetzt zu dem angesagten Freundeskreis gehörst. Du scheinst dich so sehr über die Aufmerksamkeit zu freuen, die du jetzt bekommst, dass du gar nicht mehr darauf achtest, von wem du sie eigentlich kriegst.«

»Du spielst schon wieder auf Jona an. Hab ich recht?«

Nun setzte er diesen Dad-Blick auf, den jeder Vater draufhatte, wenn es um den neuen Freund seiner Tochter ging. »Ja, tue ich. Denn ich habe das Gefühl, dass es zwischen euch jetzt ernster wird als noch vor ein paar Wochen. Ich hatte gehofft, dass deine anfängliche Schwärmerei verfliegt und du wieder zu Sinnen kommst. Aber dem ist nicht so, oder?«

»Er ist mein Freund«, stellte ich klar.

Dad schüttelte abwertend den Kopf.

»Wie kannst du mit ihm zusammen sein, wo er dir doch so viel Leid zugefügt hat?«

»Das ist doch meine Entscheidung!«, entgegnete ich trotzig.

War es wirklich so verwerflich, im Hier und Jetzt zu leben? Konnten wir die Vergangenheit nicht einfach ruhen lassen?

»Ja, ist es, aber im Moment zweifle ich wirklich an deiner Entscheidungsfähigkeit. Du benimmst dich nicht mehr normal. Es ist nicht normal, mit jemandem zusammen zu sein, der dir das Leben zur Hölle gemacht hat. Wie kannst du jemanden lieben, der dich so sehr gehasst hat?«

»Er hat sich geändert!«, sagte ich lautstark.

»Aber das ändert nichts an dem, was er in der Vergangenheit getan hat!«

»Hat nicht jeder eine zweite Chance verdient?«

Dad war am Rande der Verzweiflung. »Findest du es nicht komisch, dass er seine zweite Chance ausgerechnet dann nutzt, als du abgenommen hast? Das ist keine zweite Chance, sondern Oberflächlichkeit. Er hätte dich nämlich nicht genommen, wenn dein Hintern noch ein wenig voluminöser gewesen wäre.«

»Das weißt du doch gar nicht!«

»Lina, ich bin mir sogar sicher, und ich denke, dass du das tief in dir drinnen auch weißt.«

Mein Blick wurde mit jedem seiner Worte finsterer. »Ich habe jetzt wirklich keinen Bock mehr, darüber zu sprechen.«

Dad versuchte es sich nicht anmerken zu lassen, aber er war enttäuscht von mir. Ich enttäuschte ihn nicht gerne, denn er war ein richtig guter Vater. Aber er hatte sich nicht in mein Liebesleben einzumischen.

»Okay, dann reden wir eben über die Herbstferien«, fuhr er fort. »Ich dachte, dass wir für ein paar Tage wegfliegen könnten. Vielleicht nach Paris oder so. Damit du einfach mal rauskommst.«

Dad wusste genau, dass ich schon immer mal nach Paris gewollt hatte. Schon als kleines Kind hatten mich die schönen Straßen fasziniert, die ich im Fernsehen gesehen hatte. Es war nicht nur Disneyland, das mich gelockt hatte, sondern vor allem die vielen kleinen Cafés und Gässchen.

»Das geht leider nicht«, lehnte ich schweren Herzens ab.

Dad fiel aus allen Wolken. Mit dieser Reaktion hatte er offenbar nicht gerechnet. »Ich habe mir sogar schon freigenommen und das vor Wochen mit deiner Mutter abgesprochen.«

Na toll, Mum! Warum hatte sie mir das nicht gesagt, als ich den Termin ausgemacht hatte? War ich etwa zum Spielball meiner Eltern geworden? Manchmal war es für mich noch immer unbegreiflich, dass sie jetzt kein Team mehr waren und sich offenbar sogar gegenseitig ausspielten.

»Ich habe eine Operation am Anfang der Ferien und muss mich danach noch schonen.«

Jetzt war es raus. Ich hatte es schon viel zu lange vor ihm geheim gehalten.

Nun trat eine andere Art von Sorge in sein Gesicht. Es war eine existenzielle Sorge. »Wieso wirst du denn operiert? Warum sagt mir niemand etwas darüber?«

»Ich bin nicht krank. Keine Sorge. Ich lass mir nur meine Brüste machen.«

»DU MACHST WAS?« Okay, was das betraf, war meine Mum offensichtlich deutlich liberaler. »Das wurde einfach ohne mich beschlossen? Ich bin dein Vater, und ich habe da auch ein Wort mitzureden. Ich will nicht, dass meine Tochter sich ihre Brüste machen lässt!«

»Dad, ich will sie nur straffen lassen. Wenn du meine Brüste sehen würdest, dann würdest du es verstehen.«

»Nein, würde ich nicht, denn es ist mir egal, wie sie aussehen. Und jeder, der dich liebt, sollte das genauso sehen. Keiner von uns ist perfekt. Und wenn deine Brüste nicht mehr so straff sind, dann ist es halt so. Das ist doch nicht das, was zählt.«

»Aber ich fühle mich mit meinen Omabrüsten nicht wie ein normaler Teenager.«

»Lina, ich will nicht, dass du oberflächlich wirst und auch von anderen Perfektion erwartest. Nur weil du jetzt abgenommen hast, solltest du nicht von allen anderen fordern, dass sie auch versuchen, sich dem Schönheitsideal anzupassen. Und schon gar nicht solltest du von dir selbst verlangen, perfekt zu sein. Niemand ist das. Wenn deine Brüste gestrafft sind, wirst du dir etwas Neues suchen, an dem du rumnörgeln kannst. Das wird kein Ende nehmen. Hör auf, dich in Oberflächlichkeiten zu verlieren!«

»Tu ich doch gar nicht!«

»Du bist mit diesem Jona zusammen!«

»ICH WILL NICHT DARÜBER REDEN!«

»Nicht in diesem Ton! Du bist meine Tochter und noch nicht volljährig. Also habe ich auch noch ein Wort mitzureden. Ich finde es nicht in Ordnung, wenn so ein großer Eingriff gemacht wird, ohne dass mir etwas davon gesagt wird. Ich habe es gerade auch nur durch Zufall erfahren. Findest du das fair?«

Dad war nun nicht nur sauer, sondern auch verletzt. Es war für ihn eh schon schwer, weil ich nicht mehr mit ihm zusammenlebte. Ich hatte das Gefühl, dass er sich nun noch mehr aus meinem Leben ausgeschlossen fühlte.

»Tut mir leid. Ich hatte einfach Angst, dass du es mir verbietest.«

»Das würde ich auch am liebsten. Aber noch lieber hätte ich meine Tochter von früher wieder, die sich nicht mit Fieslingen verbündet und stattdessen zu ihrer besten Freundin steht. Meine Tochter, die mit mir über alles redet und keine Geheimnisse vor mir hat.«

»Dad«, sagte ich flehend, denn seine Enttäuschung war für mich nur schwer zu ertragen.

»Nein, Lina!«, kam es in hartem Tonfall zurück. »Ich will, dass du einfach mal darüber nachdenkst, wie sehr du dich in den letzten Wochen verändert hast. Wenn das so weitergeht, läufst du wahrscheinlich auch bald durch die Straßen und mobbst irgendwelche Kinder, die nicht deinem Idealbild entsprechen.«

Geschockt sah ich meinen Vater an. So hatte er noch nie mit mir gesprochen. »Das ist doch gar nicht wahr«, protestierte ich. »Ich würde das nie machen!«

»Vor ein paar Monaten hättest du auch noch nicht gedacht, dass du mal einen Jungen wie Jonas küssen würdest. Ich kann dir nicht vorschreiben, mit wem du deine Zeit verbringst, aber ich entscheide, wen ich kennenlernen will und wen nicht. Und Jona solltest du mir besser nicht vorstellen, denn ich kann dann für nichts garantieren.«

Kapitel 29

Diese ganzen Streitereien mit Gloria und meinem Vater zogen meine Laune in den Keller, und das, obwohl ich eigentlich frisch verliebt war und von Wolke zu Wolke springen sollte.

Im Moment war Jona der Einzige, der es schaffte, mich zum Lachen zu bringen. Und aus diesem Grund verbrachte ich mit ihm viel Zeit. Heute waren wir in einem Shoppingcenter. Mum hatte mir fünfzig Euro gegeben und gesagt, dass ich mir etwas Schönes kaufen solle. Ein bisschen hatte ich das Gefühl, dass sie versuchte, mich für sich zu gewinnen. Zu gerne hätte ich gewusst, was zwischen meinen Eltern wirklich vorgefallen war, sodass sie mich jetzt schon benutzten, um sich gegenseitig auszustechen.

Ich war gerade in der Umkleide und probierte eine Jeans an. Ich wollte am liebsten gar nicht an die alten Tage denken, als ich Hosen gebraucht hatte, bei denen ich heute vielleicht sogar in ein Hosenbein passen würde. Ich hatte festgestellt, dass Shoppen nur Spaß machte, wenn man auch dünn war. Denn nur dann waren deine Klamotten in deiner Größe vorrätig. Dann musste man auch nicht darauf achten, dass die Problemzonen kaschiert werden, sondern konnte einfach schauen, ob es gut aussah. Wie sehr hatte ich doch immer den Blick in den Spiegel in den Umkleiden gehasst.

Nicht selten war ich dabei in Tränen ausgebrochen. In Umkleiden war man gezwungen, sich anzusehen. Kein Oberteil hatte an mir gut ausgesehen, und letztendlich hatte ich immer nur zu weite Pullis und sehr dehnbare Hosen gekauft, die weder schick noch sexy waren.

Doch nun konnte ich alles tragen, und das war ein verdammt gutes Gefühl.

»Sie sitzt eigentlich ganz gut«, sagte ich Jona und zog den Vorhang beiseite, um ihm die hautenge Jeans zu zeigen. Ich war erstaunt, was für ein ausgezeichneter Shoppingbegleiter er war.

Er pfiff und rief: »Sexy!«

Mir schmeichelten seine Worte.

»Na los, zieh auch das Kleid an. Das sah doch echt gut aus!«, forderte er mich auf und deutete auf den roten Fummel, der bei mir in der Umkleide hing.

Ich nickte und zog den Vorhang schnell wieder zu. Dann pellte ich mich aus der Jeans und aus meinem Shirt.

Ich zog das Kleid über, das wie eine zweite Haut saß. Es war sehr kurz. Gloria würde es als billig bezeichnen. Jona würde es gefallen.

Automatisch zog ich den Bauch ein, als ich wieder den Vorhang öffnete.

Jona musterte mich, und ich sah sofort, dass ihm gefiel, was er sah. Ich fühlte mich begehrt, und das war ein Gefühl, dass ich noch nie zuvor gespürt hatte.

»Wow!«, formte er mit seinen Lippen.

Ich drehte mich um meine eigene Achse und sog seine Blicke auf.

»Du siehst großartig aus.« Er legte seine Hände auf meine Hüfte. Langsam wanderten sie zu meinem Hintern. »Knackig«, flüsterte er mir ins Ohr.

Ich kicherte und freute mich über dieses Kompliment. Mein Körper war jetzt knackig und nicht mehr wie eine Qualle.

In der Kabine neben mir ging der Vorhang auf. Automatisch sahen Jona und ich zu dem Mädchen, das dort heraustrat. Es war dick. Nicht so dick, wie ich damals gewesen war, aber dick genug, um schief angesehen zu werden, wenn sie mit einem Burger in der Hand durch die Straßen lief.

»Das macht eine schöne Figur«, redete eine Frau, die vermutlich ihre Mutter war, dem Mädchen gut zu.

Ich sah die Unsicherheit in ihren Augen. Sie fühlte sich in ihrem Körper nicht wohl. Ich konnte dieses Gefühl nur zu gut nachvollziehen. Ich wünschte, sie könnte sehen, wie hübsch ich sie fand. Denn sie hatte tolle Proportionen. Es war eine Sanduhrfigur, wie sie im Buche stand. Zudem hatte ihr Gesicht feine Züge, sodass es fast schon engelsgleich aussah. In dieses Bild passten auch ihre wunderschönen blonden Locken. Doch offensichtlich sah sie selbst nur das überschüssige Fett. Das Mädchen schien den Tränen nahe zu sein.

»Ich glaube, es ist ein bisschen zu klein«, stammelte sie beschämt und zog den Stoff etwas nach unten.

Auch die Mutter schien zu spüren, wie unsicher sich ihre Tochter fühlte. »Ich hol dir eine Nummer größer«, sagte sie knapp und lief los.

Ich überlegte, ob ich etwas zu dem Mädchen sagen sollte, denn es stand wie ein Häufchen Elend mit seinen Selbstzweifeln da. So hatte ich mich beim Shoppen auch immer gefühlt. Ein paar Worte einer Fremden konnten manchmal Wunder wirken.

»Ich glaube, eine Nummer größer macht es auch nicht besser. Vielleicht einfach eine Portion weniger beim Mittagessen. Das würde wohl mehr helfen«, kam es plötzlich aus Jonas Mund.

Entsetzt starrte ich ihn an. Ich trat einen Schritt von ihm weg. Das Mädchen tat es mir nach. Ich befürchtete, dass sie wirklich jeden Moment losweinen würde.

»Jona!«, zischte ich ihn an.

Er zuckte mit den Achseln. »Was denn?«, sagte er laut. »Mit der Figur kann sie tragen, was sie will. Es wird nie gut aussehen.«

Seltsamerweise schmerzte mich dieser Kommentar so, als hätte er es zu mir gesagt. »Was soll das?«, fragte ich ihn aufgebracht. »Warum machst du sie so runter? Sie hat dir nichts getan!«

Ich hatte das dringende Bedürfnis, sie zu verteidigen, denn in gewisser Weise verteidigte ich dabei auch mich selbst.

»Ich hab ihr doch nur einen Tipp gegeben, wie sie besser aussieht!«

Am liebsten hätte ich ihm dafür eine gescheuert.

»Du bist so ein Ficker!«, kam es plötzlich über meine Lippen. Na toll, jetzt bediente ich mich schon aus dem Wortschatz von Gloria. Doch er hatte es verdient! Wie konnte man sich nur so respektlos verhalten?

Jona sah mich bei dem Wort *Ficker* kurz irritiert an. Ich war selbst erschrocken darüber, dass ich ihn so genannt hatte.

»Sorry!«, murmelte ich. »Doofe Wortwahl.« Hatte ich meinen Freund gerade echt *Ficker* genannt? »Aber du hast trotzdem nicht das Recht, sie so zu beleidigen.«

Er wirkte noch immer angespannt. Offensichtlich nahm er mir den *Ficker* übel.

»Ist doch nur die Wahrheit!«, entgegnete er unterkühlt.

Das Mädchen zog sich in die Umkleidekabine zurück und schirmte sich mit dem Vorhang vor unseren Blicken ab. Ich hörte sie schluchzen. Es ging mir näher, als mir lieb war. Es war, als machte ich eine Zeitreise. Ich hätte dieses Mädchen sein können. Langsam wurde mir bewusst, dass Jona einfach nicht darüber nachdachte, was seine Worte für eine Wirkung bei anderen Menschen erzielten.

»Bist du jetzt zufrieden?«, fuhr ich ihn an. »Sie weint deinetwegen!«

»Und das, obwohl sie so 'nen dicken Fettpanzer hat. Kaum zu glauben, dass die Worte überhaupt da durchdringen können.« Er schien nicht zu merken, dass er es immer schlimmer machte.

»Jona, es reicht!«, sagte ich ernst. »Du könntest dich mal entschuldigen!« Es war die alte Paulina, die aus mir sprach. Die, die immer gehofft hatte, dass er sich eines Tages auch bei mir entschuldigte.

»Süße, jetzt mach kein Drama draus.«

Er strich mir über die Wange. Das wirkte wie eine Art Beruhigungsknopf. Ein Streichler, und schon fühlte ich mich bei ihm wieder so wunderbar geborgen. Manchmal hatte ich das Gefühl, dass er mich wie eine Fernbedienung benutzen konnte. Er wusste genau, welche Berührung bei mir welchen Gemütszustand auslöste.

Doch das Schluchzen aus der Nachbarkabine machte mich noch immer traurig. Ich löste mich von Jona und ging zu dem Vorhang, hinter dem sich gerade das Mädchen die Augen ausheulte. Ich wollte ihn gerade vorsichtig aufziehen, als ich die Stimme der Mutter hörte.

»Luise, das Kleid gab es leider nicht noch eine Nummer größer«, rief sie ein wenig zu laut.

Das war der schlimmste Satz, den man als Mädchen in so einer Situation hören wollte. *Das gibt es nicht mehr in der Größe* bedeutete wohl, dass man sich doch besser in ein Übergrößengeschäft begeben sollte. Und damit musste man sich eingestehen, dass man nicht mehr der Norm der Gesellschaft entsprach.

Kein gutes Gefühl! Die Mutter hielt inne, als sie mich nah am Vorhang sah. Luise weinte. Die Tränen ihrer Tochter taten ihr weh.

»Ich mach das schon«, ließ sie mich wissen und ging dann zu ihrer Tochter rein.

Vorwurfsvoll warf ich einen Blick in Jonas Richtung.

»Nun guck nicht so!«, versuchte er, unschuldig zu klingen. »Ich konnte ja nicht wissen, dass sie gleich zu weinen anfängt.« Um ehrlich zu sein, konnte man schon damit rechnen, wenn man so fiese Sachen sagt. »Ich wollte dich morgen übrigens überraschen. Hast du Lust so gegen sechs bei mir vorbeizukommen?«

Glorias Worte und die von meinem Dad setzten sich in meinen Gedanken fest. So richtig hatte er sich noch nicht geändert. Nur das Verhalten mir gegenüber hatte sich geändert.

Jona suchte wieder meine Nähe. »Ich habe mir wirklich Mühe gegeben«, flüsterte er mir ins Ohr und drückte mich an sich. »Es wird dir gefallen.« Sein Atem hinterließ ein sanftes Kribbeln auf meiner Haut. Er platzierte ein paar Küsse auf meinem Hals. »Bitte, komm morgen!«

Mit großen, treuen Augen sah er mich an. Ich konnte ihm einfach nicht widerstehen.

»Okay, ich komme, aber ich will, dass du nett bist, und zwar nicht nur zu mir.«

Er lächelte. »Natürlich. Immer doch.«

232

Kapitel 30

»Bist du allein hier?«, fragte ich Jona, als ich in den Flur trat und mir den Regen aus dem Gesicht wischte.

Von meiner nassen Kleidung fielen die Tropfen auf den Marmorboden, der glücklicherweise über eine Fußbodenheizung verfügte.

»Ja«, verkündete er stolz. »Meine Eltern sind mit meiner Schwester ins Saarland gefahren, weil meine Tante Geburtstag hat. Ich konnte mich davor drücken. Wir haben das Haus also ganz für uns allein.« Er nahm mir den durchnässten Mantel ab und gab mir einen Kuss.

Ich hatte mir eh schon gedacht, dass wir das Haus zu zweit haben würden. Jona würde also auch von der Überraschung profitieren. Heute würden wir es wirklich durchziehen.

Das war seine Art von Überraschung.

Da ich diese Vermutung schon vorher gehabt hatte, trug ich heute meine beste Unterwäsche. Rosa Spitze und einen schönen Push-up. Auch wenn Jona schon ein Bild von meinen Brüsten gesehen hatte, würde ich sie ihm nicht eher zeigen, bis sie operiert wären.

Doch zunächst machte er keine Anstalten, mir an die Wäsche zu gehen. Stattdessen kochten wir gemeinsam Abendessen. Ausgerechnet Nudeln. Ich brauchte Nudeln nur anzusehen, und schon hatte ich sie auf den

Hüften. Es war nicht gerade die beste Taktik von Jona, mich vor dem Sex mit Essen vollzustopfen, das mich träge und dick machte.

Wir setzten uns an den großen Tisch im Wohnzimmer, über dem ein majestätischer Kronleuchter hing. Das Geschäft der Eltern musste wirklich hervorragend laufen.

Jona machte sich sogar die Mühe, ein paar Kerzen anzuzünden. Man hätte es also durchaus als Candle-Light-Dinner bezeichnen können. Offenbarte er mir etwa gerade seine romantische Ader?

»Du isst ja schon wieder nur wie ein Spatz«, bemerkte er, als ich nach ein paar Nudeln die Gabel beiseitelegte.

Irgendwie fand ich es schmeichelhaft, dass er mich mit einem Spatzen verglich, doch ich konnte es nicht leiden, wenn jemand über mein Essen urteilte.

»Hab nicht so großen Hunger«, rechtfertigte ich mich.

Er legte seinen Kopf schief und wirkte dabei ein wenig wie eine aufdringliche Stadttaube. »Schmeckt es dir nicht?«

Es schmeckte sogar großartig.

»Doch, es ist gut. Wirklich. Ich bin einfach nur satt.«

Er zog eine Augenbraue hoch. »Von den fünf Nudeln?«

Ich hatte zwanzig gegessen!

»Ich bin satt«, sagte ich erneut und dieses Mal mit mehr Nachdruck. »Willst du den Rest?«

»Klar«, antwortete er mit vollem Mund. Es war unglaublich, wie viel er essen konnte, und trotzdem war seine Figur makellos. Es war nicht fair. Ich würde für seinen Stoffwechsel töten.

Ich sah ihm dabei zu, wie er auch meine Nudeln in sich hineinstopfte. Es schien ihm wirklich zu schmecken, und ich mochte den zufriedenen Ausdruck auf seinem Gesicht.

»Und jetzt Dessert«, rief er erfreut, als auch der letzte Klecks Soße vom Teller in seinen Mund gewandert war.

Ich wollte nicht noch mehr essen. Es war ja wirklich süß von ihm, aber ich mochte es nicht, wenn ich mein Essen nicht kontrollieren konnte und man mir irgendwelche Portionen vorsetzte, deren Kalorienzahl ich nicht kannte.

Es fiel mir schwer, mir das selbst einzugestehen, aber mir war bewusst, dass mein Verhältnis zum Essen noch immer nicht normal war. Meine Essgewohnheiten waren geprägt durch Disziplin, aber nicht durch Intuition, wie es eigentlich der Fall sein sollte. Der Weg aus einer Essstörung war leider lang.

Jona ging an den Tiefkühler und holte eine große Packung Eis heraus.

»Dafür muss bei dir noch Platz sein!«, mahnte er scherzend und stellte zwei Glasschälchen auf die Anrichte. Mir wurde schlecht, als ich sah, wie viel Eis er dort hineingab. Die Waage würde mir morgen jeden einzelnen Löffel vorhalten, den ich zu viel von dem Eis gegessen hatte.

»Jona, nicht so viel!«, bat ich ihn, doch jetzt kam die Schokosoße.

Das war meine Wochenration an Kalorien. Wenn ich das alles essen würde, könnte er die Nähte meiner Unterwäsche im Wohnzimmer zusammensuchen.

Er stellte mir das Schälchen hin. »Lass es dir schmecken.«

Es war wohl das Letzte, was ich als Jungfrau essen würde. Eine Art Henkersmahlzeit. Ich bekam wie auch schon bei den letzten zwei Malen ein flaues Gefühl im Magen. Für mich war das eine große Sache.

Ich stocherte ein wenig im Eis herum, während Jona es in sich hineinschaufelte. Als er fertig war, schob ich ihm mein Schälchen hin.

»Auch kein Eis?«, fragte er überrascht.

Ich schüttelte den Kopf.

Jonas Blick ruhte eine Weile auf mir.

»Willst du abnehmen?«, fragte er aus heiterem Himmel.

Ich hatte in den letzten Wochen tatsächlich noch einmal abgenommen. Es war ein gutes Gefühl, dünn zu sein, und ich dachte mir, dass ich lieber ein bisschen mehr abnähme, damit es nicht ganz so schlimm wäre, falls sich doch einmal der Jo-Jo-Effekt einstellen sollte.

»Nein«, sagte ich, als wäre es das Abwegigste der Welt.

»Aber du isst echt wenig.«

»Bin halt nicht so verfressen wie du.«

Er grinste breit und schob sich einen weiteren Löffel mit Eis in den Mund.

»Wenn du kein Eis willst, könnten wir den Nachtisch auch in etwas anderes umwandeln.«

Sein Eis schien plötzlich vollkommen vergessen, und er kam zu mir, um mich zu küssen. Und das auf eine Art und Weise, die mir sagte, dass der Rest des Abends wohl in seinem Bett stattfinden würde. Seine starke Hand umgriff meine Finger. Sachte zog er mich vom Stuhl und brachte mich in sein Zimmer. Als er die Tür aufstieß und ich sein Bett sah, musste ich lachen.

Jonas Blick wirkte verunsichert. »Übertrieben?«, fragte er.

Ich schmunzelte, als ich die Rosenblätter auf dem Bett sah. Gloria hätte so etwas mit Sicherheit gefallen, ich fand es lustig und schon fast ein bisschen gruselig. Es war einfach zu klischeehaft.

»Ein bisschen«, sagte ich sensibel.

Jona ließ seine Schultern hängen. »Ich dachte, dass das erste Mal etwas Besonderes sein sollte. Stehen Mädchen nicht auf Rosenblätter und Kerzen?«

Erst jetzt fielen mir die noch nicht angezündeten Teelichter auf. Um Gottes willen! Was sollte das werden? Was hatte er sich dabei nur gedacht? Das hier wirkte wie der wahr gewordene Traum einer leidenschaftlichen Romantikerin. Zu dieser Sorte Mädchen zählte ich jedoch nicht. Trotzdem schätzte ich seine Bemühungen.

»Alles eine Sache der Dosierung«, versuchte ich, es möglichst diplomatisch zu formulieren. »Aber nett, dass du dir so viel Mühe gemacht hast.«

Auch wenn ich die Aufmachung mit Kerzen und Rosenblättern lächerlich fand, erkannte ich, wie viel ihm das Ganze hier bedeutete. Er hatte gewollt, dass ich mich wohlfühlte und dass es ein tolles erstes Mal würde. Aus diesem Grund liebte ich Jona. Ich war ihm nicht egal. Ganz im Gegenteil. Ich bedeutete ihm etwas.

Meine Hand wanderte unter sein Shirt. Es war erstaunlich, dass er schon in diesem Alter ein solch definiertes Sixpack hatte. Sein Bauch könnte auch aus Marmor geschlagen sein. Nur dass seine Haut warm und zart war. Seltsamerweise fragte ich mich in diesem Moment, ob er Bodylotion benutzte. So geschmeidig, wie sie sich anfühlte, war es definitiv im Rahmen des Möglichen.

Meine Berührungen schienen für ihn den Startschuss zu geben, um auch mir näher zu kommen. Schon zweimal waren wir an diesem Punkt angekommen. Wieder begann er mich liebevoll zu küssen. Ich hatte nicht das Gefühl, dass er eine schnelle Sache daraus machen wollte. Ganz im Gegenteil. Zunächst war es mehr ein Kuscheln, bei dem mit der Zeit die Kleidungsstücke zu Boden fielen. Als ich nur noch Unterwäsche trug, begann wieder die Phase, in der ich aufgeregt wurde.

»Nicht, Jona!«, hauchte ich, als seine Hände den Verschluss meines BHs erreichten.

»Vertrau mir!«, flüsterte er.

»Ich kann nicht! Wenn sie operiert sind, dann kannst du sie sehen und so lange durchkneten, wie du willst.« Ich versuchte, bewusst lässig zu klingen, um zu vermeiden, dass er spürte, wie panisch ich wurde. Die Scham war einfach zu groß.

»Komm schon, Lina. Wenn du mir dein erstes Mal anvertraust, dann kannst du mir auch deine Brüste zeigen. Ich will wissen, wie sie vor der OP aussahen. Das ist schließlich auch ein Teil von dir.« Er beugte sich vor, sodass seine Lippen direkt an meinem Ohr waren. »Vertrau mir.«

Ich schluckte schwer und hauchte dann »Okay.«

Nun öffnete er den Verschluss meines BHs. Ich ließ es geschehen, auch wenn ich sofort die Luft anhielt und hoffte, dass irgendetwas passieren würde, damit er sie nicht sähe. Vielleicht eine Mutter, die doch zu Hause war, oder ein paar Chili-Kondome. Irgendetwas, das ihm diesen Anblick ersparte. Doch nichts dergleichen geschah.

Meine Brüste waren entblößt.

Immerhin lag ich auf dem Rücken, sodass er nicht sehen konnte, wie sehr sie wirklich hingen. Trotzdem war die Haut alles andere als straff. Am liebsten hätte ich die Decke über meinen Brustkorb gezogen, anstatt hier wie auf einem Präsentierteller zu liegen.

Zunächst legte Jona seine Hände um meine Taille. Dann wanderten seine Finger immer höher. Es fiel mir schwer, ihn anzusehen, denn ich schämte mich für diesen Teil meines Körpers.

Seine Hände lagen auf meinen Brüsten.

»Du bist schön«, sagte er ehrlich. Er sah mir dabei intensiv in die Augen. »Es gibt keinen Grund, dich zu schämen.«

Ich konnte nicht antworten, weil er einen Kuss auf meinen Lippen platzierte. Er trug nur noch seine Boxershorts und ich nur noch meinen Slip. Das bedeutete sehr viel Hautkontakt, und ich genoss es. Ich liebte seine Nähe.

»Bist du bereit?«, fragte er vorsichtig, während er mit den Fingern meine Brustwarzen umkreiste. Für gewöhnlich ignorierte ich meine Brüste. Umso mehr hasste ich es, wenn jemand anders ihnen so viel Aufmerksamkeit schenkte.

»Ja.«

Selbstbewusst zog ich seine Boxershorts herunter und entledigte mich selbst der rosafarbenen Spitze, die noch meinen Körper bedeckte.

Es war Zeit, dass ich diesen Schritt ging.

Kapitel 31

Ich hatte immer davon geträumt mal in den Armen eines Jungen aufzuwachen. Fest umschlungen von seinem Körper. Ich wollte sehen, wie sich seine nackte Brust langsam hob und senkte. Und ich wollte die Wärme spüren, die er ausstrahlte.

Doch leider war das nach meinem ersten Mal nicht der Fall. Ich wachte allein in seinem Bett auf.

Jona war nicht da. Niemand hielt mich im Arm.

Kurz machte sich Enttäuschung bei mir breit, doch dann dachte ich wieder an den gestrigen Abend. Es war einmalig gewesen. Anders, als ich es mir vorgestellt hatte, denn es war noch so viel besser gewesen.

Ich griff nach meinem Handy. Es war neun. Ein Blick aus dem Fenster sagte mir, dass die Regenwolken sich über Nacht nicht verzogen hatten. Es sah draußen ungemütlich aus. Umso mehr schätzte ich es, hier in der Wärme dieses wundervollen Hauses zu sein.

Ich hatte eine ungelesene Nachricht von Lexy.

Es tut mir so leid, Lina. Ich habe echt nichts davon gewusst. Ich hätte es verhindert, wenn ich es gekonnt hätte. Ich weiß nicht, ob du es schon gehört hast; falls nicht, dann bin ich wohl die Nachrichtenüberbringerin: Ich glaube, so ziemlich alle im Jahrgang haben ein Foto

von dir bekommen, auf dem du oben ohne irgendwo
duschst. Du kannst mich jeder Zeit anrufen.
PS: Jenny ist 'ne Schlampe

Das Bild hatte sie mir mitgeschickt.

Ich las die Nachricht immer und immer wieder. Da stand tatsächlich, dass der gesamte Jahrgang dieses Foto gesehen hatte. Ich selbst konnte mir das Bild nicht anschauen, aber schon auf den ersten Blick erkannte ich das Foto.

DER GESAMTE FUCKING JAHRGANG HATTE ES GESEHEN!

Das durfte nicht sein. Ungläubig schüttelte ich meinen Kopf. Wie hatte das passieren können? Meine Schockstarre wandelte sich in einen Heulkrampf. Jona hatte doch gesagt, dass er es gelöscht hatte! Hatte Jenny es vorher noch an jemanden verschickt? Wieso tat sie mir das an? Dieses verdammte Miststück!

Ich sprang vom Bett auf, zog mir ein viel zu großes Shirt von Jona über und lief durch das Haus. Ich war in Panik. War das gerade ein Albtraum?

»JONA!«, brüllte ich mit dem Hang zur Hysterie. »JONA! Wo bist du?«

Ich brauchte ihn! SOFORT!

»Bin im Wohnzimmer«, hörte ich ihn von unten rufen.

Sofort eilte ich hinunter.

Der gesamte Jahrgang wusste nun, wie entstellt ich war. Das Mobbing würde wieder beginnen. Davor hatte ich immer am meisten Angst gehabt. Es war nicht einmal die Zunahme von Gewicht, sondern vielmehr, wieder in die Opferrolle zu verfallen. Alles, bloß das nicht.

Ich hielt das nicht noch länger aus. Ich wollte das nicht mehr! Nie wieder!

Jona hatte mich mit meinen Brüsten akzeptiert, aber die anderen würden das nicht tun.

Als ich ihn erreicht hatte, schlang ich meine Arme um ihn. Er stand nur in seinen Boxershorts da. Ich vergrub mein Gesicht an seiner nackten Brust und heulte wie ein Kleinkind. Ich wollte nicht mehr das Mobbingopfer sein. Ich war es viel zu lange gewesen. Ich hatte ein Recht darauf, ein normales Leben zu führen!

»Das Foto«, schluchzte ich. »Alle haben es gesehen.« Ich presste meine Wange gegen seine flache Brust. Ich musste ihn nah bei mir haben, um zu wissen, dass er wirklich hier war.

Vielleicht konnte er mich ja beschützen.

»Ich weiß«, sagte er.

Ich sah zu ihm auf. »Dir haben sie es auch geschickt?«, schniefte ich.

Sein Blick irritierte mich. Er sah anders aus als sonst. Seine Augen starrten mit einer Härte auf mich, die mich verunsicherte. Was geschah hier? Etwas stimmte nicht.

»Ich habe es an alle anderen geschickt. Ich war es.«

Mein Körper fror ein, und mein Blick ging ins Leere. Was hatte er gerade gesagt?

»Du hast *was* getan?« Das konnte nur ein Albtraum sein. Vielleicht bekam man nach seinem ersten Mal immer Albträume. So musste es sein. Das hier konnte unmöglich die Realität sein.

Er schob mich von sich weg. Die räumliche Distanz zwischen uns ließ mich noch unruhiger werden.

»Ich habe das Foto damals an mich geschickt, bevor ich es von Jennys Handy gelöscht habe. Und heute Morgen habe ich es an alle im Jahrgang versendet.«

Manchmal dachte man, dass es nicht mehr schlimmer kommen konnte, und genau dann schlug das Schicksal mit seinen schärfsten Waffen noch mal zu. Mir wurde schlecht, und ich hatte das Gefühl zu fallen. Meine Knie wurden weich, und ich hätte schwören können, dass der Boden unter mir plötzlich verschwunden war. Alles, was ich hervorbrachte, war ein »Warum?«.

In suchte in Jonas Blick vergeblich so etwas wie Vertrautheit. Besonders nach unserer letzten Nacht war das ein Stich ins Herz. Ich hatte wirklich gedacht, dass es für uns beide etwas Besonderes gewesen war.

»Warum?«, wiederholte er höhnisch meine Worte. »Weil du es verdient hast!« Ich verstand die Welt nicht mehr. »Du bist verrückt!«

Ich stützte mich an einer Kommode ab, weil ich das Gefühl hatte, gleich umzufallen.

»Was?« Meine Stimme war brüchig und klang so, als hätte ich letzte Nacht drei Flaschen Whisky getrunken.

»Ich weiß, dass du es warst. Jenny hat es mir erzählt. Du hast uns das Viagra untergejubelt! Und du warst das auch mit den Kondomen! Hast du eine Ahnung, wie gefährlich das war? Ich wollte Jenny am Anfang nicht glauben, doch dann hast du mich neulich *Ficker* genannt. Das sagt doch niemand! Aber genau dieses Wort stand auf meinem Fenster. In Blutrot! Da wusste ich, dass du das warst!« Der Kloß in meinem Hals wurde immer größer. »Ehrlich gesagt, check ich nicht, warum du das getan hast«, fuhr er fort. »Du warst neu, und keiner von uns hat dir etwas getan, und dann ziehst du so eine Scheiße mit uns ab. Du hast es verdient, bloßgestellt zu werden!«

»NEIN!«, rief ich laut. Ich hatte das hier nicht verdient! »Ich habe nichts mit der Schmiererei an deinem

Fenster zu tun, und ich habe dir auch nicht das Kondom untergejubelt!«

»Aber das mit dem Viagra gibst du zu?« Er verschränkte die Arme vor seiner Brust.

All mein Blut wich aus meinem Gesicht. Auch Jona entging es nicht. Es schien ihm zu gefallen, dass ich hier heulend vor ihm stand und er diese Macht über mich hatte.

»Du bist krank!«, sagte er schließlich.

»Du hast es geplant«, kam es bitter über meine Lippen, als meine Gedanken sich langsam ordneten. »Es war dein Plan, erst mein Vertrauen zu erschleichen, dann mit mir zu schlafen und danach das Foto rumzuschicken. Das gestern Abend war nichts Besonderes, stimmt's? Du warst nur so nett zu mir, um mich zu verletzen. So ist es doch, oder?«

Sein Grinsen war das Grinsen eines Fieslings. Ich ertrug das nicht. Er machte sich lustig über mich.

»Es war nicht von Anfang an geplant. Am Anfang dachte ich sogar, dass du echt okay bist. Ich dachte wirklich, dass etwas aus uns werden könnte. Deshalb habe ich dir meine Familie vorgestellt. Jenny hat mir nach der Hochzeit meiner Cousine dann ihren Verdacht geschrieben. Seitdem war ich aufmerksamer. Du wirktest so unschuldig, und ich konnte mir nicht vorstellen, dass du so etwas machst. Doch manchmal warst du komisch, und ich bekam Zweifel. Dann entstand der Plan, dir deine Jungfräulichkeit zu nehmen und dich danach fallen zu lassen. Dir das Herz zu brechen. Als das mit dem Foto dazukam: umso besser. Was du abgezogen hast, war unter aller Sau.«

Nun ließ ich mich auf meine Knie fallen. Er hatte mich verarscht, und das über so einen langen Zeitraum.

Ich kam mir so dumm vor. Ich war auf sein Spielchen reingefallen. Dabei hatten mich Gloria und mein Vater doch gewarnt. Ich vergrub mein Gesicht in meinen Händen und weinte. Mir fehlte jegliche Kraft, mich gegen seine Worte zu wehren.

»Heul nicht! Du bist selbst schuld!«

Ja, ich war schuld, weil ich ihm vertraut hatte. Weil ich den Rat meiner besten Freundin und meines Vaters ignoriert hatte. Weil ich mir selbst nicht treu geblieben war. Ich war schuld.

Er hatte mich entjungfert, um mir das Herz zu brechen. Dieser Gedanke setzte sich in mir fest, und er machte mich so unglaublich wütend.

So wütend, dass plötzlich ungeahnte Kraftreserven frei wurden.

»Du bist ein SCHWEIN!«, brüllte ich, blieb aber auf dem kalten Marmorboden sitzen.

»Ich bin das Schwein? Du hast uns grundlos geschmacklose Streiche gespielt!«

»Grundlos?«, wiederholte ich. Ich rappelte mich auf. Ich hatte nichts mehr zu verlieren.

»Ja! Grundlos!«

»NEIN!«, fauchte ich und stieß meinen Zeigefinger gegen seine Schulter. »Ich hatte sogar sehr gute Gründe, das zu tun! Denn du und deine Leute, ihr seid Abschaum! Besonders du! Was du mir angetan hast, ist krank! Du hast mir meine Jugend genommen! Mein ganzes Leben lang hast du mich gequält. Erinnerst du dich an das Mädchen, dem du an seinem Geburtstag den Kuchen ins Gesicht gedrückt hast? Ja? Das war ich! Erinnerst du dich an das Mädchen, das du immer als Klopskind bezeichnet hast? Ja? Das war ich! Erinnerst du dich daran, wie du mich gestoßen hast und ich deshalb blutige Knie hatte? Das war ich! Weißt du noch, wie du mich behandelt hast, als wäre ich ein Stück Dreck? Das war ich! Wie du grausame Dinge zu mir gesagt hast, die meine Kinderseele zerstört haben?

Erinnerst du dich daran, wie du dem Klopskind ins Gesicht gespuckt hast? Wie du seinen Kopf in den Schlamm gedrückt hast? Erinnerst du dich daran? Ich tue es jeden Tag, denn das war ICH! Ich träume davon! Jede Nacht, Jona! Ich bin das Klopskind! Ich habe abgenommen und meine Fertigkeiten mit Make-up verbessert. Und auf einmal war ich das Objekt deiner Begierde! Ich hatte alles Recht, dich fertigzumachen! Denn du hast mich kaputtgemacht! Verstehst du? Du hast mich zerstört! Ich hatte keinerlei Selbstwertgefühl mehr! Ich wollte lieber sterben, als noch einen Tag zur Schule zu müssen! Ich habe dir das Viagra untergejubelt und Jenny die Chili-Kondome. Ja, das gebe ich zu, aber das andere war ich nicht, weil ich mich verdammt noch mal in dich verliebt hatte. Ich dachte, du hättest dich geändert. Ich dachte, ich könnte dir vertrauen. Ich dachte, du liebst mich so, wie ich dich liebe. Doch wie ich jetzt merke, war es einfach nur eine Wunschvorstellung. Du hast gewonnen, Jona. Glückwunsch!« Ich wischte mir tapfer die Tränen weg, doch es kamen wieder neue. »Ich kann das nicht. Ich bin nicht wie du. Ich kann Menschen nicht fertigmachen. Was willst du noch, Jona? Du hast meine Würde und meine Jungfräulichkeit. Bist du jetzt zufrieden?«

Kapitel 32

»Was hast du gerade gesagt?«

»Du hast mich schon richtig verstanden. Du hast das Klopskind gefickt!« Immerhin dieser Satz verschaffte mir einen kurzen Augenblick der Genugtuung.

Ich zitterte am ganzen Körper. All das Abnehmen war umsonst gewesen. Das Mobbing würde nicht aufhören. Alle hatten das Foto gesehen. Es war wie ein Fluch.

»Du verarschst mich!«, flüsterte er ungläubig. Er wirkte hilflos und überfordert.

Ich griff nach meiner Tasche, die noch von gestern hier stand. Ich zog meinen Personalausweis aus dem Portemonnaie und reichte ihn Jona. Darauf prangte noch ein Foto meines alten Ichs. Dicke rote Wangen. Krause, straßenköterblonde Haare. Zahnspange. Doppelkinn. Buschige Augenbrauen. Keine Spur von Makeup, außer einem Pickelabdeckstift, mit dem ich noch nie hatte umgehen können.

Ungläubig starrte er auf das Foto. Immer wieder ging sein Blick zu meinem Gesicht.

»Unmöglich!«

»Tja, und mit so was warst du im Bett. Herzlichen Glückwunsch!« Meine Stimme war schwach und klang, als hätte ich einen üblen Schnupfen.

Jona konnte es noch nicht glauben. Er schien hin- und hergerissen zu sein.

»Du ...«, begann er einen Satz, führte ihn aber nicht zu Ende. Es hatte ihm die Sprache verschlagen.

»Na, wie fühlt es sich an, die Loserin der Schule gevögelt zu haben?«, fragte ich.

Jonas Gesicht war todernst. »Du hast abgenommen. Deshalb sehen deine Brüste so aus«, murmelte er vor sich hin.

Das war sein erster Gedanke, nachdem er die Wahrheit erfahren hatte? Immer nur Brüste. So primitiv war er.

Mistkerl!

»Ich kann nicht glauben, wie dumm ich war«, ließ ich ihn wissen und nahm ihm den Ausweis wieder ab. »Ich dachte, das zwischen uns sei etwas Besonderes. Ich war eine Idiotin und habe mich von dir verarschen lassen.«

Ich sagte es mehr zu mir selbst. Er war ein Monster, das nicht einmal davor zurückschreckte, Nacktbilder eines Mädchens an den gesamten Jahrgang zu schicken. Und weil das noch nicht reichte, ließ er es glauben, dass er die große erste Liebe war.

Ich kämpfte dagegen an, in einen erneuten Heulkrampf zu verfallen.

»Ich konnte doch nicht wissen, dass du deine Gründe hattest«, sagte er plötzlich, und auf einmal war da wieder dieser vertraute Blick.

Aber nicht mit mir. Noch einmal fiel ich nicht auf ihn rein. Auch wenn es ein Eingeständnis war, dass er mich als Klopskind falsch behandelt hatte, rechtfertigte nichts in dieser Welt, dass man Nacktbilder herumschickte.

»Du bist widerlich, Jona! Du läufst durch die Welt und denkst, sie gehört dir. Du machst Menschen kaputt und hast nicht einmal eine Ahnung davon.« Ich konnte meine Emotionen nicht mehr unter Kontrolle halten. Dieser Kerl ekelte mich nur noch an. Ich wollte kein Wort mehr von ihm hören. Ich konnte darauf verzichten, dass er mich auslachte und mir vorwarf, wie hässlich ich doch gewesen war. Ich hasste ihn, und ich wollte ihn nie wiedersehen.

»Ich muss hier raus«, sagte ich und griff nach meiner Tasche und ging in den Flur. Er war mir dicht auf den Fersen.

Ich trug nur Unterwäsche und das XXL-Shirt von Jona. Doch mein Fluchtgedanke war so groß, dass ich selbst in diesen Klamotten auf die Straße lief.

»Lina, warte!«, hörte ich ihn rufen. »Ich hatte doch keine Ahnung.«

Drauf geschissen!

»Lina, bitte. Bleib stehen! Können wir bitte drüber reden?«

Hatte er gerade wirklich *bitte* gesagt?

»Damit du mir auch noch den Rest meiner Würde nimmst? Nein, Jona! Ich habe lange genug mitgespielt! Aber jetzt nicht mehr!«

Und dann riss ich die Haustür auf und rannte einfach los. Es erschien mir das einzig Sinnvolle in diesem Augenblick.

»Komm schon! Zieh dir wenigstens etwas an! Es ist arschkalt!«, hörte ich ihn mir noch hinterherrufen.

Es regnete und stürmte. Es war immerhin Oktober. Also nicht das Wetter, um in Unterhose und Shirt durch die Gegend zu laufen. Ich hatte nicht einmal Schuhe an, und schnell taten mir die Fußsohlen weh. Doch umzudrehen war keine Alternative. Ich wollte nach Hause. Mich verkriechen und mir wünschen, dass ich tot wäre.

Der Liebeskummer brach wie ein heftiges Gewitter über mich herein. Ich kam mir so benutzt vor.

Der Weg war lang. Normalerweise hatte ich immer den Bus zu Jona genommen. Als ich bei meiner Haustür ankam, war ich bis auf die Knochen durchgefroren und zitterte am ganzen Leib. Ich schloss die Tür auf.

Mum stand vor mir und schien gerade den Schuhschrank entstaubt zu haben.

»Oh Gott, was zur Hölle?«, waren ihre ersten Worte, als ich leicht bekleidet zu Boden fiel. Ich hatte keine Kraft mehr im Körper.

Sie beugte sich herunter. »Lina, was ist denn passiert?«, fragte sie und nahm mich in den Arm, um mir Wärme zu spenden.

Meine Zähne klapperten gegeneinander. Ich konnte nichts sagen und drückte mein Gesicht an ihre Brust. Sie schloss mich fester in ihre Umarmung.

»Okay, du nimmst erst mal ein heißes Bad«, bestimmte sie und zog mich sachte ins Badezimmer. »Dann erzählst du mir, was geschehen ist.«

Sie ließ Wasser für mich ein, zog mir das Shirt und die Unterwäsche aus. Ich fühlte mich wie ein Kleinkind. Sie half mir sogar, in die Wanne zu steigen. Ich bekam nicht die einfachsten Dinge hin.

Das heiße Wasser brannte wie Feuer auf meiner Haut. Es brauchte eine Weile, bis mein unterkühlter Körper sich an die Temperatur gewöhnt hatte.

Ich war mir sicher, dass ich heute an einem gebrochenen Herzen sterben würde. Und wenn nicht daran, dann an meiner Dummheit und Naivität.

»Sagst du mir jetzt, was passiert ist?«, fragte Mum vorsichtig und strich mir meine nassen Haare aus dem

Gesicht, als meine Kiefer nicht mehr gegeneinanderschlugen.

Sie hatte sich auf den Wannenrand gesetzt, während ich meine Knie mit den Armen umschlungen hatte. Mama hatte ein Rosenschaumbad ins Wasser gegeben. Der Duft erinnerte mich an die Rosenblätter auf Jonas Bett, die er dort sorgfältig verteilt hatte. Wie viel Aufwand er doch betrieben hatte, um mich zu zerstören.

Ich schämte mich. Nicht nur für meine Brüste, sondern auch, weil ich mein Herz über das Gehirn hatte entscheiden lassen. Nur ein Idiot vertraute jemandem wie Jona, und mein Herz war ein Vollidiot.

»Er hat mich verarscht«, schniefte ich. Meine Stimme versagte schon wieder. »Er wollte mir das Herz brechen. Wir haben gestern miteinander geschlafen. Das erste Mal. Und direkt danach hat er ein Bild von mir oben ohne rumgeschickt.«

Mum hielt sich die Hand vor den Mund.

»Dein Jona? Dieser Junge, der dich neulich nach Hause gebracht hat?«

Heftig schluchzend nickte ich. Verzweifelt schnappte ich nach Sauerstoff und hatte trotzdem das Gefühl zu ersticken. Alles um mich herum drückte auf mich ein. Ich war zu schwach für diese Welt.

»Sch! Ganz ruhig«, sprach Mum sanft. »Alles ist gut. Er ist nur ein dummer Junge. Er hat deine Tränen nicht verdient!«

»ALLE HABEN MEINE BRÜSTE GESEHEN!«, rief ich hysterisch, um ihr zu verstehen zu geben, wie ernst die Lage war. Ich wusste nicht einmal, was schlimmer war. Dass alle meine Brüste gesehen hatten oder dass Jona mich mit Absicht zutiefst verletzt hatte.

»Na und?«, sagte Mum locker. »Du bist hübsch, Lina. Ganz egal, was irgendwelche dummen Kinder sagen. Von mir aus wechselst du die Schule. Wir finden eine Lösung. Du bist noch jung und hast dein ganzes Leben vor dir! Kein Grund zu verzweifeln.«

Mein Gehirn kannte im Moment gar kein anderes Gefühl als Verzweiflung.

»Ich dachte, er liebt mich. Oder zumindest, dass er mich mag«, fing ich an zu wimmern. Am liebsten hätte ich Jona mit einem Betonklotz an den Beinen von einer Brücke in einen tiefen Fluss geworfen.

»Deine Hormone haben dir etwas vorgespielt.«

»Nein, Jona hat mir etwas vorgespielt, und ich bin darauf reingefallen!«

Mum sah mich mitleidig an. Ich hatte das Gefühl, dass sie gerade den gleichen Schmerz durchlitt wie ich. »Was hältst du davon, wenn ich schnell zum Supermarkt flitze, uns Eis und Schokolade hole und wir *Gilmore Girls* gucken?«

Meine Tränen tropften in den Schaum, der auf dem Wasser lag, und brachte ihn zum Einsturz.

»Ich will nichts essen.«

Mum strich mir über die Wange. »Du musst etwas essen!«

»Damit ich wieder fett werde?«

Sie legte den Kopf schief. »Komm schon, Süße. Übertreib es nicht. Du musst dir auch mal etwas gönnen. Gerade beim Liebeskummer kann man mal ein Auge zudrücken. Ich habe bei der Trennung von deinem Dad auch vier Kilo zugenommen.«

»ICH WILL NICHT ESSEN!«, brüllte ich. Ich brauchte jetzt nicht auch noch jemanden, der mir sagte, wann und was ich zu essen hatte!

Mum riss erschrocken ihre Augen auf. Sie war es nicht gewohnt, von mir so angeschrien zu werden.

Mein Blick war für einen kurzen Augenblick entschlossen. Ich würde nichts essen. Das Essen war das Letzte, was ich noch unter Kontrolle hatte.

»Okay, heute bestimmst du, aber ab morgen isst du vernünftig.«

»Lass mich damit in Ruhe! Ich habe gerade wirklich andere Probleme als essen! Essen hat mir diesen ganzen Schlamassel überhaupt erst eingebrockt!«

Mum schwieg. War auch besser so.

Ich tauchte unter Wasser ab. Ich wollte ewig hier unten bleiben. Meine Tränen vermischten sich mit dem Badewasser. Ich schrie innerlich. Es tat so verdammt weh. Ich hatte mich von einem Menschen blenden lassen, dem ich blind vertraut hatte.

Sosehr ich Jona gerade hasste, so sehr vermisste ich ihn auch. Es war alles nur eine Illusion gewesen, doch ich vermisste die Zärtlichkeiten, die Aufmerksamkeit und die Wertschätzung. Er hatte genau gewusst, was er zu tun hatte, damit ich ihm vertraute.

Er war gut gewesen. So verdammt gut. Besser als ich. Skrupelloser. Ich hätte damals einfach das Foto von ihm machen können, als er entblößt in dem Meer von Kuscheltieren gelegen hatte. Doch ich hatte gekniffen. Weil ich im Gegensatz zu ihm ein Gewissen hatte. Und ich hatte auch mal ein Herz gehabt, doch das hatte er nun in Flammen gesetzt. Lediglich ein Häufchen Asche war zurückgeblieben.

Kapitel 33

5. Oktober 10:32
Lina, bitte ruf mich an. Wir sollten reden.

5. Oktober 11:03
Komm schon. Schreib mir wenigstens. BITTE! Das kön-nen wir so nicht stehen lassen.

5. Oktober 12:49
Warum hast du mir nicht gesagt, dass du früher mehr auf den Rippen hattest und wir uns schon kennen? Das hätte einiges geändert. Wieso hast du dich überhaupt als die neue Schülerin ausgegeben?

5. Oktober 14:17
Es tut mir leid, okay? Es war nicht richtig, dass ich das Foto verschickt habe. Ich war einfach so sauer. Das mit dem Viagra war echt unangenehm. Ich weiß, dass es keine Entschuldigung ist, aber ich will, dass du verstehst, warum ich es getan habe. Ich konnte doch nicht wissen, dass du dafür Gründe hattest. Bitte schreib zurück.

5. Oktober 17:58
Lina, ich weiß nicht, ob du das hier überhaupt liest. Ich will wirklich nur reden. Ich tue dir nichts. Versprochen! Bitte melde dich!

5. Oktober 23:34
Ich geh jetzt ins Bett. Schlaf eine Nacht drüber und schreib mir dann, okay? Ich glaube, ich muss auch erst einmal meine Gedanken ordnen. Ich kann immer noch nicht glauben, dass du das damals warst. Das ist so unwirklich.

6. Oktober 02:43
Ich kann nicht schlafen. Ich muss an dich denken. Um ehrlich zu sein, fiel es mir nicht leicht, das Foto zu verschicken. Ich habe gezögert, weil ich dir das eigentlich nicht antun wollte, doch mein Zorn hat anders entschieden. Du bist mir wirklich ans Herz gewachsen. Es war nicht alles geschauspielert. Ich mag dich, und ich habe die Zeit mit dir genossen. Das meine ich ernst. Ich war nur so sauer, weil du diese Streiche abgezogen hast; ich dachte, dass du das aus Langeweile oder so tust.

6. Oktober 04:59
Ich kann immer noch nicht schlafen. Du gehst mir nicht aus dem Kopf. Ich kann immer noch nicht glauben, dass du dieses Mädchen warst. Es ist komisch. Du hast mich die ganze Zeit belogen, aber ein bisschen kann ich es auch verstehen. Ich war echt nicht sonderlich nett zu dir.

6. Oktober 05:00
Okay, ich war ein Arschloch.

6. Oktober 05:02
Weißt du, was komisch ist? An dem Tag, als Feueralarm war, da war doch auch Paulina in der Schule. Hast du dich da verkleidet?

6. Oktober 5:03

Oh Gott, mir ist gerade eingefallen, dass ich dir ins Gesicht gespuckt habe. (Du warst das, oder?) Es tut mir leid. Es tut mir wirklich leid. Manchmal denke ich einfach nicht nach. Ich wusste nicht, dass du es warst. Okay, eigentlich sollte man niemandem ins Gesicht spucken ... Scheiße, ich bin ein Arschloch. Es tut mir leid. Wirklich!

6. Oktober 17:30

Ich verstehe ja, dass du verletzt bist, aber können wir uns nicht wenigstens aussprechen? Ich weiß, ich texte dich hier zu, und wahrscheinlich wirst du gar nicht mehr antworten (falls du es überhaupt liest), aber ich würde mit dir wirklich gerne darüber reden, bevor morgen die Schule anfängt.

7. Oktober 09:27

Warum warst du heute nicht in der Schule? Wegen mir?

7. Oktober 09:29

Okay, wahrscheinlich wegen des Fotos. Sorry, war dumm von mir zu denken, dass es wegen mir gewesen ist. Ich komme heute einfach mal bei dir vorbei. Wir müssen darüber reden. Bitte!

7. Oktober 14:40

Warum machst du die Tür nicht auf? Ich höre doch, dass jemand zu Hause ist. Bitte, mach auf!

7. Oktober 15:41

Wahrscheinlich habe ich es verdient, dass ich hier eine Stunde im Regen auf dich warte. Aber könntest du nicht wenigstens aus dem Fenster gucken?

7. Oktober. 16.12
Ich werde jetzt gehen.

7. Oktober 23:47
Da ich es dir nicht ins Gesicht sagen kann, schreibe ich es
hier. Es tut mir leid. Ich weiß, dass du vermutlich denkst,
dass das, was aus meinem Mund kommt, nicht viel zu sa-
gen hat. Ich habe dich schließlich echt mies behandelt,
und du hast keinen Grund, mir zu glauben oder gar zu
vertrauen. Trotzdem muss ich einiges loswerden.
Ich habe viel nachgedacht. Auch über die Worte, die du
gesagt hast. Von wegen, dass ich dir die Jugend genom-
men habe. Du wirst es mir vielleicht nicht glauben, aber
mir war das wirklich nicht bewusst. Für mich war das al-
les immer Spaß und auch ein bisschen Gruppenzwang.
Ich meine, klar, ich habe schon gemerkt, dass dich das
manchmal verletzt hat, aber ich glaube, ich hatte keine
Ahnung, wie sehr du wirklich gelitten hast. Ich war
dumm und die Vorstellung, dass du das damals alles ab-
bekommen hast, bricht mir wirklich das Herz. Ich meine
es ernst. Ich habe dich damals mehr als Objekt gesehen
und nicht als die Person, die du bist. Ich hätte dir so et-
was niemals antun sollen. Ich war furchtbar oberfläch-
lich und habe nicht gesehen, wie sehr ich dir wehgetan
habe und was für eine tolle Person du bist. Du hattest
das nicht verdient. Ich würde die Zeit zurückdrehen,
wenn ich es könnte. Jetzt, wo ich weiß, dass du das
warst, schäme ich mich. Ich sollte mich auch so schä-
men, aber die Tatsache, dass dich meine Attacken ge-
troffen haben, macht es umso unerträglicher für mich.
Du musst wissen, dass ich dich nicht die ganze Zeit über
verarscht habe. Erinnerst du dich daran, dass ich dir ge-
sagt habe, dass Jenny mir das erst nach der Hochzeit er-

zählt hat? Bis zu diesem Punkt hatte ich mich wirklich in dich verliebt. Sonst hätte ich dich nicht mit auf die Hochzeit genommen und meiner Familie vorgestellt. Erinnerst du dich noch an die Nacht, als wir miteinander schlafen wollten? Diese Nacht war echt. Jenny hat mir erst danach geschrieben. Ich dachte, dass du uns grundlos das Leben zur Hölle machst. Deshalb wollte ich mich rächen. Nun weiß ich, dass ich derjenige war, der dir grundlos das Leben zur Hölle gemacht hat. Und es tut mir leid. Ich hätte nie im Leben das Foto herumschicken dürfen. Dafür gibt es keine Entschuldigung. Ich wusste genau, dass deine Brüste dein wunder Punkt sind, und habe das schamlos ausgenutzt. Ich kann es nicht wiedergutmachen, und das tut mir so unendlich leid. Ich habe nicht nachgedacht. Wie so oft.

Ich weiß, dass das für dich vermutlich keinen Sinn macht, denn in deinen Augen habe ich dir immer nur wehgetan, doch wir hatten schöne Momente miteinander. Dazu zählt auch dein erstes Mal. Ich will nicht, dass du das Gefühl hast, dass es mir nichts bedeutet hätte. Ich habe mir das zwar eingeredet, denn eigentlich war es nur als Mittel zum Zweck gedacht, doch so war es nicht. Es war auch für mich besonders, dies mit dir zu teilen. Ich wünschte, ich könnte irgendwie dafür sorgen, dass du dich besser fühlst.

Ich vermisse dich. Mir ist klar, dass wir nie wieder zusammenkommen werden, aber da wir in Bio immer noch zusammensitzen, sollten wir das zwischen uns vielleicht auch klären.

PS: Ich drohe jedem Prügel an, der etwas Schlechtes über deine Brüste sagt.

8. Oktober 15:39
Du warst heute ja auch nicht in der Schule. Kommst du
gar nicht mehr?

10. Oktober 17:34
Ich mache mir langsam echt Sorgen um dich. Hast du die
Schule gewechselt?

12. Oktober 09:30
Lina???

Kapitel 34

»Das gibt es doch nicht! Er steht schon wieder vor der Tür!«

Ich lugte durch meinen Vorhang. Mum hatte recht. Jona stand wieder da. Ich bekam eine Gänsehaut, wenn ich ihn sah. Eigentlich reichte es sogar schon, wenn ich nur an ihn dachte. Es war schon das dritte Mal. Warum verstand er nicht, dass ich mit ihm nie wieder etwas zu tun haben wollte? Warum kam er hierher? Warum schrieb er mir ständig Nachrichten?

Er hatte das doch alles gewollt! Dass ich leide.

War diese ganze Entschuldigungsmasche wieder nur Teil eines großen Plans, um mich noch mehr fertigzumachen?

Seit einer Woche hatte ich mich verkrochen. Ich hatte nicht einmal mehr das Haus verlassen. Zu groß war die Angst, dass ich jemandem begegnen könnte, der meine Brüste gesehen hatte. Ich hatte viel in meinem Zimmer gesessen und geweint. Zu gerne hätte ich Gloria angerufen oder ihr geschrieben, doch ich schämte mich zu sehr für das, was ich ihr an den Kopf geworfen hatte. Während sie mich nur beschützen wollte, hatte ich ihr einfach die Freundschaft gekündigt, als hätte sie mir nie etwas bedeutet. Es kam mir falsch vor, jetzt wieder bei ihr angekrochen zu kommen, wo es mir gerade schlecht ging. Ich wollte nicht den Eindruck vermitteln, dass ich nur zu ihr käme, weil ich eine Schulter zum Ausheulen brauchte.

Aus diesem Grund war ich viel allein. Das Bett war zu meinem besten Freund geworden. Ich hatte dort viele Stunden verbracht, Bücher gelesen und Filme geguckt. Ab und zu hatte mir Mum eine Tasse Tee gebracht und mir Mut zugesprochen. Darauf beschränkten sich derzeit meine zwischenmenschlichen Beziehungen.

Der Gedanke daran, in die Schule zu gehen, war im Moment viel zu abwegig. Ich würde die Blicke des Jahrgangs genauso wenig ertragen wie Jonas Präsenz. Ich hatte alle, die mir aus der Schule geschrieben hatten, ignoriert und nicht geantwortet. Selbst auf Lexys Nachrichten hatte ich nicht reagiert. Ich wollte mit alldem nichts zu tun haben und versuchte, es so gut wie möglich zu verdrängen. Mum hatte Verständnis gehabt und mich in der ersten Woche krankgemeldet. Eine befreundete Ärztin von ihr hatte mir ein entsprechendes Attest ausgestellt. Und nun waren erst einmal zwei Wochen Herbstferien.

Ich brauchte diese drei Wochen, um wieder zu mir finden. Ich hatte das Gefühl, dass ich mich in letzter Zeit verloren hatte und nun nicht mehr wirklich wusste, wer ich eigentlich war.

»Ich geh da jetzt raus und sag ihm die Meinung!«, verkündete Mum entschlossen.

Ich lief schnell die Treppe nach unten, um Mum davon abzuhalten.

»Mum nicht! Bitte!«

Ihre Hand lag schon auf der Türklinke. »Er versteht es doch nicht anders! Jemand muss ihm sagen, was er für ein Arschloch ist. Und da du das nicht kannst, werde ich das jetzt für dich tun!«

»Ich habe ihm das schon gesagt!«

Entschlossen riss sie die Tür auf.

Ich blieb in Deckung im Flur stehen. Er sollte mich nicht sehen, denn ich sah furchtbar aus. Meine Haare waren nicht gekämmt, und meine Augen waren rot und aufgequollen. Ich trug einen viel zu großen Hoodie, der meinen Körper verschluckte, sodass ich wie ein Häufchen Elend ausschaute. Und schon gar nicht wollte ich ihn sehen. Er und sein perfektes Leben. Jona würde nie verstehen, was er mir angetan hatte.

»VERSCHWINDE!«, rief Mum wütend in die kühle Oktoberluft. »Ich will, dass du gehst und nie wiederkommst. Begib dich nicht mehr in die Nähe meiner Tochter.« Wie peinlich war das denn, dass meine Mutter wild auf der Straße herumschrie? »Du hast ja keine Ahnung, wie sehr sie die letzten Tage wegen dir gelitten hat! Sie hat nicht einmal etwas Richtiges gegessen, weil sie so sehr vom Kummer gezeichnet ist! Wie konntest du ihr das antun? Sie ist ein so gutes Mädchen, und du stellst sie vor allen bloß! Das ist widerlich! Hörst du, Junge? Du bist widerlich.«

Ich hätte nie gedacht, dass meine Mum so deutliche Worte Jona gegenüber finden würde. Aber auch nicht, dass sie so intime Dinge von mir preisgäbe.

»Es tut mir leid!«

Ich zuckte zusammen, als ich seine Stimme hörte. Sie klang noch immer so vertraut, aber gleichzeitig ekelte sie mich auch an. »Ich weiß, dass ich das nicht mehr wiedergutmachen kann, aber ich will doch nur mit Lina reden. Wie geht es ihr?«

»HAST DU NICHT ZUGEHÖRT?«, brüllte Mum, und spätestens jetzt stand jeder Nachbar, der in unserer Straße wohnte, am Fenster und beobachtete die Szenerie. »SIE ISST NICHTS MEHR! Lina ist nur noch Haut und Knochen! Sie heult sich Tag und Nacht die Augen aus und traut sich nicht mehr aus dem Haus, weil sie Angst hat, dass man sie mobben könnte. Sie schämt sich für ihren Körper wegen dir!« Danke, Mum, dass du nahezu jedes peinliche Detail meines Liebeskummers durch die Straßen brüllst. »DU BIST SCHULD DARAN! Du hast sie benutzt! Du hast sie glauben lassen, dass du sie liebst. Und dann schickst du dieses Bild rum! Das ist krank!«

Noch immer stand ich starr im Flur und lauschte.

»Frau Peterson, ich kann mich nur entschuldigen. Ich wollte ihr das nicht antun.« Seine Stimme klang, als hätte er einen fiesen Schnupfen.

»WARUM HAST DU ES DANN GETAN? So etwas tut man nicht einmal seinem schlimmsten Feind an und schon gar nicht der eigenen Freundin.«

»Ich weiß«, murmelte er.

»Das bringt ihr jetzt auch nichts mehr! Verschwinde und lass sie in Ruhe! Du hast schon viel zu viel angerichtet.«

Gebannt wartete ich auf Jonas Antwort. »Ich kann nicht gehen. Ich will wenigstens einmal noch mit ihr sprechen.«

»Nur über meine Leiche!«, stellte Mum klar, doch ich hatte einen plötzlichen Anflug von Übermut.

Ich trat über die Türschwelle und blieb auf der obersten Stufe der Treppe zum Hauseingang stehen. Ich wusste nicht, warum, denn ich wollte keine Aussprache mit ihm. Vielleicht hatte mein Herz mal wieder für einen kurzen Moment den Aus-Knopf für mein Gehirn gefunden.

Als Jona mich bemerkte, wurde sein Blick erstaunlich sanft. Für einen Moment sahen wir uns einfach nur an. Es war seltsam, hier zu stehen und mit ihm Blicke auszutauschen.

Ich wünschte mir so sehr, dass das alles zwischen uns real gewesen wäre. Dass er mich wirklich geliebt hätte. Und noch mehr wünschte ich mir, dass das mit dem Nacktfoto nur ein böser Albtraum gewesen wäre.

»Lina«, flüsterte er. Ich musste es mehr von seinen Lippen ablesen, als dass ich es wirklich verstand. »Du siehst dünn aus.«

Ernsthaft? Das waren die ersten Worte, die ihm einfielen?

»Lass mich in Ruhe!«, war alles, was ich über die Lippen bekam.

Dann drehte ich mich um und verschwand wieder im Haus.

Am Nachmittag war ich allein. Mum war angeblich mit einer Freundin verabredet, doch insgeheim bekam ich immer mehr das Gefühl, dass sie für Dad bereits einen Nachfolger gefunden hatte.

Als es an der Tür klingelte, blieb ich im Bett liegen. Zu groß war die Angst, dass es wieder Jona war.

Es klingelte noch einmal. Ich blieb liegen.

»Lina, mach auf! Ich weiß, dass du zu Hause bist!«, rief eine bekannte Stimme von draußen.

Mein Herz klopfte schneller, und ich schreckte hoch.

»LINA! Jetzt komm schon! Es regnet!«

Freude durchströmte meinen Körper. Was machte sie hier?

Ich rannte die Treppen nach unten und riss die Tür auf. Ich hatte sie so sehr vermisst. Ich schlang meine Arme um ihren Hals und weinte. Das war genau das, was ich jetzt brauchte: meine beste Freundin.

Der Himmel musste sie geschickt haben. Oder Mum, die mit ihrem Latein am Ende gewesen war.

»Es tut mir so leid. Ich war eine Idiotin. Ich schäme mich so. Ich hätte dich niemals fallen lassen sollen«, schluchzte ich in ihr Ohr und klammerte mich wie ein Äffchen an sie.

»Ich dich auch nicht«, sagte Gloria ohne jeden Vorwurf.

»Es tut mir wirklich leid. Ich hatte bis jetzt einfach noch nicht den Arsch in der Hose, um bei dir auf Knien angekrochen zu kommen und um Entschuldigung zu betteln.«

»Du hast wirklich keinen Arsch mehr in der Hose!«, sagte sie entschieden und hielt einen Beutel hoch, aus dem ich eine Tafel Schokolade herausschauen sah. »Und was den Rest betrifft: Vergessen und verziehen! Ich weiß, dass du es nicht so gemeint hast. Ich kenne dich zu gut, und vielleicht komme ich auch mal in eine Phase, in der meine Hormone mein Gehirn kidnappen.«

Ich war froh, dass sie hier war, sodass ich ihren Kommentar über meinen Hintern einfach ignorierte. Gloria war die Beste, und ich wünschte, dass ich zu dieser Erkenntnis schon viel früher gekommen wäre.

»Nun weine nicht!«, mahnte sie.

Ich wischte mir meine Freudentränen weg. Ich hatte meine beste Freundin wieder. Ich schämte mich aber auch, weil sie den ersten Schritt gemacht hatte und über ihren Schatten gesprungen war. Eigentlich hätte ich das tun sollen. Schließlich hatte ich es verbockt.

»Was machst du hier?«, fragte ich sie und gewährte ihr Eintritt.

Sie lächelte. »Dein Dad hat mich angerufen und meinte, dass du mich brauchst.«

Also nicht Mum! Mein Vater hatte schon immer besser gewusst, wie man mich aufmuntern konnte.

»Du bist und bleibst meine beste Freundin«, ließ ich sie wissen.

Gloria grinste breit und küsste mich auf die Wange. »Du bist auch meine beste Freundin, aber zieh so etwas wie neulich nie wieder mit mir ab!«

Ich schüttelte heftig den Kopf. »Nie wieder. Versprochen!«

»Gut, dann vergessen wir diese Phase deiner Pubertät und tun so, als hätte unsere Freundschaft nie eine Krise erlebt. Einverstanden?«

Sie sah mich an, und ich wusste, dass es nur eine rhetorische Frage war. Trotzdem nickte ich heftig.

Wir gingen in mein Zimmer und ließen uns auf dem Boden nieder. Ich fühlte mich, als hätten wir uns nie gestritten. Gloria kippte den Beutel aus.

»Was man halt bei Liebeskummer so in sich hineinstopft«, sagte sie. »Also zumindest das, was Bridget Jones und die Gilmore Girls in sich hineinstopfen würden.«

Zu meiner eigenen Überraschung nahm ich mir ein Stück Schokolade.

»Und jetzt erzähl, was mit Jona war. Dein Vater hat immer nur so Andeutungen gemacht. Er soll dich ziemlich mies behandelt haben, und dein Vater klang so, als plante er, ihn zu kastrieren.«

Man konnte es ihm nicht verübeln.

»Er war wirklich mies. Er hat Fotos von meinen Brüsten rumgeschickt«, rückte ich mit der Wahrheit heraus. So oft hatte ich mich danach gesehnt, mit Gloria über all das zu sprechen, doch ich hatte mich nie überwinden können, sie anzurufen. Zu groß war meine Scham gewesen.

»Nein!«, rief sie entsetzt.

»Doch!«

»Dieser Ficker!«

»Wo du es erwähnst. Er hat es auch deshalb getan, weil er dachte, dass ich *Ficker* an sein Fenster geschrieben hätte.«

Gloria riss die Augen auf und lief krebsrot an. »Oh Gott, das wollte ich nicht. Ich wusste doch nicht ... Ich ... Oh Mann ... Sorry!«

Ich zuckte mit den Schultern »Es war auch nicht der Hauptauslöser. Er dachte, dass ich das auch mit dem Chili in seinem Kondom gewesen wäre. Er dachte, dass ich das einfach so ohne Grund getan hätte. Und deshalb hatte er geplant, mich zu entjungfern und dann meine Fotos herumzuschicken. Na ja, er hat es nicht nur geplant, sondern auch in die Tat umgesetzt.«

»WAS?«, quietschte sie. »Ihr hattet Sex? Und dann hat er dich fallen lassen?« Ich sah, wie es in ihrem Kopf arbeitete. »Dieser Arsch!«

Ich seufzte. »Ja.«

Sie reichte mir noch ein Stück Schokolade

»Das ist echt scheiße.«

»Ja, ist es. Jetzt lauert er mir ständig auf. Mum musste ihn heute Morgen von unserer Einfahrt vertreiben. Er hat sich sogar per WhatsApp bei mir entschuldigt. Er hat all diese netten Dinge gesagt, dass er es bereut und sich schämt und dass er es nicht getan hätte, wenn er gewusst hätte, dass ich das Klopskind bin.«

»Das weiß er?«, unterbrach sie mich.

»Ja.«

»Wie hat er reagiert?«

Gebannt wie ein fünfjähriges Mädchen, das einer Gutenachtgeschichte lauschte, sah Gloria mich an.

»Er war einfach nur sehr geschockt. Irgendwie schien ihm das wirklich leidzutun. Ich habe ihm die Reue schon abgenommen.«

Ich war von meinen recht versöhnlichen Worten selbst verwundert. Auch Gloria entging das nicht.

»Lina! Nein! Aus! Du wirst ihm das nicht verzeihen. Er hat dir ins Gesicht gespuckt. Einfach so. Ohne irgendeinen Grund, und das ist noch nicht lange her. Denk immer daran, um dich daran zu erinnern, was er für ein Penner ist.«

»Ich weiß. Ich will auch nichts mehr von ihm, aber es ist einfach schwer, denn als ich dachte, dass er mich liebt, hatte ich eine wirklich gute Zeit mit ihm. Ich vermisse das, und wenn er jetzt wieder diesen lieben Jona raushängen lässt, dann kommen Erinnerungen hoch, die wunderschön sind und gleichzeitig so sehr schmerzen, als würde man Gift in meinen Herzmuskel spritzen. Aber ich will keine Rache mehr, Gloria. Ich will einfach nur noch meine Ruhe haben.«

Sie nickte verständnisvoll. »Kann ich verstehen. Ich werde mich beherrschen, aber du solltest das auch tun. Du weißt nie, ob Jona nicht noch einmal eine Masche mit dir abzieht. Vielleicht sind selbst die Entschuldigungen nur Teil eines Plans.«

Wieder reichte sie mir ein Stück Schokolade. Mit ihr war das Essen einfacher.

»Ich werde ihm nie wieder vertrauen können. Keine Angst. Da wird nichts mehr laufen.«

»Gut. Und was machst du mit der Schule? Die werden doch bestimmt alle über dich reden, oder?«

Ich hatte mit Mum lange Gespräche darüber geführt. »Ich werde erst einmal an der Schule bleiben. Ich hoffe, dass es für mich leichter sein wird, die Kommentare zu ertragen, wenn ich neue Brüste habe, denn dann sehe ich ja nicht mehr so aus. Und vielleicht legt sich der Trubel etwas über die Herbstferien. Dann haben sie hoffentlich schon ein neues Gesprächsthema. Aber falls es zu schlimm wird, wechsle ich zum Halbjahr die Schule.«

Gloria sah mich mit weit aufgerissenen Augen an.

»Brüste? Du lässt dir die Brüste machen?«

Ich vergaß vollkommen, dass wir bis gerade eben noch Funkstille hatten und Gloria daher so viel aus meinem Leben nicht mitbekommen hatte.

»Ja. Sogar noch diese Woche.«

»Wow! Das ist ein echt großer Schritt!«

»Ich weiß, aber genug von mir! Du hast neulich gesagt, dass du einen Freund hast. Magst du mir von ihm erzählen?«

Gloria war in den letzten Monaten viel zu kurz gekommen. Immer war es nur um mich und meine Probleme gegangen. Das durfte so nicht weitergehen.

Gloria sah mich lächelnd an.

»Ja, es gibt da jemanden«, verkündete sie stolz, und man konnte ihr die Verliebtheit und das Glück vom Gesicht ablesen.

»Kenne ich ihn?«

Zu meiner Überraschung nickte sie.

»Erinnerst du dich noch an Luca aus dem Ferienlager? Der mich damals geküsst hat?«

Das war ihr erster Kuss gewesen. Natürlich erinnerte ich mich an ihn.

»Ja, klar! Aber hey, das ist doch schon ewig her!«

»Ich weiß, aber vor ein paar Monaten hat er mich auf Instagram gefunden und mich angeschrieben. Es ging immer hin und her, und irgendwann haben wir uns getroffen. Wir haben schnell gemerkt, wie gut es zwischen uns passt. Ich bin so glücklich mit ihm …«

Es musste ein gutes Gefühl sein, sein Liebesleben nicht mit einer toxischen Beziehung zu beginnen.

»Das weißt gar nicht, wie sehr mich das freut«, ließ ich sie ehrlich wissen.

Kapitel 35

Ich dachte, die schneiden mich auf, rücken die Hautlappen an die richtige Stelle und schneiden das, was zu viel ist, ab. Und gut ist.

Was ich nicht bedacht hatte: So eine Brustoperation tat weh, und zwar richtig. Die ersten Tage waren die Hölle. Ich litt und hatte damit wirklich nicht gerechnet. Es flossen viele Tränen, denn die Schmerzen waren kaum zu ertragen. Doch dann kam der Blick auf die neuen Brüste. Ich stand vor dem Spiegel und konnte zum ersten Mal den Verband abnehmen. Zwar weinte ich wieder, doch dieses Mal war es vor Freude. Es waren keine großen Brüste, und manche würden sie sogar als zu klein empfinden, doch darum ging es nicht. Sie sahen aus, wie die eines Mädchens in meinem Alter, und da störte es mich auch nicht, dass Narben zurückblieben. Das erste Mal in meinem Leben fühlte ich mich wie ein ganz normales Mädchen, und das machte mich glücklich.

Heute war der erste Schultag. Es war gut gewesen, dass ich die letzten drei Wochen eine Auszeit genommen hatte. Seitdem ich meine neuen Brüste hatte, fühlte ich mich selbstsicherer. Sie konnten mich nur noch wegen etwas aufziehen, das gar nicht mehr zu mir gehörte. Doch ein mulmiges Gefühl blieb, auch wenn ich es zu überspielen versuchte.

Am meisten Angst hatte ich davor, Jona zu begegnen.

»Lina!«, rief Lexy, als sie mich schon von Weitem sah. Sie kam auf mich zugerannt und umarmte mich, ehe ich mich dagegen wehren konnte. Es tat gut, sie wiederzusehen. Ich hatte sie vermisst.

»Du siehst dünn aus«, begrüßte sie mich und gab mir einen Klaps auf den Po. »Liebeskummer?«

Ich nickte und spürte, wie die Schüler auf dem Schulhof mich anstarrten, als sie an mir vorbeigingen. Die Sache mit Jona hatte mir sehr zugesetzt, und die Brustoperation hatte mir für gut zwei Wochen jeglichen Appetit genommen.

»Beachte sie einfach nicht«, sprach Lexy mir gut zu, als auch ihr die anderen Reaktionen auffielen.

Das war leichter gesagt als getan. »Ich geh dann mal schon zu Bio. Ich will nicht auf die anderen treffen. Und der Schulhof ist auch schlimmer als jeder Präsentierteller.«

Lexy tätschelte noch einmal meine Schulter.

»Hab gehört, dass es gar nicht Jenny war, sondern Jona. Lass dich von ihm nicht unterkriegen, okay? Sollte er irgendetwas zu dir sagen, sorge ich dafür, dass er es bereuen wird.«

Lexy nahm immer mehr Glorias Charakterzüge an.

»Danke!«

Sie lächelte und gab mir einen Wangenkuss. »Du packst das.«

Allein der Weg bis zum Schulgebäude kam mir schon vor wie ein Spießrutenlauf. Sie starrten mich an. Manche tuschelten. Und alle wussten, wie ich mal nackt ausgesehen hatte.

Und dann kam mir auch noch Jenny entgegen.

»Was bist du denn für ein Drahtgestell geworden?«, begrüßte sie mich. »Hat man die Luft jetzt nicht nur aus deinem Busen, sondern aus deinem gesamten Körper rausgelassen?«

Ich vermied es, ihr in die Augen zu sehen, und ging wortlos an ihr vorbei. Ich würde mich daran gewöhnen müssen, doch ich wollte mich davon nicht herunterziehen lassen.

Als ich vor dem Klassenraum stand, hatte ich ein Gefühl, das ich schon seit Monaten nicht mehr gehabt hatte. Angst. Angst vor dem, was mich erwarten würde.

Früher war Angst mein ständiger Begleiter gewesen, und nun war sie wieder da. Ich spürte, wie sich mein Körper verkrampfte, weil ich den Raum nicht betreten wollte. Ich wollte nicht zum Gespött des Kurses werden.

Trotzdem beschloss ich, mich dem zu stellen.

Alle sahen mich an. Ich war erleichtert, dass Jona noch nicht da war. Schweigend und mit gesenktem Kopf lief ich zu meinem Tisch. Ich verfiel in alte Verhaltensmuster. Meine Tasche ließ ich auf den Boden gleiten.

»Bist du jetzt magersüchtig, oder was?«, hörte ich einen Jungen fragen.

Ich sah auf und starrte ihn an. Meine Hände waren eiskalt, und mir fiel im Augenblick leider kein schlagfertiger Konter ein, weshalb mir nur ein »Nein!« über die Lippen kam.

Ich versuchte, selbstbewusst zu klingen.

»Siehst aber so aus. Du schaust aus wie ein mit Haut bespanntes Skelett!«

Ich ballte meine Hände zu Fäusten. Es ging wieder los.

»Das ist nicht wahr.« Toll, ich argumentierte auch noch wie eine Vierjährige.

»Also, ein Kannibale würde dich definitiv am Leben lassen«, entgegnete er grinsend. »An dir ist ja nichts Essbares mehr dran.«

Schmerzlich stellte ich fest, dass er mich gar nicht wegen der Brüste mobbte, sondern wegen meiner Figur. Mal wieder.

Es war ein Teufelskreis. Ich würde es nie allen recht machen können. Es war völlig egal, wie ich aussah. Manche Menschen waren auf Streit aus und suchten sich die vermeintlich Schwächsten aus. Und das würde niemals enden.

»HALT DIE FRESSE, ERIK!«, schallte es von der Tür.

Es war Jona, der den Raum betrat. Mit großen Schritten ging er auf Erik zu.

»Ist doch so«, murmelte Erik kleinlaut. »Die muss aufpassen, dass sie nicht auf der Straße von einem Hund geschnappt wird, weil er sie mit einem Knochen verwechselt.«

Mein Kopf wurde ganz heiß, und jeder im Kurs konnte sehen, wie peinlich mir die Situation war.

Jona baute sich bedrohlich vor Erik auf. »Halt deine Schnauze!« Man konnte die Aggression in seiner Stimme hören.

»Verteidigst du sie?«, fragte Erik. »Habt ihr immer noch was miteinander? Vermutlich schon! Sonst würdest du dich hier nicht wie das Alphamännchen aufführen. Aber kleiner Tipp: Stoß nicht zu doll zu, sonst musst du am Ende ihre Knochen wieder zusammensuchen.«

Ich war nicht die Einzige in der Klasse, der bei diesen Worten die Kinnlade herunterfiel.

Jona schlug mit so einer Wucht zu, dass ich das Nasenbein von Erik knacken hören konnte. Der gesamte Kurs hatte es gehört. Ein paar hatten aufgeschrien. Blut tropfte auf den Tisch.

»Hast du noch etwas zu sagen?«, fragte Jona herablassend und schien sich nicht viel aus dem Blut zu machen. Der Anblick war wirklich gruselig.

»Wichser!«, murmelte Erik schmerzverzerrt und rauschte mit der Hand vor dem Gesicht aus dem Raum.

Ich war immer tiefer in meinen Stuhl gerutscht. Jona kam zu unserem Tisch. Ich begann willkürlich auf meinem Handy herumzutippen, um ihm nicht in die Augen sehen zu müssen.

»Alles okay?«, hörte ich seine raue Stimme.

Ich schielte zu ihm herüber. »Du brauchst dich nicht für mich einsetzen«, gab ich kühl von mir und widmete mich wieder meinen Social Media Accounts.

»Doch, das muss ich sogar, denn es ist alles meine Schuld«, entgegnete er. »Lina, du musst etwas essen. Du siehst noch dünner aus als beim letzten Mal.« Er sprach mit gesenkter Stimme, sodass nur ich es hören konnte.

Tatsächlich hatte ich seit der OP sogar wieder ein Kilo zugenommen. Es war einfach so viel passiert, und das benötigte Zeit, aber ich hatte das Gefühl, auf einem wirklich guten Weg zu sein.

Ich funkelte ihn böse an. »Du hast keine Ahnung von meinem Leben. Also urteile nicht darüber und lass mich in Ruhe.«

Er schüttelte den Kopf. »Das kann ich nicht, denn ich bin dafür verantwortlich. Ich habe dich doch erst dazu gebracht, dass du krampfhaft versucht hast abzunehmen.«

»Erst bin ich zu dick, dann zu dünn. Ich kann es dir auch gar nicht recht machen, oder?«, fluchte ich und musste mich beherrschen, leise zu sprechen.

»Lina, es geht hier nicht darum, ob du mir gefällst oder nicht. Ich weiß, dass ich es verbockt habe, und ich verstehe vollkommen, dass du mich bis ans Ende deines Lebens hassen wirst. Es geht darum, dass du krank bist. Ich mache mir Sorgen um dich.«

»Du bist und bleibst ein Arschloch, Jona. Falls du es nicht gemerkt hast: Du hast eben einem Jungen die Nase gebrochen. Also tu nicht so, als wärst du ein Heiliger. Und jetzt lass mich in Ruhe!«

Er blickte mich traurig an und sah gleichzeitig so unfassbar hübsch dabei aus.

Ich stellte meinen Rucksack auf den Tisch, um meine Sachen auszupacken. Als ich den Reißverschluss öffnete, sah ich einen Zettel oben liegen, der definitiv nicht von mir war. Wer hatte mir eine Nachricht in meinen Rucksack geschmuggelt? Ich entfaltete das weiße Blatt Papier und schaute mir die Zeichnung darauf an. Sofort schossen mir die Tränen in die Augen. Ich wollte nicht, dass Jona sie sah, doch ich konnte es leider nicht verhindern.

Auf dem Papier war eine Art Karikatur mit dem Titel »Wie Lina ihren Boden wischt« abgebildet. Darauf war ein Skelett gezeichnet. Es trug meine Frisur. Ich musste zugeben, dass der Schüler, der das gemalt hatte, künstlerisch begabt war. Das Skelett hatte Brüste, die so weit nach unten hingen, dass die Brustwarzen auf dem Boden schleiften und diesen polierten. Mir wurde schlecht.

Wer tat so etwas und warum?

Ich konnte nicht verhindern, dass eine Träne auf diese Zeichnung tropfte. Das Mobbing ging weiter. Es hörte nicht auf, und ich war wieder gefangen in diesem Teufelskreis. Es war ganz egal, ob ich neue Brüste hatte oder nicht. Sie würden immer etwas finden, um mich aufzuziehen.

»Oh mein Gott!«, flüsterte Jona leise und starrte ebenfalls auf das Bild. »Scheiße, wer macht so etwas?«

Entgeistert sah ich ihn an. »Du hast doch früher mit mir nichts anderes gemacht.«

Mein altes Leben war wieder da. Einmal Mobbingopfer, immer Mobbingopfer. Ich war mir nicht sicher, ob ich das alles noch einmal durchstehen würde.

»Es tut mir so leid, Lina«, hauchte er zart und umarmte mich aus heiterem Himmel.

Geschockt riss ich meine Augen auf. Ich wollte nicht von ihm umarmt werden. Nur seinetwegen malte überhaupt jemand diese Brüste als Karikatur. Ich sollte Jona von mir wegstoßen und ihm sagen, dass es seine Schuld sei. Ich sollte ihn schlagen, kratzen, bespucken und ohrfeigen, denn das hatte er früher auch mit mir getan, doch ich konnte es nicht. Ich war im Moment einfach zu dankbar für eine starke Schulter, sodass es mir sogar egal war, dass sie von Jona stammte. Ich wollte einfach das Gefühl haben, dass ich nicht alleine war.

»Ich hasse dich!«, sagte ich mit tränenerstickter Stimme.

Es war mir egal, dass die gesamte Klasse mich anstarrte.

Ich zerknüllte die Zeichnung in meiner Faust.

»Das ist okay«, antwortete er und streichelte mir tröstend den Rücken. »Hass mich, wenn es dir dann besser geht.«

Nun vergrub ich endgültig mein Gesicht an seiner Brust. Ich wollte nicht, dass mich jemand heulen sah. Ich wollte stark sein, aber ich konnte es nicht.

»Sei nicht so nett.« Ich sollte ihm eine scheuern, anstatt hier erbärmlich in seinen Armen zu hängen. Doch wäre er nicht hier, würde ich jetzt auf dem Boden hocken und rumflennen.

Nichtsdestotrotz würde ich ihm nie verzeihen. NIE!

»Freut mich zu hören«, sagte er leise.

Ich schüttelte den Kopf. »Ich hasse dich! Hörst du? Auch wenn du mich gerade umarmen darfst: Ich hasse dich für alles, was du mir genommen hast.«

Er strich über meine Haare und drückte meinen Kopf enger an seine Brust. »Ist okay.«

Kapitel 36

»Morgen!«, raunte Jona mir zur Begrüßung zu, als ich mich neben ihn setzte.

Frau Beyer hatte meine Bitte ignoriert, als ich sie gefragt hatte, ob ich woanders sitzen dürfte.

Auch wenn ich die Umarmung neulich zugelassen hatte, widerte er mich an. Es war ein Moment der Schwäche von mir gewesen. Mehr nicht! Noch immer konnte ich ihm nicht verzeihen und würde es vermutlich auch nie tun. Mittlerweile konnte ich nicht einmal mehr glauben, dass ich mit ihm wirklich Sex gehabt hatte. Das alles war so unwirklich.

»Na, hast du schon dein Frühstück ausgekotzt?«, begrüßte mich Erik, als er den Raum betrat.

Seine Nase war noch in einem Gipsverband, doch das Selbstbewusstsein war wieder da.

»Halt die Fresse, Erik!«, verteidigte mich Jona.

Ich schielte zu ihm herüber.

»Hör auf!«, zischte ich. »Ich will nicht, dass du so tust, als würde es dich kümmern, wenn jemand mich fertigmacht.«

»Na, hast du dein Weib nicht im Griff?«, höhnte Erik.

»Ich bin nicht sein Weib!«, stellte ich klar und stand auf. Ich hatte beschlossen, nicht in die Opferrolle zu verfallen.

Erik lachte.

»Kann ich verstehen. An Jonas Stelle hätte ich auch den Schlussstrich gezogen. Ich meine, wie soll man bei so einem Busen einen hochkriegen? Ich glaube, mein kleiner Freund würde sich da eher angeekelt zurückziehen.«

Jona wusste ganz genau, dass ich diese Kommentare abbekam, weil er dieses Bild an alle geschickt hatte.

»Soll ich dir noch mal deine Nase brechen?«, fragte er und erhob sich ebenfalls.

Mal wieder hatten wir die Aufmerksamkeit des gesamten Kurses.

»Jona, halt dich da raus!«

»Genau, Jona!«, äffte Erik meine Stimme nach. »Sie kann sich auch alleine wehren. Sie muss nur ihre Titten herumschwenken, dann kann sie damit jeden erwürgen, der näher als zwei Meter an sie herankommt.«

Alle sahen mich an, und ich beschloss, diesen Augenblick zu nutzen. Ich hatte nichts mehr zu verlieren, also konnte ich auch etwas wagen.

Mit einem gezielten Handgriff hatte ich mich meines Shirts entledigt. Dann öffnete ich die Haken vom BH und ließ die Träger von meinen Schultern gleiten. Der BH fiel zu Boden, und ich stand oben ohne da.

Ich dachte an den Anfang des Schulsemesters zurück, als wir Flaschendrehen gespielt hatten und Lexy blankgezogen hatte. Ich war damals so neidisch auf ihre Brüste gewesen, doch nun hatte ich selbst zwei Prachtexemplare, und ich schämte mich nicht dafür. Auch nicht für die noch deutlich sichtbaren Narben. Sie gehörten zu meiner Geschichte. Von mir aus konnte sie jeder sehen.

Erik starrte auf meinen Busen, und es verschlug ihm die Sprache.

Guck ruhig hin, dachte ich mir. *Sie hängen nicht, sondern sind prall wie Grapefruits.* Wenn auch kleine Grapefruits. Alle Schüler fokussierten meine Brüste.

»Ich wische damit weder den Boden, noch erwürge ich damit jemanden«, gab ich ein Statement ab.

Ich fühlte mich befreit. Es war, als würde eine riesige Last von mir abfallen. Ich hatte das hier wirklich gebraucht, auch wenn es eine ungewöhnliche Methode war, um allen zu zeigen, dass man mit seinem Körper im Einklang war.

Doch dann schob sich Jona vor mich und sah mich entgeistert an.

»Was tust du?« Seine Augen waren weit aufgerissen.

»Ich zeige das, wofür ich mich viel zu lange geschämt habe.«

Er bückte sich und hob mein Shirt auf. Er kam mir dabei so unglaublich nah. Es war schwer, diese Nähe zu ertragen.

»Zieh das an! Du bist ja völlig verrückt geworden!«

»Ich bin verrückt geworden?«, zischte ich. »Du verurteilst mich, weil ich blankziehe? Darf ich dich daran erinnern, dass du deutlich früher dafür gesorgt hast, dass alle meinen Oberkörper sehen?«

Er schien sich konzentrieren zu müssen, mir in die Augen und nicht auf die Brüste zu sehen.

»Ich habe dir schon mal gesagt, dass das ein Fehler von mir war, den ich bereue. Du musst dich doch deshalb nicht wie eine Schlampe verhalten.«

Ich scheuerte ihm eine, und das mit viel Kraft. Er verzog keine Miene und sah mich weiterhin an. Sein Blick war verletzt. Nicht körperlich, sondern seelisch.

»Ich bin keine Schlampe!«, ließ ich ihn wissen.

»Ich habe auch nicht gesagt, dass du eine bist, sondern dass du dich wie eine verhältst. Du stehst oben ohne im Klassenraum.«

Ich hasste es, dass ich zu ihm aufschauen musste.

»Immerhin mobbe ich keine dicken Kinder!«, entgegnete ich. »Und ziehe auch niemanden auf, weil er Pickel hat.«

»WAS IST DENN HIER LOS?«, schallte Frau Beyers Stimme durch den Raum und unterbrach unsere Auseinandersetzung, die von dem gesamten Kurs verfolgt worden war.

»Lina zeigt ihre neuen Titten!«, rief Erik. »Ich finde, der Chirurg hat gute Arbeit geleistet.«

Jona reichte mir meinen BH.

»Zieh ihn an!«

»Würde ich dir auch raten«, stimmte Frau Beyer ihm zu.

Nur widerwillig zog ich mir den BH über. Es missfiel mir, Jona zu gehorchen.

Mir war zudem die Lust auf den Biounterricht vergangen. Ich schnappte meine Tasche und verließ den Raum.

»Wo willst du hin, Fräulein?«, rief mir Frau Beyer hinterher.

»Mir ist schlecht«, log ich und ging unbeirrt weiter.

Ich lief die Treppen nach unten und suchte mir auf dem Schulhof eine Bank. Es war kalt, was für Anfang November nicht ungewöhnlich war. Jedoch schenkte uns Frau Holle bereits den ersten Schnee, denn große Flocken schwebten wie Federn zu Boden.

»Lina, was ist nur los mit dir?«, hörte ich hinter mir die Stimme, die mich in meinen Albträumen verfolgte.

»Musst du nicht im Unterricht sein?«, fragte ich ihn.

Ungefragt setzte er sich neben mich.

»Ja, aber das müsstest du auch. Was war das eben für eine Aktion? Du kannst doch nicht einfach so blankziehen.«

»Ich bin es leid, dass du ständig mein Leben kommentieren musst. Kannst du mich nicht einfach in Ruhe lassen?«

Er rückte ein Stück näher an mich heran. Ich konnte seinen Atem sehen.

»Ich kämpfe um dich, Lina. Deshalb mache ich das. Ich weiß mittlerweile, was ich für ein Arsch zu dir war und auch zu anderen. Ich will dir zeigen, dass ich mich gebessert habe. Ich habe mich wirklich in dich verliebt. Du bedeutest mir so viel. Wir hatten eine so tolle, wenn auch kurze Zeit zusammen. Ich vermisse die Zweisamkeit. Glaub mir, ich bereue nichts mehr als all das, was ich dir angetan habe.«

Ich sah nach unten.

»Du brauchst nicht mehr um mich kämpfen, Jona. Es ist sinnlos. Manche Dinge kann man nicht vergeben.«

»Also hast du keine Gefühle mehr für mich?«

Ich lachte bitter auf. Wenn es doch nur so wäre.

»Du hast ja keine Ahnung. Ich wünschte, ich könnte meine Gefühle einfach so abstellen, aber so läuft das leider nicht. Natürlich empfinde ich noch etwas für dich. Manchmal wünsche ich mir einfach nur, dass du mich in den Arm nähmst. Dass alles so wäre wie früher. Ich habe dich wirklich geliebt. Ich vermisse das, aber das wird es nicht mehr geben. Du kannst tun, was du willst, aber du wirst nie wieder das Vertrauen aufbauen können, das ich zu dir hatte. Ich weiß nicht, ob du mich nicht wieder verarschst. Und deshalb will ich, dass du mich einfach in Ruhe lässt.«

Ich fing schon wieder an zu flennen.

Seine Hand wanderte in meine Richtung, um mich mit Zärtlichkeiten zu verwöhnen.

»Tu das nicht!«, sagte ich sanft. »Geh jetzt!«

Er hielt inne. »Ich würde dich so gerne umarmen«, flüsterte er, und ich spürte, dass er es wirklich ernst meinte.

»Es ist zu viel passiert«, war alles, was ich dazu zu sagen hatte.

Mit einer schnellen Bewegung beugte er sich nach vorne und küsste mich. Ich war von mir selber beeindruckt, denn instinktiv stieß ich ihn von mir weg.

»Nein!«, sagte ich streng und funkelte ihn böse an. »Ich habe *Nein* gesagt! Und das hast du zu akzeptieren!« Ich war wirklich sauer. »Es wird nie wieder ein *Wir* geben. Wenn dir wirklich etwas an mir liegt, dann lässt du mich von nun an in Ruhe.«

Ich sah zu ihm herüber, und vielleicht hatte ich gerade doch geschafft, was von Anfang an Glorias Plan gewesen war: Ich hatte ihm das Herz gebrochen.

Er sah gekränkt aus, und ich war mir nicht einmal sicher, ob das geschmolzener Schnee auf seiner Wange war oder sogar eine Träne.

Ich stand auf, und ohne ihn eines weiteren Blickes zu würdigen, ließ ich ihn dort sitzen.

Epilog

Das Schicksal hatte es in den letzten Monaten nicht immer gut mit mir gemeint, doch an einem meiner Tiefpunkte hatte es dann doch noch Mitleid mit mir bekommen.

»Dad wird einen Job in München annehmen«, hatte Mum mir offenbart.

Deshalb hatten sie sich getrennt. Er wollte unbedingt diesen Job in München und sie auf keinen Fall in eine Großstadt. Und auch nicht nach Süddeutschland. Deshalb hatte er nie die Kisten ausgepackt. Es war nie geplant gewesen, dass er länger in dieser Wohnung bleiben würde.

Er wollte unbedingt Karriere machen und Mum mehr Zeit für die Beziehung haben. Und so war ihre Ehe in die Brüche gegangen. Es musste nicht immer die große Affäre sein. Manchmal war es eben einfach nur ein Jobangebot, das die verschiedenen Einstellungen zum Leben offenbarte und sie kollidieren ließ.

Es war nicht geplant gewesen, dass ich mit nach München ziehe, doch wegen der Situation in der Schule war es die perfekte Gelegenheit, um einen Neustart zu beginnen.

Mum hatte nur schweren Herzens zugestimmt, und Gloria hatte sogar ein paar Tränen verdrückt. Doch im

Endeffekt wussten alle, dass es das Beste für mich war, aus dieser vergifteten Umgebung herauszukommen.

Und so war ich dieses Mal wirklich eine neue Schülerin, als ich den Klassenraum betrat. Mein Herz hämmerte in der Brust, denn die Angst, wieder zum Mobbingopfer zu werden, würde wohl immer ein Teil von mir sein. Doch immerhin wusste ich mittlerweile, dass nicht ich das Problem war, sondern diejenigen, die sich nur gut fühlen konnten, wenn sie andere schlecht machten.

Ein modernes Cinderella-Märchen

*Cover- und Preisänderungen vorbehalten

Million Dollars Between Us

Damien & Birdie. Roman

Piper Taschenbuch, 256 Seiten
€ 13,00 [D], € 13,40 [A]*
ISBN 978-3-492-50530-7

Birdie ist obdachlos. Seit sie denken kann, lebt sie auf der Straße. Als sie wie jedes Jahr im Winter in die belebte Oxford Street umzieht, steht sie fassungslos vor dem neuen Bürogebäude, das ihrem Schlafplatz gegenüber gebaut wurde. Tag ein, Tag aus beobachtet sie nun die reichen Anzugträger, die sie mit Abscheu behandeln oder ganz ignorieren. Besonders Damien Hamilton, Juniorchef der Firma, scheint sie nicht ausstehen zu können ...

Leseproben, E-Books und mehr unter **www.piper.de**

PIPER